Bausteine Kindergarten

Sammelband II

Christine Vorholt

Zirkus

Von Käfern und anderen kleinen Tieren

Wir sind Freunde

Ich habe Wünsche

Illustration Josef F. Seitz

BERGMOSER + HÖLLER
VERLAG GMBH

ISBN 3-88997-033-8

Erarbeitung und Redaktion: Christine Vorholt
Titelzeichnung und Illustrationen: Josef F. Seitz
Satz: graphodata, Aachen
Notensatz: Musikverlag Schruff, Aachen
Gestaltung: Image-Agentur, Aachen
Druck und Bindung: Bonifatius-Druckerei, Paderborn

Inhalt

Denk-Texte

Zirkus

Von Käfern und anderen kleinen Tieren

Wir sind Freunde

Ich habe Wünsche

Die vier Themenhefte des zweiten Jahrgangs von 1981 liegen in diesem Sammelband II überarbeitet vor.

Wie im Sammelband I passen die Themen in den Rhythmus und den Festkreis des Jahres hinein und können neben den spontanen Anlässen eines Kindergartenalltags eine Zeitlang die Kindergartenarbeit begleiten: In der Faschings-, Fastnachts- bzw. Karnevalszeit das Thema „Zirkus": Überschreiten des Alltags, wo der Phantasie und dem darstellenden Spiel viel Raum bleibt.
In der Frühlingszeit das Thema „Von Käfern und anderen kleinen Tieren": Hinwenden zum Kreatürlichen, zum Erleben der Schöpfung gerade im Kleinen.
Zu Beginn des neuen Kindergartenjahres das Thema „Wir sind Freunde": Einleben in die Gemeinschaft der Kindergartengruppe, Bewußtwerden des Ich und Hinwendung zum Du.
In der Vorweihnachtszeit das Thema „Ich habe Wünsche": Überdenken der eigenen Wünsche und der Wünsche anderer. Besinnung der Erwachsenen über die wahren Bedürfnisse der Kinder.

In jeden Themenkreis sind verstreut „Denk-Texte" eingefügt, die eine inhaltliche Besinnung und eine persönliche Auseinandersetzung herbeiführen möchten. Sie sagen behutsam Wahres aus und regen uns an, mit neuer Liebe und Aufmerksamkeit immer auch jedes einzelne Kind zu beachten und in der Erziehung das Eigene und Eigentliche zu suchen und zu entfalten. Es wird deutlich, daß vieles uns ein Leben lang beschäftigt und begleitet – und gleichzeitig, wie anspruchsvoll die Arbeit im Kindergarten ist.

Die „Modellziele" enthalten eine hohe Idealität. Sie wollen Ausrichtungen auf das Leben hin in den Blick nehmen. Auch machen sie bewußt, daß Kinder in ihrer Ursprünglichkeit und Spontaneität Fähigkeiten besitzen, die es in dieser unwiederholbaren sensiblen Phase zu erhalten und zu entwickeln gilt.

Die „Bausteine" für die Praxis sind an vielen Stellen sehr konkret vorgestellt. Sie verstehen sich aber ganz im Freiraum der eigenen pädagogischen Initiativen und haben in der Dynamik von Plan und Praxis nur Anregungsfunktion für die eigene schöpferische Arbeit.

Kinder können mit der Wirklichkeit vertraut werden und ihr Leben aus einer größeren Tiefe verstehen lernen, wenn sie sich vorbehaltlos angenommen wissen und in einer angstfreien und ruhigen Atmosphäre selbstvergessen spielen und kreativ sein dürfen. Sie brauchen den Erwachsenen, der mit ihnen lebt und sich innerlich mit ihrem Wesen verbindet.

Christine Vorholt

Zeichenerklärung

EP	*Einzel- oder Partnertätigkeit*
G	*Gruppentätigkeit*
EPG	*Einzel-, Partner- oder Gruppentätigkeit*
gG	*gelenkte Gruppentätigkeit*
gGg	*gelenkte Gesamtgruppentätigkeit*

„Wir möchten glücklichen Unsinn machen. Wir möchten die Menschen, Kinder und Erwachsene – wir machen da keinen Unterschied – unterhalten. Wir wollen sie aber auch zum Staunen, zum Wundern bringen."

Bärmichl (spiritus rector eines Wanderzirkus)

Erfahrungsfeld der Kinder

Kindergartenkinder sind wohl alle schon in irgendeiner Weise dem Zirkus begegnet: in Bilderbüchern oder anderen Schriften, auf Plakaten, bei den Lach- und Sachgeschichten in den Kinderprogrammen der Fernsehanstalten, vielleicht aber auch in der Unmittelbarkeit des Erlebens einer richtigen Vorstellung in einem Zirkuszelt mit seiner ganz besonderen Atmosphäre.

In der Karnevalszeit (Fasching/Fastnacht) begegnen sie Figuren des Zirkus in der Kostümierung als Clown, Zauberer oder als Tänzerin. Sie verkleiden sich auch selbst so.
Manchmal hören Kinder die Redeweise „Mach nicht solchen Zirkus!" oder „Laß den Zirkus!".

Für Kinder ist der Besuch einer Zirkusvorstellung ein Höhepunkt. Unter dem Rund des Zirkuszeltes sind sie wie verwandelt und verlieren sich in Wunder und Seligkeit. Dann strahlen ihre Augen, sie haben hochrote Backen, sie staunen und lachen, sind gespannt und klatschen Beifall. Sie erleben eine andere Welt, die phantastische Welt der Artisten, Akrobaten, Geschicklichkeitskünstler, der Dompteure mit wilden und fremden Tieren, der Zauberer und Clowns. Sie atmen den besonderen Geruch eines Zirkus, nehmen die bunten Bilder und die schillernden Kostümfarben in sich auf. Das alles wirkt tief und wird nicht leicht vergessen, es ist Nahrung für ihre Phantasie.
Ganz besonders fasziniert sie die Figur des Clowns, weil er sich zu ihnen bekennt, von ihnen lernt, weil er froh macht, weil er in Groteske Mut und Angst, Künste und Gebrechen verkörpert, weil er im Grunde seiner Seele gut ist und verzeihend – einfältig wie ein Kind.

So ein Zirkusbesuch klingt noch lange in Spielen und Gesprächen, in Gedanken und Zeichnungen nach und fließt ein in den alltäglichen Spiel- und Rollentausch der Kinder.
Kinder sind in besonderem Maße fähig, Phantastisches zu erspüren und Phantasie zu entwickeln, und wenn man sie läßt, Phantastisches darzustellen. Sie lieben es, sich zu verwandeln, d.h. sich zu verkleiden, zu schminken, zu bemalen. Sie genießen ihren Auftritt und halten im Spiegel nach sich Ausschau. Das Verkleiden steht auch besonders in der Karnevalszeit an.
Kinder werden häufig viel zu sehr auf eine passive, konsumierende Rolle festgelegt, und allzu rasch werden Eindrücke durch neue bunte Eindrücke verschüttet.

Gerade in den letzten Jahren ist vom Zirkus häufiger die Rede. Neue Formen haben sich entwickelt, und die Akzente werden anders gesetzt. Kinder begegnen daher ganz unterschiedlichen Zirkusformen: Da ist der ganz große Zirkus als perfekte Show von Akrobatik und Tierdressur. Da ist der kleine Zirkus, der weniger der Sensation umsomehr der Phantasie Raum gibt. Da ist der „Zirkus zum Anfassen" als ständige Einrichtung in einigen Großstädten; Kinder sind hier Zuschauer und Beteiligte. Da ist der „Mitspielzirkus"; Kinder und Erwachsene entwickeln und erproben ein Programm und stellen es vor.

Von jedem Zirkus gehen Anregungen aus. Das Beispiel spielender Zirkusleute begeistert Kinder zum Spielen und macht ihnen deutlich, daß Spielen auch in unsere Welt gehört und beklatscht und gefeiert wird.

Dimension des Themas

Das Wort Zirkus löst bei uns bestimmte Vorstellungen aus, weckt Erinnerungen und Erwartungen. Seit Jahrtausenden vermag der Zirkus die Menschen aus ihrer Alltagswirklichkeit herauszureißen und sie für Stunden in eine phantastische Welt zu entführen. Inmitten einer großen Zuschauergemeinschaft im Zirkusrund erlebt jeder in seiner Weise – schaut, lauscht, riecht, staunt, lacht, bangt um Artisten und Akrobaten, dressiert fremde wilde Tiere mit, zaubert und verzaubert mit, durchschaut mit dem Clown Menschliches ...

Es gibt heute ein starkes Bedürfnis nach Orten, wo Staunen, Lachen, Farben und Gefühle „zugelassen" sind. In der Alltagswirklichkeit bleibt solches vielfach außen vor. In Film, Schauspiel, Roman, Kinderbuch und auch im Zirkus ist die Welt der Träume aufs neue entdeckt. Ein Zirkus Roncalli z.B. erzielt durch sein Programm viel Erfolg und Begeisterung. Solcher Zirkus lädt ein zum Träumen, Staunen, Lachen, Schaudern, Anfassen, Verzaubertwerden. Von der Manege geht etwas aus, was im Zuschauer – im Erwachsenen wie im Kind – berühren und verändern will:

> *„Seltsamer Plan: sich zu träumen, diesen Traum greifbar zu machen, um dann wieder Traum zu werden in anderen Menschen." (Jean Genet)*

Der Clown macht deutlich: Ich träume, ihr dürft es auch, ich lache über manches, ihr sollt es auch, ich will froh machen, seid es ... auch für andere.

Nach einer Zirkusvorstellung wird der Alltag einen Erwachsenen, der sich keine Kindlichkeit bewahrt hat, gleich wieder einholen. Anders bei einem Kind: bei ihm drängt das Zirkusspiel auf eigene Verwirklichung. Kopf, Herz und Hand wollen weiterspielen.

Manche Kindergartenkinder haben noch keine Zirkusvorstellung besucht. So unersetzlich dies sein mag, auch über Bilderbücher und Geschichten, über Pantomime und Spiele nehmen Kinder den Zirkusgedanken auf und fühlen sich angeregt, selbst Zirkus zu spielen. Die offenen Möglichkeiten des Kindergartens sind dafür ideal. Für viele Kinder geht ein großer Wunsch in Erfüllung, wenn es heißt: Wir spielen Zirkus!

Die Kinder erfahren sich in verschiedenen Rollen, können probieren (das Ausprobieren ist ein wichtiges Element) und jeder ist „Künstler". Nicht alles darf vorgegeben werden. Indem die Kinder in verschiedene Rollen schlüpfen, entdecken sie bei sich neue Fähigkeiten, entwickeln Phantasie und setzen schöpferische Kräfte frei. Mit wachsendem Selbstbewußtsein gehen sie aus sich heraus. Spielend brechen neue Möglichkeiten auf, die einfach Spaß machen.

Den Kindern hilft es beim Entdecken von Rollen, wenn sich die Erzieherin auch selbst ehrlich auf das Zirkusspiel einläßt und mitmacht, d.h. selber Rollen spielt. Dabei ist es für sie sicher nicht leicht, in die Spielwelt der Kinder einzudringen, ohne sie zu stören. Ihr Spielen regt besonders die Kinder an, die keine Zirkuserfahrung mitbringen. Durch Verkleiden, Schminken und eine klare Spielhaltung bewegt sie sich auf einer gemeinsamen Bezugsebene mit den Kindern.

Wie selbstverständlich wird sich der Wunsch entwickeln, ein kleines Programm zu erstellen und es anderen (möglichst den Eltern und den Großeltern) vorzuspielen, genau wie in einem richtigen Zirkus. Mit ein wenig Üben, Ausdauer und Einordnung in die Gemeinschaft, kann bald ein „echtes" Zirkusprogramm vorgeführt werden. Jeder findet darin seinen Platz. Auch die vielen praktischen Vorarbeiten, die notwendig sind, bei denen alle zusammenwirken, können mit viel Freude verbunden sein. Bei der Vorführung dann treten die Kinder auf mit ihren eingeübten „besten" Stücken als Turner und Tänzer, als Pantomimen und Jongleure, als Clowns und Zauberer. Die Erzieherin spielt vielleicht die Zirkusdirektorin.

Das gemeinsame Erlebnis läßt fester zusammenwachsen. Vielleicht erfahren die Kinder so ein vorher nie gekanntes Gefühl innerer und äußerer Tragfähigkeit der Gemeinschaft.

Modellziel

Fähigkeit entwickeln,

- sich durch Zirkusspiele überraschen zu lassen, die Alltagswirklichkeit zu überschreiten ins Phantastische hinein;
- sich begeistern und verwandeln zu lassen, zu staunen und sich zu freuen;
- für eine verzaubernde, schillernde Welt aufgeschlossen zu sein, Freude zu haben an den Künsten der Artistik, Akrobatik, Dressur, Zauberei, Geschicklichkeit, Pantomime und Clownerie;
- in der Gestalt des Clowns, in seinem darstellenden Spiel Verhaltensweisen des Menschen zu sehen: ungeschickt sein, geschickt, ängstlich, mutig, neugierig, gleichgültig, groß, klein, dumm, klug, nachdenklich ...
- über die Phantasie anderer in sich Türen aufzustoßen und selber kreativ, schöpferisch und phantasievoll zu sein, Geist und Seele zu entfalten und Selbstbewußtsein zu erfahren;
- das eigene Leben bunter und vielfältiger zu gestalten und zu verändern, dadurch Zukunft nicht nur vorbereiten, sondern herbeizaubern und neu schaffen;
- gegen übliche Konsumzwänge bewußt eigene Initiativen zu setzen, fröhliche Impulse für Spiel und Fest aufzugreifen;
- im Miteinander einfühlsam Kräfte des Herzens, des Geistes, der Hand „spielen" zu lassen, d.h. anderen Freude und Überraschung vermitteln und dadurch Glück erfahren.

Elternbrief

Liebe Eltern,

in den nächsten Wochen, einschließlich der Karnevalszeit (Fastnachtszeit/ Faschingszeit), wollen wir die Kinder in die Welt des Zirkus entführen.

Die Begegnung mit der Zirkuswelt schenkt uns Bilder und Träume, Phantasie, Farbe und Klänge, Staunen und Lachen. – Eine Gegenwelt zu dem, was wir sonst erleben. Hier gelten andere Gesetze:
Tänzer zeigen uns, wie sehr schmale Pfade federleicht begangen werden können; Turner sind überaus gelenkig und geschickt; zwei Künstler am Trapez in der Zirkuskuppel lassen uns den Atem anhalten; der Dompteur versteht die Sprache der wilden Tiere und sie verstehen ihn; die Zauberer zaubern wunderbare Dinge aus dem Nichts; ein Clown rührt uns an in seiner Zartheit und „macht" uns Augen, daß auch wir die Dinge wunderbar sehen; der Dumme August ist der Größte ...

Nicht alle Kinder haben schon eine richtige Zirkusvorstellung in einem Zirkuszelt mit seiner ganz besonderen Atmosphäre erlebt. So müssen Bilderbücher, Erzählungen, Lieder und Spiele helfen, uns diese Welt vorzustellen. Die Kinder sind angeregt, selbst Phantasie zu entwickeln und Zirkus zu spielen. Sie schlüpfen in verschiedene Rollen, entfalten eigene Fähigkeiten und entwickeln Selbstbewußtsein. Geschicklichkeiten, Techniken und Improvisation einüben, das macht Spaß!

Natürlich möchten die Kinder dann eine richtige Zirkusschau vorbereiten. Sie wollen ihre vorbereiteten Stücke dann auch gerne zeigen und werden sich freuen, wenn Sie, liebe Eltern, zu unserer Zirkusvorstellung in den Kindergarten kommen, zu der wir Sie noch eigens einladen.

Die Kinder benötigen für ihre Zirkusrollen – ob SeiltänzerIN, TurnerIN, DompteurIN, SchlangenbeschwörerIN oder ob Löwe oder Pferd – ein entsprechendes Kostüm, das auch beim Kinderkarvenal getragen werden kann. Die Kostüme werden noch abgesprochen, wenn die einzelnen Rollen feststehen.

Fernand Leger (1881-1955)

Geschichte: Niggi

Die Zirkusgeschichte führt Kinder gut in die Atmosphäre des Zirkuslebens ein. Sie erzählt von dem Zirkusjungen Niggi und seinem Zuhause, einem Wohnwagen; davon, daß Zirkusleute untereinander wie ein große Familie leben; von den Zirkustieren – Niggi mag am liebsten die Ponys -, von den Proben im Zirkuszelt, einem Unglück und von einer hübschen Clownerie.
Die Welt des Zirkusjungen Niggi unterscheidet sich äußerlich sehr von der der Kindergartenkinder; und doch können sich die Kinder mit dem Kind Niggi identifizieren, z.B. wenn Niggi so wie die Erwachsenen mithelfen und arbeiten möchte.

- Die Kinder sind in irgendeiner Weise mit einer Baßgeige (Kontrabaß) vertraut, vielleicht durch Bilder, durch Beschreibung, durch ein Musikbeispiel, bestenfalls durch unmittelbares Anschauen und Hören.

gGg

- Erzieherin: Heute will ich euch eine Geschichte erzählen von einem Jungen, er heißt Niggi. Ratet, wo Niggi wohnt: Niggi kann Purzelbäume machen, auf dem Kopf stehen und radschlagen; Niggi kommt mit seinen Eltern und mit seinen Freunden durch viele Städte; Niggis Bett steht in einem buntbemalten Wagen; Niggis Vater ist ein Clown, er arbeitet im ...?
- Die Kinder erzählen von ihren Zirkuserlebnissen.
- Die Erzieherin trägt die Geschichte „Niggi" in Abschnitten vor.
- Die Kinder äußern sich spontan.
  Durch gezielte Fragen und Impulse wird der Inhalt der Geschichte verdeutlicht, z.B.: Wie alt ist Niggi? Was sieht er, wenn er nachts aus dem Fenster schaut? Wer gehört zum Zirkus? Auch Tiere gehören zum Zirkus! Morgens werden Nummern geprobt! Eines Tages passiert (dem Vater) ein Unfall! Niggi denkt sich mit seinem Onkel eine Nummer aus!

EPG

- Im Freispiel liegen Bilderbücher zum Thema Zirkus aus.
- Für eine szenische Darstellung wird eine „Baßgeige" gefertigt.

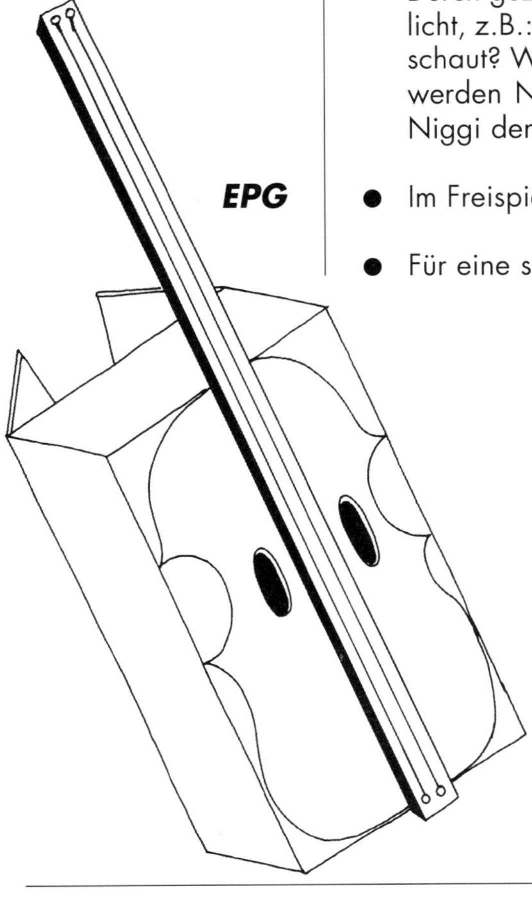

Material:
großer stabiler Karton, gehobelte Latte, Pappnägel, Hammer, Draht, Bindfaden oder Perlonschnur, Schere, Plakafarbe

Durchführung:
An beiden Enden je zwei oder drei Nägel in die Latte einschlagen; die Latte auf der Bodenseite des Kartons befestigen (kleben, von innen nageln); die Bodenseite als Vorderseite der Baßgeige entsprechend bemalen; wegen der Resonanz neben der Latte zwei Löcher in den Karton schneiden; Fäden oder Drähte als Saiten aufspannen (je stärker die Saiten gespannt sind, desto höher der Ton).
Das Instrument durch Zupfen zum Klingen bringen.

gG

- Die Kinder hören die Geschichte „Niggi" noch einmal.
- Die Schlußszene der Geschichte wird als Spielszene vorbereitet (geprobt) und gespielt:
  Zwei Kinder, als Clowns verkleidet und angemalt, an den Füßen riesige Schuhe, spielen Niggi und Onkel Valentin. Ein weiteres Kind spielt den Zauberer, auf dem Kopf einen Hut und in der Hand einen Zauberstab.

Spielvorschlag:

– Valentin spielt auf der Baßgeige. Niggi macht Purzelbäume, steht auf dem Kopf und schlägt Rad.

– Valentin: „Du solltest lieber lernen, ein Instrument zu spielen, du Dummkopf!" Er gibt Niggi eine Ohrfeige.

– Niggi springt davon. Valentin läuft ihm nach, stolpert über seine riesigen Schuhe und steht umständlich wieder auf.

– Inzwischen hat Niggi sich in der Baßgeige versteckt.

– Valentin kehrt zur Baßgeige zurück und sagt: „Endlich ist der Dummkopf weg! Jetzt spiele ich euch ein schönes Lied vor." Er zupft an den Saiten.

– Da spricht Niggi mit verstellter Stimme aus der Baßgeige: „Warum hast du Niggi eine Ohrfeige gegeben?"

– Valentin erschrickt und holt den Zauberer: „Komm, Zauberer!"

– Der Zauberer schaut und sagt ernst: „Das Instrument ist verhext! Ja, Valentin, was hast du denn eigentlich angestellt?"

– Valentin: „Ich habe dem kleinen Niggi, weil er nicht Geige spielen will, eine Ohrfeige gegeben."

– Zauberer: „Versprich mir, nie mehr einem kleinen Jungen eine Ohrfeige zu geben."

– Valentin: „Ich verspreche es."

– Der Zauberer berührt mit seinem Zauberstab die Baßgeige. Sie öffnet sich und Niggi springt heraus und lacht.

– Valentin umarmt Niggi. Alle zusammen singen das folgende Lied:

Niggi

Niggi ist sieben Jahre alt. Er hat braune Augen und braune Haare.
„Borstenhaare“, lacht der Vater.
Er arbeitet im Zirkus.
Niggis Vater ist ein Clown. Ein Clown wie Onkel Valentin.

Niggi wohnt mit seinen Eltern und mit Onkel Valentin zusammen in einem rot und grün bemalten Wagen.
Niggis Bett steht unter dem kleinen Fenster mit den bunten Vorhängen.
Nachts fährt der Wagen von einer Stadt in die andere, von einem starken Traktor gezogen.
Niggis Bett schaukelt hin und her. Durch das Fenster sieht er den Nachthimmel.
Der Mond und die Sterne fahren immer mit.

Der Zirkus mit dem großen Zelt und den vielen Wagen ist eine kleine Stadt.
Niggi kennt ihre Bewohner, den Direktor, die beiden Zwerge Max und Moritz, die Coronados am Trapez, Fräulein Elvira, die Seiltänzerin. Sie sind seine Freunde.
Er kennt auch die Tiere, die Elefanten und Zebras, den Tiger und die beiden Löwen, die Affen und die Seehunde.
Aber am liebsten hat er die Ponys. Er weiß alle ihre Namen.

Am Morgen wird im Zelt geprobt.
Der Direktor dressiert die Pferde. Der Feuerschlucker, der Messerwerfer und der Jongleur üben immer und immer wieder ihre Kunststükke.
Niggi schaut zu. Er möchte mithelfen, arbeiten.
Aber der Vater sagt: „Du bist doch noch zu klein.“
Er studiert mit Onkel Valentin eine neue Nummer ein. Er klettert eine Leiter hoch. Onkel Valentin balanciert sie auf seinen Schultern. Plötzlich fängt sie an zu schwanken. Der Vater verliert das Gleichgewicht und stürzt.
Onkel Valentin kniet neben ihm auf dem Boden.
Der Doktor kommt.
„Hole die Mutter“, sagt der Direktor zu Niggi.

Niggis Vater hat das Bein gebrochen. Es wird lange dauern, bis er wieder arbeiten kann.
„Wo nehmen wir jetzt einen anderen Clown her?“ fragt der Direktor.
Onkel Valentin ist ratlos.
Aber Niggi hat eine Idee.
„Nähe mir ein Kostüm“, sagt Niggi zur Mutter, „genau wie das des Vaters, nur kleiner natürlich.“
„Was willst du damit?“
Niggi lacht.
Das ist sein Geheimnis.
Nur Onkel Valentin kennt es.
Er denkt sich mit Niggi zusammen eine neue Nummer aus. Niggi arbeitet.

Niggi wartet hinter dem Vorhang auf seinen ersten Auftritt.
„Er gleicht seinem Vater aufs Haar“, lacht der Direktor.
„Toi, toi!“ sagen die Artisten, „viel Glück!“
Die Mutter malt ihm zwei große rote Tupfen auf die Wangen.
Der Vater sitzt im Zelt unter den Zuschauern.

Valentin spielt auf einer mächtigen Baßgeige. Für Niggi ist das Instrument viel zu groß. Niggi ist ein schlechter Schüler. Statt zu lernen, macht er Purzelbäume, steht auf dem Kopf und schlägt das Rad.
„Dummkopf“, schimpft Valentin und gibt Niggi eine Ohrfeige.
Niggi springt davon. Valentin läuft ihm nach und stolpert über seine riesigen Pantoffeln.
Niggi ist verschwunden.
„Endlich bin ich den Dummkopf los“, sagt Valentin zu den Zuschauern, „jetzt werde ich euch ein schönes Lied vorspielen!“
Aber was ist mit der Baßgeige los? Sie fängt an zu reden.
„Warum hast du Niggi eine Ohrfeige gegeben?“ fragt sie.
Valentin erschrickt. Er holt den Zauberer.
Der Zauberer macht ein ernstes Gesicht.
„Das Instrument ist verhext“, sagt er.
Valentin muß ihm versprechen, nie mehr einem kleinen Jungen eine Ohrfeige zu geben.
Valentin nickt.

Der Zauberer berührt die Baßgeige mit seinem Zauberstab.
Valentin macht große Augen.
Die Baßgeige öffnet sich, und Niggi springt heraus.
Er lacht.

„Das hast du gut gemacht!" rufen die Kinder.
Sie klatschen.
Am meisten aber klatscht Niggis Vater.
Niggi winkt ihm zu.
Aber Valentin nimmt ihn unter die Arme und trägt ihn aus dem Zelt.

Max Bolliger
aus:
Weißt du, warum wir lachen und weinen?
Verlag E.Kaufmann, Lahr 1977

Bilder zum Erzählen

Im Zirkus

Text: James Krüss Melodie: Richard Rudolf Klein

2. Mit Tipp und Tapp
im Zotteltrab
kommt Balduin, der Bär.
Er tanzt so gern und kann es kaum,
denn ach, er ist zu schwer.

3. Auch ein Jongleur
hat's ziemlich schwer.
Er spielt mit fünf, sechs, sieben
verschiednen Bällen stundenlang
und muß das täglich üben.

4. Jetzt hopst und springt
und tanzt und singt
die ganze Clown-Familie,
die Vettern Zips und Grips und Schnips
und Onkel Petersilie.

5. Nun wird es still.
Denn mit Gebrüll
und großer schwarzer Mähne
erscheint ein wildes Löwentier
und zeigt die scharfen Zähne.

6. Zum Schlusse naht
in großem Staat
der alte Zaubermeister.
Er zaubert, was er zaubern will,
und Firifunki heißt er.

aus:
R.R.Klein, Willkommen, lieber Tag II
Verlag M.Diesterweg, Frankfurt 1974

Anregung zum Gestalten: Zirkus-Wandfries

Auf großen Bögen (Packpapier, Plakafarbe) könnten Kinder nach und nach einen großen Wandfries entstehen lassen: Zirkuswagen, Zirkuszelt, Artisten, Clowns, Tiere ... Jeder bringt etwas ein.

Hereinspaziert

„Liebe Eltern und Kinder!“
ruft der Mann im Zylinder.
„Hereinspaziert! Hereinspaziert!
Hier wird ein Nilpferd vorgeführt.
Der Mann mit der Peitsche ist ein Dompteur
und der mit den Ringen ein Jongleur.
Der Schwarze mit dem Messer
ist sogar ein Feuerfresser!“

„Liebe Eltern und Kinder!“
ruft der Mann im Zylinder.
„Das kleine Mädchen tanzt auf Spitzen
und wird auf einem Tiger sitzen.
Aus dem Hut des Clowns wachsen Trauben,
aus seinem Hemd fliegen Tauben.
Er wird Geige spielen und singen
und euch alle zum Lachen bringen!“

Max Bolliger
aus:
Weißt du, warum wir lachen und weinen? a.a.O.

Zum Spielen gehört Bewegung. Bewegung gehört zur Natur des Kindes, sie gehört auch zu seinen Reimen, Versen und Gedichten. Max Bolliger ruft in seinem Gedicht „Hereinspaziert" Bilder wach, löst Spiel und Bewegung aus. Das Gedicht vermittelt Spaß, regt die Phantasie der Kinder an und kann in seiner Funktion als „Anreger" genutzt werden.

Die Erzieherin sollte das Gedicht lebendig vortragen, mit Mimik und Gestik – und einem kleinen Zirkusrequisit. Nach solcher Einladung sollten die Kinder gleichsam hereinspazieren in „ihren Zirkus". Das Gedicht könnte immer wieder einmal zu Zirkusspielen oder zu einer „richtigen" Zirkusvorstellung einladen.

G

- Gegen Ende des Freispiels spannt die Erzieherin eine Leine oder legt einen Besenstiel z.B. quer über zwei hochgestellte Stühle; daran befestigt sie zwei Tücher als Vorhang. Einige Kinder helfen dabei mit.

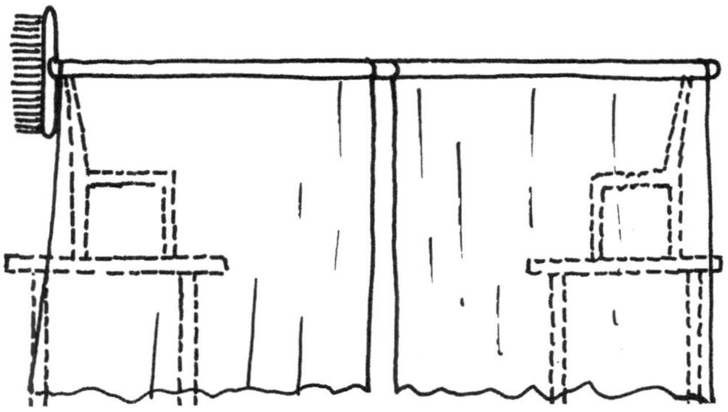

Später wird der Stuhlkreis davor angeordnet.

gGg

- Die Kinder setzen sich in den Halbkreis.
  Erzieherin: Ich verschwinde jetzt hinter dem Vorhang, gleich bin ich wieder da! Sie verkleidet sich rasch hinter dem Vorhang mit Hut und buntem Halstuch und setzt sich einige Farbtupfer ins Gesicht.
- Sie steckt ihren Kopf durch den Vorhang und bewegt nur die Augen.
- Sie öffnet den Vorhang und trägt mit lebendigen Ausdrucksmitteln das Gedicht vor.
- Sie verschwindet wieder hinter dem Vorhang, legt Hut und Halstuch ab, tritt mit einer Requisitenkiste vor und fragt die Kinder: Wer möchte im Zirkus auftreten? Natürlich alle!
- Die Kinder dürfen sich nacheinander etwas aus der Kiste entnehmen: Ball, Ring, Kreisel, Stab, Neckball, Jo-Jo am Schnürchen, Balancierstab, Laufbüchsen, Pferdeohren, Clownnase, Zauberstab, Tuch ...
- Sie überlegen miteinander, was man damit vorspielen könnte.
- Einzelne Kinder oder auch zwei oder drei zusammen treten hinter den Vorhang, kommen hervor und spielen etwas vor.
  Dann legen sie ihre Requisiten in die Kiste zurück und setzen sich wieder. Die nächsten sind dran ...
- Vielleicht steckt die Erzieherin noch einmal den Kopf durch den Vorhang und sagt: Hat es euch gefallen? ... Dann spielen wir morgen wieder Zirkus!

August

Für einen Freund,
der Clowns begreift

Sonnenaufgang
bist du – für alle
denen Sterne vom Himmel fielen

Weißgeschminkt ist dein Mund
Er trompetet rote Herztöne
in den farbigen Zwiespalt der Welt

Silbermondäste sind deine Wimpern
Unschuld nistet in ihnen
auf der Suche nach Glück

Stets im Gestern
bist du zu Hause
und vielleicht im
Übermorgen –
Engel der Narrheit
einsam
azaleenzart wie die
Tauperle im Morgenlicht
windgetrieben auf Schwermutsflügeln

Sag mir – Wer bist du in
deinen immer zu großen Schuhen?
Wer willst du sein
im Manegengrund
fröhlicher Kleingärtner?

Kennst du den
Rhythmus der huschenden Sanduhr?
Hast du ihre Körner
alle gezählt
in der Maske des Lächelns –
schwerelos scheinbar?

Hängt dein Herz unter
Wehmutswolken voll
dunklem Zauber
oder an Lichtfäden der Freude beim
Klang deiner Flöte?

Sag mir – noch einmal
August
mit der Einfalt der Tauben –
An welchen Traum ist
deine Leiter gelehnt?

aus: Jósef Wilkoń, Der Clown sagte Nein
Verlag Nord-Süd, Zürich 1987

Drutmar Cremer
aus:
Leichter schweben als der Albatros – Gedichte
Lahn-Verlag, Limburg 1985

Das Gedicht „August" wurde verfaßt nach der Lektüre der Novelle von Henry Miller „Das Lächeln am Fuße der Leiter", mit Illustrationen von Joan Miro (rororo 4163).

aus: Eva Scherbarth, Zirkus
Verlag O. Maier, Ravensburg 1990

Ich wette, ihr wißt, wer das ist

Ich wette, ihr wißt, wer das ist:
wenn er kommt, dann lachen die Kinder
(die Großen nicht minder).
Er trägt einen eingedepschten Zylinder ...
Seine Schuhe sind ihm fünf Nummern zu groß,
seine Geige ist ihm fünf Nummern zu klein –
so spielt er drauflos,
es klingt, als ob fünfeinhalb Katzen schrein.
Da kichern alle und lachen ihn aus,
da zieht er ein Riesenschnupftuch heraus,
da fängt er ganz laut zu weinen an:
Uuuuu ...
Und dann?
Und dann verliert er den rechten Schuh.
So latscht er weiter
und wird wieder heiter –
ich wette, ihr wißt
schon längst, wer das ist!
Die Buben und Mädel, die Männer und Frauen,
die lieben ihn alle, den lustigen ...

(Clown)

Mira Lobe
aus:
G. Bydlinski (Hrsg.), Der Wünschelbaum
Verlag Herder, Wien 1984

Anregung:
Schuhe, fünf Nummern zu groß

Die Kinder anregen, alte Schuhe von Mutter und Vater mit in den Kindergarten zu bringen.
Die Schuhe mit Plaka-Farbe bunt anmalen und vielleicht noch mit Schleifen, Kirmesblumen, Pompons oder Aufklebern verzieren.
Beim An- und Ausprobieren gibt es schon einen richtigen Clownspaß.

Der Große und der Kleine

Der Große blies die große

Täterätä

Der Kleine blies die kleine

Bä-bä-bä.

So gingen durch Iserlohn
Clown-Vater und Clown-Sohn.

Josef Guggenmos
aus:
H.-J.Gelberg (Hrsg.), Die Stadt der Kinder
Verlag G.Bitter, Recklinghausen 1969

Gedicht: Der Große und der Kleine

Der Text des Gedichts von Josef Guggenmos beruht auf einer kleinen einfachen Szene: Zwei Clowns – mit Instrumenten – groß und klein – ziehen durch die Stadt.

Das Gedicht versteht sich als Spielanlaß, es will gespielt werden, und es spielt sich gleichsam selber. So kann die Verarbeitung der Verse nur im lebendigen Nachspiel und Weiterspielen bestehen; weitere Szenenfolgen sollen ausgelöst werden: Die Kinder können Szenen erfinden, welche die Grundidee der Verse variieren und in die Clownspiele S. 46f einführen.

gGg

- Die Erzieherin spielt kleine Szenen als Pantomimen, die den Kindern aus dem Alltag bekannt sind, z.B.: ein Bild aufhängen, mit einem Ball spielen, sich eine Jacke oder die Schuhe anziehen, einen Apfel essen ...
- Die Kinder finden die Bedeutung der Szenen.
- Sie spielen nach eigener Wahl etwas vor.
- Die Erzieherin – vielleicht mit Clownnase und Hut – trägt das Gedicht „Der Große und der Kleine" vor.
- Sie fragt: Könnt ihr euch vorstellen, wie die beiden durch Iserlohn gehen? Der Große und der Kleine? Der Große blies ...
- Die Kinder äußern sich und lassen ihre Phantasie spielen.
- Erzieherin: Wie können wir uns als Clown verkleiden? Die Erzieherin fordert die Kinder auf, die eigene Kleidung komisch anzuziehen. Sie hilft mit. Die Kinder verändern durch Wenden, Verkehrtherumanziehen oder ungewöhnliche Plazierung von Kleidungsstücken ihr Aussehen.
- Die Kinder merken, die Kleidung allein genügt nicht: Um komisch zu wirken, muß man sich auch komisch bewegen wie ein Clown.
- Die Erzieherin wiederholt: So gingen durch Iserlohn Clown-Vater und Clown-Sohn. Aber wie gehen denn Clowns?
- Einige Kinder versuchen, paarweise wie Clowns zu gehen, wie ein Clown-Vater und wie ein Clown-Sohn.
- Wie bläst der Große, wie der Kleine?
Wie guckt, niest, hustet, turnt ... der Große, wie der Kleine?
- Die Kinder spielen zu zweit: ein größeres Kind – ein kleineres Kind, ein dickeres (Kissenbauch) – ein dünneres ... (wer es möchte, bekommt einen kleinen weißen oder roten Punkt auf die Nasenspitze).
Sie spielen im gleichen Takt, während sie hintereinander hergehen, z.B.:
im Gleichschritt gehen,
jedes Mal ein Bein hochheben,
wie auf Glatteis gehen,
gebückt schleichen,
wie Elefanten stampfen,
in eine große und eine kleine Trompete blasen,
einmal links, einmal rechts schauen,
singen,
winken,
auf einem Bein humpeln ...

Spiellied:
Ich bin der kleine Zirkus-Clown

Text und Melodie: Barbara Böke

2. ... Ich reite den Esel, da lachen die Leut', ...
3. ... Ich tanze so schön, ja, da lachen die Leut', ...
4. ... Geh ich auf das Seil, ja, da lachen die Leut', ...
5. ... Und singe ich laut, ja, da lachen die Leut', ...
6. ... Ich mach so viel Spaß, ja, da lachen die Leut', ...
7. ... Ich steh' auf dem Kopf, ja, da lachen die Leut', ...

aus:
B. Böke, Lernspiel 5
Verlag Fidula, Boppard/Rhein 1984

Spielanregung:
Ein Kind hat sich als Clown verkleidet. Alle Kinder singen das Lied. Der kleine Clown mimt schon zum ersten Liedteil, was dann im Text des zweiten Liedteils vorgegeben ist – da dürfen dann alle den kleinen Clown nachmachen: Ich mache Musik .... Ich reite den Esel ... Ich tanze so schön ...

Weitere Strophen dazufinden!

Spiellied:
Der Clown spaziert umher

Text: Marina Palmen Melodie: Hubertus Vorbolt

Refrain (alle):
Der Clown spaziert umher.
Der Clown spaziert umher,
Ach, lieber Clown, bleib stehn!
Wer darf nun mit dir gehn?

Begleiter des Clowns:
2. Wer karierte Hosen hat,
darf mit mir spazierengehn.
Wer karierte Hosen hat,
darf mit mir spazierengehn.

Refrain (alle):
Der Clown spaziert umher.
Der Clown spaziert umher,
Ach, lieber Clown, bleib stehn!
Wer darf nun mit dir gehn?

Letzter Begleiter des Clowns:
3. Wer ein buntes Armband hat,
darf mit mir spazierengehn.
Wer ein buntes Armband hat,
darf mit mir spazierengehn.

Weitere Strophen dazuerfinden, z.B.:
Wer blau-weiße Schuhe hat ...
Wer drei rote Knöpfe hat ...
Wer zwei weiche Federn hat ...

- Die Bilder können angeschaut, verglichen, ihr Inhalt erzählt werden.
- Die Bilder geben Anlaß, über das Schminken nachzudenken; warum?
- Die Bilder wecken den Wunsch, selbst einmal ein Clowngesicht haben zu wollen.
- Die Bilder regen an zum Schminken:
  das eigene Gesicht,
  das Gesicht des Freundes,
  einen Luftballon.

  Vereinzelt gibt es Kinder, die sich nicht schminken noch verkleiden möchten. Später werden sie vielleicht keine Vorbehalte mehr zeigen.

Überlegen, was man zum Schminken braucht:
- einen großen Spiegel,
  Pinsel, Wattestäbchen, Stifte, Watte
- Farben: Weiß, z.B. Mehl, Penatenpuder, -creme,
  Schwarz, z.B. Augenbrauenstift,
  Rot, z.B. Lippenstift, Rouge,
  oder ein Päckchen Faschingsschminke und Clownweiß
  (vorher das Gesicht mit Fettcreme einreiben)
- Clown-Nase: Streichholzschachtelhülse rot bemalen und Gummiband daran befestigen.

Gleich wirst du verzaubert sein

Text: Marina Palmen Melodie: Hubertus Vorbolt

Anregung zum Gestalten: Clowns in Lebensgröße

Eine Papierbahn (Tapetenrolle) auf dem Boden auslegen. Ein Kind legt sich darauf, ein anderes zeichnet den Umriß, dann umgekehrt. Jedes Kind schneidet seine Figur selbst aus und malt sie als Clown bunt an.

Sich schminken und bewundern

Sich selber verzieren,
schminken und dekorieren.

Mit Tupfern und Flecken
ein neues Gesicht aufsetzen.

Das reflektierte Ich
im Spiegel suchen
und bewundern.

Schön sein.

Lippen, Nase, Augen
wollen umspielt und
verschnörkelt werden.

Und auf den weichen Wangen
brennen kühl die sanften
Striche des Wattestäbchens
wie buntgescheckte
cremige Zärtlichkeiten.

Dem Spiegel wird ganz
heiß ob all der
prüfenden Blicke.

Unermüdlich wirft er
die begehrten Bilder zurück.

Macella Barth
aus:
Unter Kindern oder wenn kleine Hände uns entführen
Verlag Pro Juventute, Zürich 1987
darin Kapitel „Körperschmuck“, S.116ff

Foto: Ursula Markus, a.a.O

Die Kinder der einzelnen Bewegungsgruppen sollten Gemeinsames tragen, z.B. gleiche Hosen oder Strumpfhosen, gestreifte Socken, geringelte T-Shirts, karierte Halstücher, farbgleiche Fuß- und Kopfbänder, Bänder mit Schellen ...

Bänderschwinger

Drei Kinder stehen im Dreieck zueinander und halten Rhythmikbänder in der Hand. Im Rhythmus einer Musik schwingen die Kinder die Bänder in weiten Bögen, wobei sie bestimmte Figuren beschreiben, z.B. Achten, Wellen, Kreise.

Ballwerfer

Die Erzieherin jongliert mit zwei oder drei Bällen oder Ringen. Dann wirft sie einen großen, sehr leichten Ball mal diesem, mal jenem Kind zu; die Kinder werfen ihr den Ball zurück.

Seiltänzer

Herein kommen eine Seiltänzerin mit geöffnetem Schirm und ein Seiltänzer mit einer Balancierstange (Gerätestiel) und einem längeren Seil. Während die Tänzerin geziert im Kreis herumgeht, legt der Tänzer das Seil auf dem Boden aus. Nun balanciert die Seiltänzerin mit dem Schirm in der Hand graziös über das Seil und macht dabei allerlei tänzerische Figuren. Der Seiltänzer versucht es ihr nachzumachen, aber er stellt sich sehr tollpatschig an ...

Schubkarrenfahrer

Ein Kind läuft auf den Händen, während ihm ein anderes Kind die Füße hochhält.

Dreibeinläufer

Zwei etwa gleich große Kinder stellen sich dicht nebeneinander. Die beiden inneren Beine werden ihnen mit einem Tuch zusammengebunden. Los geht's!

Turner

Mehrere Kinder schlagen Purzelbäume, versuchen sich im Handstand und Radschlagen.
Dann bauen sie Dreierpyramiden: Zwei Kinder gehen in Kriechstellung, ein Kind stellt sich mit gespreizten Beinen auf deren Rücken.

Weitere Möglichkeiten mit kleineren handelsüblichen Spiel- und Sportgeräten[1] zur Auswahl

Tellerspiel:
Einen Kunststoffteller auf einem Stab jonglieren.

Rolling:
Einen Ball im Reifen kreisen lassen.

Balancierstäbe – oben kreisförmig ausgefräst:
Einen Stab mit Ball balancieren.

Laufbüchsen (Walzenstelzen):
Die Bewegungen der Hände und Füße geschickt kombinieren.

Doppelpedalo:
Mit dem ganzen Körper balancieren.

1) Vgl. die Angebote in den Kindergartenbedarfs-Katalogen.

Zirkusnummern mit Reifen, Bohnensäckchen und Bleiband
Eine Bewegungsstunde

Zunächst trainieren die Kinder mit vorbereitetem Material, mit Reifen, Bohnensäckchen und Bleibändern.

Sie bewegen sich mit einem ***Reifen*** durch den Raum,
führen ihn mit einer Hand,
steigen oder springen hindurch,
lassen ihn kreiseln,
legen ihn lautlos auf den Boden,
legen sich zusammengerollt hinein,
gehen auf allen vieren zwischen den Reifen umher,
ruhen sich in einem der ausgelegten Reifen aus,
setzen sich auf die „Hinterbeine" und üben das Löwengebrüll.

Jedes Kind probiert mit einem ***Bohnensäckchen*** die verschiedensten Kunststücke aus:
von einer Hand in die andere Hand geben,
hochwerfen und auffangen,
fallenlassen und kurz vor dem Boden wieder greifen,
das Säckchen mit einer Hand werfen und fangen,
mit den Füßen greifen,
es gemeinsam auf den Boden plumpsen lassen,
es irgendwie balancieren.

Die Kinder legen mit einem ***Bleiband*** Figuren, einzeln oder gemeinsam. Sie können das Bleiband auch durch die Luft kreisen lassen.
(Die Enden der 50 cm langen Stücke über einer über einer Kerzenflamme verschweißen, damit sich beim Schleudern keine Kügelchen lösen.)

Reifennummer

Die Kinder sitzen auf dem Boden, den Rücken zur Kreismitte, die Arme auf den Schultern der Nachbarn. Ein Reifen wird in die Mitte gelegt, bei der dritten Strophe von zwei Kindern hochgehalten und danach wieder hingelegt; eine Öffnung bleibt für den hereinkommenden „Löwen". Der Text sollte von der Erzieherin gesprochen werden, die „Manegenkinder" übernehmen das Gebrüll. Trommelwirbel können die Handlung untermalen.

1. Ich bin der Löwe Brülleviel,
uuuuuuuuuaaaaaaaaahhhhhhhhh –
und komme aus dem Zoo von Kiel!
Uuuuuuuuuaaaaaaaaahhhhhhhhh!

2. Ich lauf' um meinen Reifen rum,
uuuuu ...
der Brülleviel ist gar nicht dumm!
Uuuuu ...

3. Und brennt der Reifen lichterloh,
uuuuu ...
dann spring' ich durch, ganz einfach so!
Uuuuu ...

4. Und geh'n die Leute dann nach Haus',
uuuuu ...
ruht Brülleviel sich gründlich aus!
Uuuuu ...

Spielvorschlag:
1.Strophe: Der Löwe kommt langsam auf allen vieren herein, schaut sich um und setzt sich zum Gebrüll auf die Hinterpfoten; 2.Strophe: dann geht er um den Reifen herum und beschnuppert ihn; 3.Strophe: er springt durch den aufgestellten Reifen; 4.Strophe: und ruht sich im Reifen aus.

Balancekünstler

Text und Melodie. Christel Neuhäuser

Statt Kopf kann Hand, Arm, Knie, Fuß, Po usw. gesungen werden.

Schlangenbeschwörung

1. Vor dieser lieben Schlange
   bin ich kein bißchen bange!
   Hat keinen gif'gen Zahn,
   'drum faß' ich sie gern an.

2. Sie kann sich auch erheben,
   tut in den Lüften schweben,
   und sing' ich ihr ins Ohr,
   so tanzt sie mir 'was vor.

3. Darauf legt sie sich nieder
   und kringelt ihre Glieder,
   kommt endlich dann zur Ruh,
   und macht die Augen zu.

Spielvorschlag:
Vor jedem Kind liegt ein Bleiband, die „ausgestreckte" Schlange.
Während der 1.Strophe berühren die Kinder die einzelnen Glieder, streichen am Bleiband entlang und fassen an einem Ende an.
Bei der 2.Strophe heben sie die Schlange so hoch, daß sie mit ihrem unteren Ende kreisen kann.
Während der 3.Strophe soll die Schlange von den Kindern aufgerollt werden.

Das Spiel soll sich langsam und ruhig vollziehen.
Hören auf die Melodie und Bewegungen mit der Schlange sollen sich abwechseln.

Christel Neuhäuser

Das Wettzaubern

Text und Melodie: Monika Schmitz

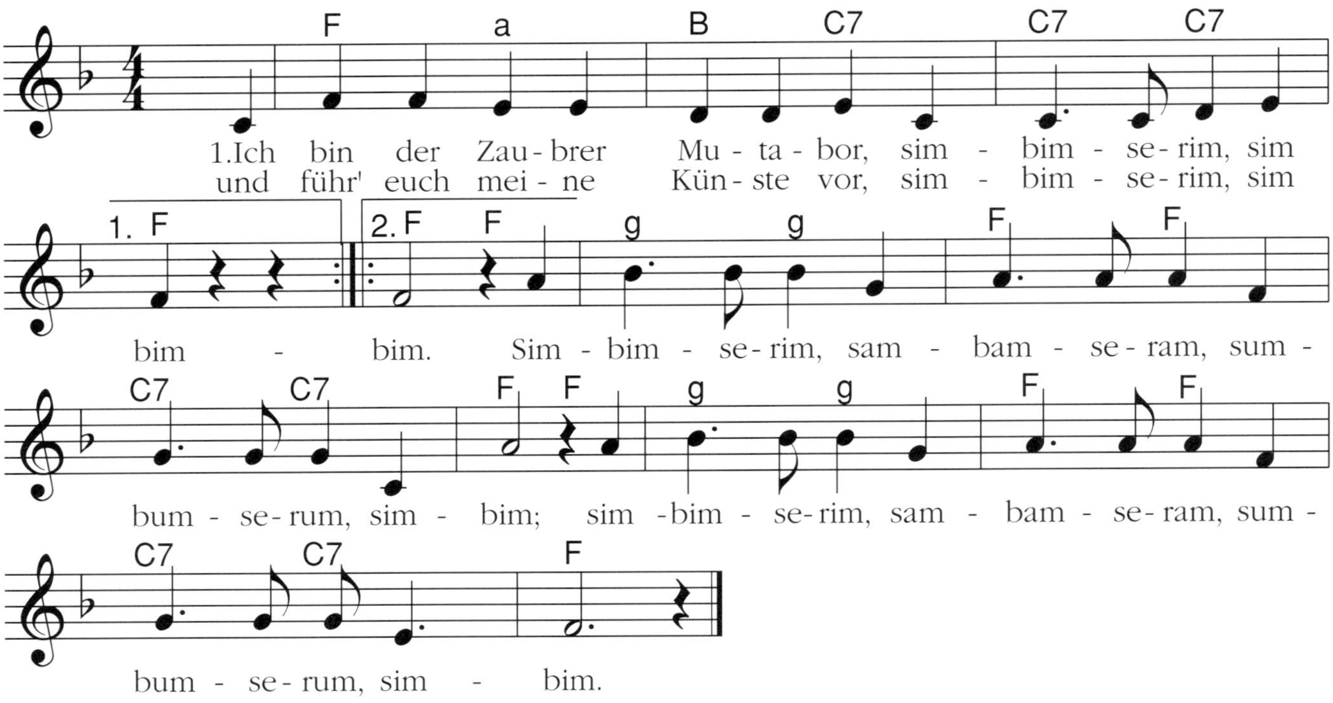

2. Ich zeige euch mit etwas Glück,
simbimserim, simbim,
jetzt meinen besten Zaubertrick,
simbimserim, simbim.
/: Simbimserim, sambamserum,
sumbumserum, simbim.:/

3. Ich werde Dragomor genannt,
simbimserim, simbim,
und bin berühmt im ganzen Land,
simbimserim, simbim.
/: Simbimserim, sambamserum,
sumbumserum, simbim.:/

4. Gar mancher gute Zauberspruch,
simbimserim, simbim,
steht hier in meinem Zauberbuch,
simbimserim, simbim.
/: Simbimserim, sambamserum,
sumbumserum, simbim.:/

5. Ich trete den Beweis hier an,
simbimserim, simbim,
daß ich am besten zaubern kann,
simbimserim, simbim.
/: Simbimserim, sambamserum,
sumbumserum, simbim.:/

6. O, lirum, larum, Löffelstiel,
simbimserim, simbim,
wer zaubern kann, der kann schon viel,
simbimserim, simbim.
/: Simbimserim, sambamserum,
sumbumserum, simbim.:/

Mehrere Kinder können die folgenden Zauberspiele vorbereiten, um sie dann in einer gemeinsamen „Zauberschau" vorzustellen. Damit die Überraschung bleibt, sollte so wenig wie möglich vorher verraten werden. Und jeder Zauberer sollte seine „Kunst" beherrschen, langsam spielen und so Spannung erzeugen.
Die Kinder, die bei den Zauberspielen mitmachen, kleiden sich individuell mit hohen Zauberhüten, mit schillernden Umhängen, mit Schärpen um den Bauch; weitere Attribute: Zauberstab, Zauberbuch, Brille ...
Ein Zauberlied bildet den Rahmen für die Zauberspiele und bezieht die Zuschauer aktiv ein. Das Lied wird vorher eingeübt. Es sollte mit Instrumenten des Kleinen Schlagwerks begleitet werden.
Ein Ansager kündigt die einzelnen Zauberer mit Namen an.

Spielvorschlag zur Zauberschau

Ansager: Ich begrüße euch alle zur großen Zauberschau ...
Mit unserem Zauberlied begrüßen wir unseren ersten Zauberer, den Zauberer Mutabor.

alle singen: Nun kommt der Zaubrer Mutabor – simbimserim, simbim –
und führt uns seine Künste vor – simbimserim, simbim.
Simbimserim, sambamserum, sumbumserum, simbim,
Simbimserim, sambamserum, sumbumserum, simbim.

Mutabor: Der Zauberer Mutabor bringt auf einem Tablett eine Postkarte in den Kreis und singt:

Ich bin der Zaubrer Mutabor – (alle) simbimserim, simbim –
und führ euch meine Künste vor – (alle) simbimserim ...

Der Zauberer zeigt den Zuschauern die Postkarte und fragt:
„Wer von euch kann durch diese Postkarte kriechen? ... Ich werde es euch vormachen!"
Er faltet die Karte in der Mitte, dann zieht er eine Schere hervor und schneidet abwechselnd von beiden Seiten fast bis zur anderen Seite ein (entlang einer vorgezeichneten Linie) und dann schneidet er den Mittelbruch vom ersten bis zum letzten Einschnitt auf.

Hexala bexala!
Aufgepaßt – und – eins – zwei – drei!

Er läßt nun ein Kind die Postkarte auseinanderfalten, die „Postkartenschnur" halten und kriecht hindurch.
– Applaus –

Ansager: Mit unserem Zauberlied begrüßen wir unseren zweiten Zauberer, den Zauberer Buntabor.

alle singen: Nun kommt der Zaubrer Buntabor – simbimserim, simbim –
und führt uns seine Künste vor – simbimserim, simbim ...

Buntabor: Der Zauberer Buntabor bringt auf einem Tablett drei Filzstifte – ohne Verschlußhülsen – in den Kreis und singt:

Ich zeige euch mit etwas Glück – (alle) simbimserim, simbim –
jetzt meinen besten Zaubertrick – (alle) simbimserim ...

Der Zauberer zeigt den Zuschauern die drei verschiedenfarbigen Filzstifte und sagt: „Drei Farbstifte habe ich hier! Zwei nehmt mir weg; ich schaue nicht hin, aber ich sage euch, welchen Filzstift ich noch habe!"
Er hält die drei Filzstifte auf dem Rücken. Ein Kind darf kommen und ihm zwei wegnehmen. Der Zauberer malt sich mit dem dritten Stift schnell ein Pünktchen auf einen Fingernagel. Er macht dann mit der entsprechenden Hand eine große Geste, wobei er unauffällig die Farbe des Filzstiftes anschaut.
Buntabor spricht:

Zippe, zappe, zoppe, zeck,
nehmt mir doch zwei Stifte weg.
Zippe, zappe, zoppe, zein,
rot (gelb, blau) muß der dritte sein!

Er zeigt den Stift voller Stolz.
– Applaus –

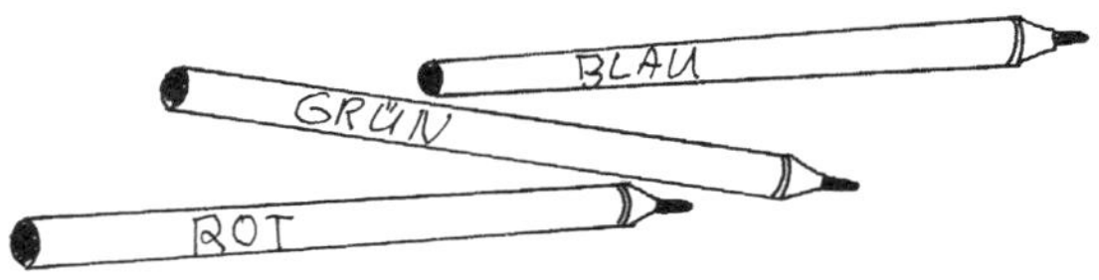

Ansager: Mit unserem Zauberlied begrüßen wir unseren dritten Zauberer, den Zauberer Dragomor.

alle singen: Nun kommt der Zaubrer Dragomor – simbimserim, simbim –
und führt uns seine Künste vor – simbimserim, simbim ...

Dragomor: Der Zauberer Dragomor bringt auf einem Tablett eine leere Streichholzschachtel in den Kreis und singt:

Ich werde Dragomor genannt – (alle) simbimserim, simbim –
und bin berühmt im ganzen Land – (alle) simbimserim ...

Der Zauberer stellt die Streichholzschachtelhülse auf den Tisch, darauf die leere Schachtel. Dragomor breitet die Hände über die Schachteln und spricht:

Hokus pokus fidibus –
dreimal schwarzer Kater –
ihr müßt jetzt verwandelt sein,
hier in dem Theater –
niemand kann an diesem Tag
zerschmettern euch mit einem Schlag!

Nun bittet er einen Zuschauer nach vorn und fordert ihn auf: „Zerschmettere doch mit einem festen Schlag die Schachteln!"

Es gelingt nicht ... Auch andere Zuschauer versuchen es, die Schachtelhälften hüpfen jedesmal davon.
– Applaus –

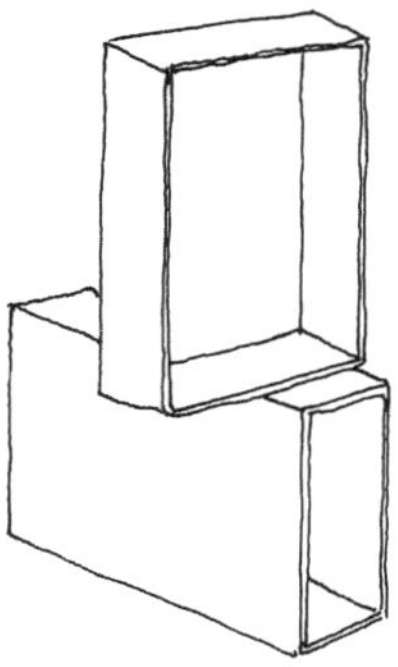

Ansager: Mit unserem Zauberlied begrüßen wir unseren vierten Zauberer, den Zauberer Wundilor.

alle singen: Nun kommt der Zaubrer Wundilor – simbimserim, simbim –
und führt uns seine Künste vor – simbimserim, simbim ...

Wundilor: Der Zauberer Wundilor bringt auf einem Tablett einen Hohlwürfelsatz in den Kreis, unter dem Arm ein großes Zauberbuch und singt:

Gar mancher gute Zauberspruch – (alle) simbimserim, simbim –
steht hier in meinem Zauberbuch – (alle) simbimserim ...

Der Zauberer zeigt auf die Würfel und sagt: „Liebe Leute, schaut nun her, nur ein Würfel ist das hier; doch nun seht, wie ein Turm entsteht!"
Wundilor deckt den Würfel(satz) mit einem schwarzen Tuch zu, schlägt sein Zauberbuch auf und spricht:

Abra, kadabra –
bim, bam, bein –
der Würfel muß verwandelt sein.

Nun holt er unter dem Tuch den größten Hohlwürfel hervor und stellt ihn auf den Tisch; dann den zweitgrößten und stellt ihn auf den ersten und so fort.
In den vorletzten kleinen Würfel hat Wundilor ein Bonbon „gezaubert". Der jüngste Zuschauer darf unter den obersten Würfel schauen und bekommt das Bonbon vom Zauberer überreicht.
– Applaus –

ein Clown: Ein Clown kommt ganz schüchtern und zeigt dem Zauberer pantomimisch, daß er auch gern etwas Schönes hervorgezaubert haben möchte.
Wundilor zaubert noch einmal: Er holt unter dem Tuch den kleinsten Würfel hervor und stellt ihn auf den Turm.
Der Clown darf nachschauen: Darunter ist ein Gänseblümchen „gezaubert". Der Clown ist entzückt und steckt die kleine Blume einem „gewichtigen" Zuschauer an.
– Applaus –

Ansager: Mit unserem Zauberlied begrüßen wir unseren fünften Zauberer, den Zauberer Märchimor.

alle singen: Nun kommt der Zaubrer Märchimor – simbimserim, simbim –
und führt uns seine Künste vor – simbimserim, simbim ...

Märchimor: Der Zauberer Märchimor zieht eine runde Plastikwanne (oder einen Weidenkorb) herein, angemalt oder verkleidet wie ein Steinbrunnen, oben mit „wasser"-blauem Papier oder Stoff abgedeckt. Er singt:

Ich trete den Beweis hier an – (alle) simbimserim, simbim –
daß ich am besten zaubern kann – (alle) simbimserim ...

Märchimor spricht:

Die Königstochter schön und hold
verlor ihre Kugel aus Gold.

Die fiel in den Brunnen hinein,
der Frosch sprang hinterdrein.

Er bringt – o, welch ein Glück
die Märchenkugel uns zurück.

Der Zauberer macht eine öffnende Handbewegung, und ein Kind, verkleidet als Froschkönig mit einer goldenen Krone, springt aus dem Brunnen, zeigt die goldene Kugel, öffnet sie, hüpft herum und verteilt mit heimlicher Geste goldenes Konfetti aus der Kugel in kleinsten Mengen den Zuschauern in die Hände, auf die Schultern, auf den Kopf ...
– Applaus -

Ansager: Mit der letzten Strophe unseres Zauberliedes verabschieden wir unsere fünf tüchtigen Zauberer!

alle singen: O, lirum, larum, Löffelstiel – simbimserim, simbim –
wer zaubern kann, der kann schon viel – simbimserim ...
– Applaus –

Bei den Großvätern und Großmüttern nachfragen, wer den Kindern im Kindergarten etwas vorzaubern möchte.
Eine Zaubervorstellung vorbereiten, die Kinder der Nachbargruppe zu einer Vorstellung einladen.

Bewegungsspiel: Verzaubern

gG

Die Erzieherin schwingt den Zauberstab über alle Kinder, spricht oder singt einen Zauberspruch, z.B.:

Lirum, larum Löffelstiel -
simbimserim, simbim -
wer zaubern kann,
der kann schon viel -
simbimserim, simbim ...

Dann sagt sie z.B.: Ich verzaubere euch in Elefanten, die trompeten. Nun wird der Zauberstab unter den Kindern weitergegeben. Sie wiederholen jedesmal den Zauberspruch und entwickeln neue schöne Ideen, sie verzaubern z.B.

in Löwen, die brüllen,
Krokodile, die klappern,
Pferde, die wiehern und galoppieren,
Hunde, die bellen,
Katzen, die miauen;

in Tänzer, die tanzen,
Turner, die turnen,
Lacher, die lachen;

in Bälle, die hüpfen,
Säulen, die ganz still stehen,
Seifenblasen, die sich leise bewegen;

in Kinder, die fröhlich,
die traurig,
die ängstlich sind,
in Kinder, die zuhören,
die etwas suchen ...

ein Kind in einen „armen Kater".

Kreisspiel: Armer, schwarzer Kater!

Alle sitzen im Kreis. Ein Kind spielt den „armen Kater". Der läuft auf allen vieren zu einem Kind und ruft traurig: Miau!. Das Kind tröstet den traurigen Kater, streichelt nun dreimal den armen Kater und sagt: Armer,schwarzer Kater. Lacht das Kind dabei, darf der Kater weiterspielen. Lacht aber der Kater, wird er von dem Kind abgelöst. Auch die Erzieherin spielt mit.

Der Zauberer und sein Sohn

Der Zauberer Zenopax hatte einen Sohn, den kleinen Zeno.
Der saß gern im Garten und blies Seifenblasen in die Luft. Er freute sich, wie die Seifenblasen in der Sonne glänzten, wie sie weit flogen oder – ping – wieder zerplatzten.
Dem Zaubervater gefiel das nicht. Er sagte: „Es wird Zeit, daß du richtig zaubern lernst. Du vertrödelst die Tage mit diesem Seifenblasenspiel."
Zeno wußte aber, so berühmt wie sein Vater würde er nicht werden. Solch großartige Kunststücke würde er niemals lernen. Er hatte nur Freude am Seifenblasenspiel und übte weiter, heimlich im Garten.
Dabei lernte er eine Menge.
Eines Tages gab Zenopax eine Vorstellung in der großen Stadt München.
Zeno fragte, ob er auch etwas vorführen dürfte.
Der Vater sagte: „Aber nur zum Schluß. Hoffentlich blamierst du dich nicht."
Es waren eine Menge Leute gekommen. Sie staunten über den berühmten Zauberer Zenopax und klatschten wild.
Am Schluß sagte der Zauberer: „Jetzt wird mein Sohn etwas vorführen."
Zeno kam auf die Bühne. Er hielt einen kleinen Bambusstock in der Hand.
„Ist das sein Zauberstock?" fragten sich die Leute.
Nein. Er tauchte den Stock in einen Topf. Er blies Seifenblasen damit: große buntschimmernde Kugeln und kleine silbrige Blasen, nicht größer als ein Hemdenknopf.
Die Kugeln und Blasen tanzten. Sie folgen im Kreis, in einer Reihe und in Zickzacklinie. Wunderschön sah das aus! Wenn eine Seifenblase zersprang, gab es einen leisen Ton. Wie von einem Glockenspiel.
„Dong-dang" machten die großen Blasen.
„Dingi-dingi-ding" die kleinen.
Die Leute hielten die Luft an. Sie wagten nicht zu husten oder zu niesen.
Und weiter ging das Spiel: Aus manchen Blasen flogen Schmetterlinge auf und Blumen heraus. Rote Rosen, blaue Veilchen, weiße Margeriten.
„Oh!" und „Ah!" riefen die Leute. „Wie schön! Wie wunderbar!" Immer mehr wollten sie sehen und hören.
Zeno blies mit runden Backen und spitzen Lippen.
Dann war der Topf leer geblasen.
Da gingen die Leute vergnügt nach Hause.
Der Zaubervater sagte: „Zeno, du bist ein tüchtiger Kerl!"
Und was sagte Zeno?
Gar nichts.
Er rührte einen neuen Topf mit Seifenwasser an.

Hanna Hanisch
aus:
Kopfkissen-Geschichten
Rowohlt Taschenbuch Verlag, Reinbek bei Hamburg 1981

Zum Bild der folgenden Seite:
Wenn die Kinder das Bild anschauen, werden sie im Gesicht des Clowns Staunen und Aufmerksamkeit entdecken; von seinem Spiel lernen sie für ihr Spiel.

Für die folgenden Clownnummern wurden die Namen August und Augustine eingesetzt; die Rollen sind selbstverständlich weder an diese Namen, noch an zwei Kinder gebunden.
Die Kinder, die bei den Clownspielen mitmachen, kleiden und schminken sich sehr individuell als Clowns. Wichtiger als das Was ist das Wie der Darstellung.

Teller balancieren

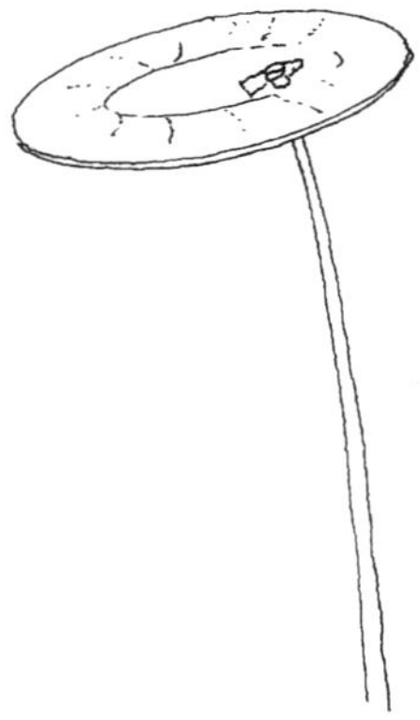

Augustine kommt herein mit einem Stock und mehreren Papptellern. Sie balanciert einen (mehrere) Teller auf der Hand, dann auf dem Kopf, auf drei Fingern; nun versucht sie, den Teller wiederholt auf einem Stock zu balancieren – vergeblich.
Da kommt August hereinspaziert und balanciert auf dem Stock einen Teller – stolz geht er im Kreis herum; er stolpert, fällt – aber der Teller bleibt am Stock haften; sein „Betrug" kommt heraus; er versucht, den Teller abzuschütteln, und rennt hinaus. Augustine folgt dem August lachend.

Daumen wegzaubern

August und Augustine kommen herein. August sagt: „Ich kann meinen Daumen wegzaubern!" Er zeigt seinen Daumen, hält dann die Hand kurz hinter den Rücken und zeigt nun die Faust.
August sagt: „Jetzt zaubere ich ihn wieder her!" Er hält die Hand wieder kurz hinter den Rücken und zeigt lachend wieder seinen Daumen.
Augustine sagt: „Das können die Kinder auch!" Sie wendet sich den Kindern zu: „Kinder, könnt ihr das auch? Dann zeigt euren Daumen! Nun zaubert den Daumen weg! Nun zaubert ihn wieder her! Und gleich noch einmal! ... Wie schön ihr alle zaubern könnt!"

Variante:
Augustine hält einen Schuhkarton in der Hand, darin befindet sich ein Stückchen Holz, das heimlich an einem Faden durch den Boden des Kartons von Augustine festgehalten wird.
August sagt den Zuschauern: „Ich kann meinen Daumen in diesen Karton zaubern – jetzt ist der Karton leer."
Augustine zieht den Faden stramm und schüttelt den Karton – es ist nichts zu hören.
August sagt einen Zauberspruch, Augustine öffnet den Karton, August steckt seine Hand hinein, sein Daumen ist weg. Er sagt: „Mein Daumen ist jetzt im Karton." Augustine lockert den Faden und schüttelt den Karton – man hört den „Daumen". August steckt die Hand wieder in den Karton und zaubert seinen Daumen zurück. Augustine zieht den Faden wieder stramm und schüttelt den Karton – da ist nichts mehr zu hören.

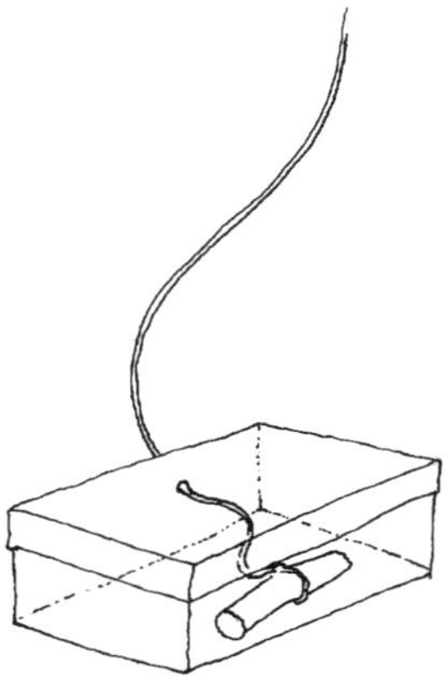

Tuch wegzaubern

Augustine schwingt ein gelbes Tuch und sagt: „Ich zaubere jetzt das Tuch hier weg!" Sie steckt das Tuch in ihre Hosentasche, spricht einen Zauberspruch und sagt: „Wo ist das Tuch? – In der Hosentasche vom August!" August macht ein

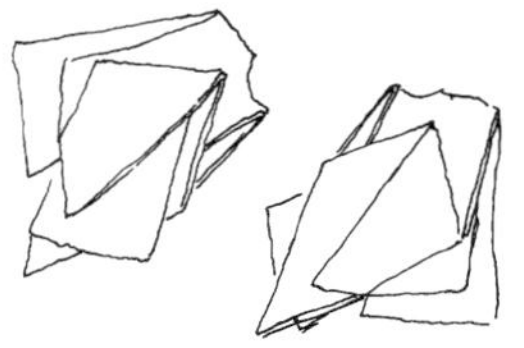

verdutztes Gesicht, greift in seine Hosentasche und zieht ein (natürlich zweites, gleiches) Tuch hervor. Augustine sagt: „Bitte, steck es wieder in deine Tasche, ich möchte es wieder zurückzaubern." August steckt es wieder in seine Hosentasche. Augustine sagt einen Spruch, greift in die Hosentasche und zieht ihr Tuch wieder hervor.
Beide winken mit ihrem Tuch und lachen und gehen.

Schweres tragen

Vier Kinder schleppen mit scheinbar großer Mühe auf einem Tablett einen Klotz (gefärbtes Styropor) herein.
Mit großer Mühe stemmt ein Gewichtheber den Klotz in die Höhe. Die vier Kinder wollen das Tablett mit dem Klotz wieder abschleppen, da erscheint der August und nimmt den Klotz mit Leichtigkeit hoch und spielt damit.

Trösten

Ein Clownkind sitzt auf einem kleinen Stuhl und sieht traurig aus. August kommt herein und geht um es herum. Er fragt es: „Warum bist du traurig?" Es antwortet nicht. Da sagt August: „Sei doch nicht traurig, schau, was ich Lustiges kann!" Er schlägt lustige Purzelbäume. Das Clownkind lacht noch immer nicht. August schenkt ihm eine Blume. Er streichelt es. Er fragt die Kinder: „Was soll ich nur tun?" Er greift die Vorschläge der Kinder auf, oder er singt ihm ein Lied oder spielt auf einem Kamm mit Pergamentpapier ... Das Clownkind lacht und tanzt.

Seifenblasen

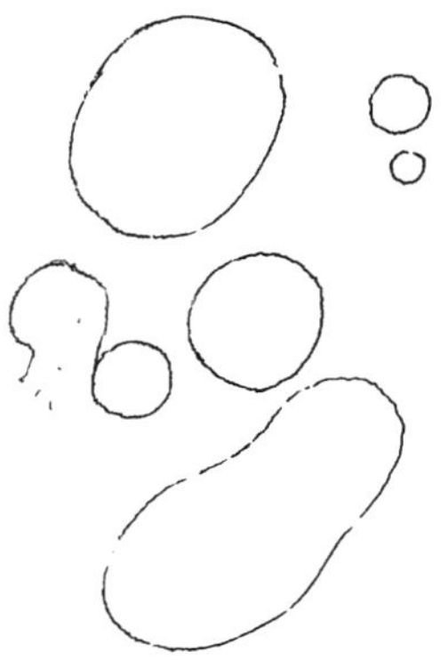

Der Raum wird abgedunkelt. Nur ein oder zwei Punktstrahler mit farbiger Glühbirne sind eingeschaltet.
Augustine (eine Erzieherin) kommt mit einem Eimer herein (darin ist ein Riesenpustefix) und stellt ihn ab. Sie holt ein kleines Pustefix hervor und bläst bei leiser Musik behutsam Seifenblasen in den Lichtkegel, schaut ihnen staunend nach, fängt diese oder jene auf, zeigt sich enttäuscht, wenn sie zerplatzen ... und bläst wieder neue ... Augustine steckt das kleine Spiel wieder weg und zieht den Eimer heran. Sie nimmt den Teller mit der Seifenlösung in eine Hand und den Seifenblasenring am Griff in die andere Hand. Sie taucht den großen Ring in die Lösung und versucht nun, durch Hin- und Herschwenken riesige, schillernde Seifenblasen zu erzeugen.

Glöckchenkonzert

Augustine setzt sich auf einen (erhöhten) Stuhl. August reicht ihr ein Tablett mit mehreren Glöckchen. Augustine stellt es sich auf den Schoß. Sie nimmt bald dieses, bald jenes Glöckchen und läutet, dabei hört sie ganz aufmerksam hin. Vielleicht kann sie eine kleine Melodie spielen. Oder sie nimmt in jede Hand ein Glöckchen, probiert schöne Klänge und freut sich daran.
Dann verteilt sie einige Glöckchen unter die Kinder und spielt die Dirigentin. Sie zeigt an, wer wann und wie lange läuten darf. Mit einem gemeinsamen zarten Läuten beschließt sie das Konzert.

Schlangendressur

Ein Kind, einen Turban um den Kopf und mit Pumphosen bekleidet, kommt mit einem Korb in die Mitte. Es stellt den Korb ab, setzt sich im Schneidersitz hin und spricht: „In meinem Korb ist eine Schlange. Wenn ich auf meiner Flöte spiele, kommt sie hervor und bewegt sich zur Musik." (Es hat ein schlangenähnliches „Wesen" mit einem sehr dünnen Faden ans Ende seiner Blockflöte gebunden.)
Wenn es nun flötet, dabei die Flöte langsam hochnimmt und hin- und her- und auf- und abschwenkt, macht die Schlange die Bewegungen mit. Wenn die Schlange lang genug ist, kann das Kind sie heimlich vom Faden an der Blockflöte lösen, ganz aus dem Korb heben und sie sich „mutig" um die Schulter legen.

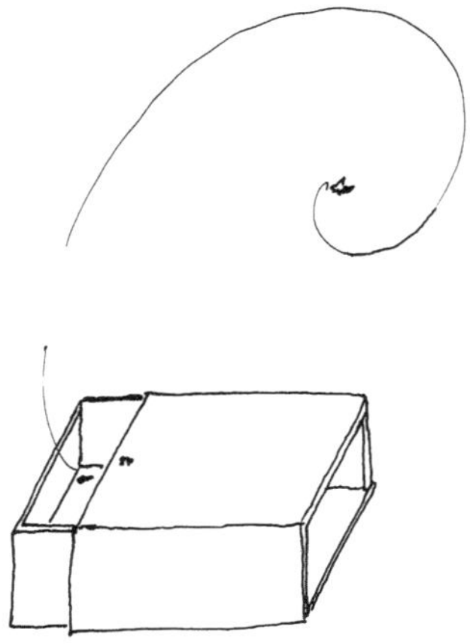

Flohdressur

Ein Kind kommt mit einem „Flohkäfig" (Kästchen) herein und spricht: „Ich bin der Flohzirkusdirektor! In meinem Flohkäfig ist ein toller Floh, den muß ich euch vorführen! ... Ich öffne vorsichtig den Käfig. Komm, mein toller Floh, hüpf auf meinen Zeigefinger! ... So, und nun hinüber auf meinen anderen Zeigefinger! ... Und wieder zurück, hoppla! ... Na, wo bist du denn? ... Komm, ich hebe dich wieder auf ... Und nun spring auf ..."
(Wichtig ist, daß der Flohzirkusdirektor den „Sprung" des „Flohs" immer mit den Augen verfolgt.)

Pferdedressur

Zwei Kinder spielen das Pferd. Das vordere geht aufrecht und steckt seinen Kopf in eine Pferdeattrappe 1). Das hintere Kind neigt sich vornüber und hält sich am Hosenbund des vorderen Kindes fest. Eine braune Decke verbirgt beide Kinder. Für Mähne und Schweif wird Hanf 2) verwendet. Bunte Bänder zieren Hals und Schweif. Die Kinder tragen gleiche Hosen, die „Fesseln" werden mit weißen Bändern bandagiert.

Ein Kind, mit schwarzer Jacke, Fliege und Hut als Dresseur gekleidet, führt das Pferd an einer kurzen Leine herein und einige Male im Kreis herum.

1) Leicht verändert läßt sich hier ein „eibe-Springpferd" verwenden, siehe Bezugsquelle.

2) Hanfstränge sind im Installationsgeschäft erhältlich.

Der Dresseur bleibt vor dem Pferd stehen und sagt:	
Du, mein liebes Pferdchen, bist ein braves Pferdchen ... Wie heißt du denn, Niko? Schecke? Lotte?	*Der Dresseur streichelt das Pferd.* *Bei „Niko" und „Schecke" wackelt das Pferd mit dem Kopf, bei „Lotte" nickt es.*
Aha, du bist die Lotte!	
Bist du denn auch ein richtiges Pferd?	*Lotte wedelt mit dem Schweif.*
Da wedelst du mit dem Schweif!	
Und ein schlaues Pferd bist du auch?	*Lotte nickt.*
Dann zähl doch mal bis Drei!	*Lotte nickt langsam dreimal mit dem Kopf.*
Kinder, hat Lotte richtig gezählt?	
Lotte, nun zähl doch mal bis Fünf!	*Lotte nickt nur viermal.*
Kinder, hat Lotte richtig gezählt?	
Lotte, schäm dich! Bitte aber jetzt bis Fünf!	*Lotte nickt fünfmal.*
Brave Lotte!	*– Applaus –*
So, nun lauf schön im Kreis herum! Hopp, Lotte, Lotte, hopp! Nun lauf doch!	*Der Dresseur faßt das Ende der Leine und bleibt in der Mitte stehen; Lotte soll im Kreis herumgehen.*
Muß ich dich ziehen?	*Lotte bleibt stehen. Der Dresseur faßt die Leine kurz und zieht nach vorne – erfolglos.*
Wer kann mal hinten schieben – oder muß ich selber schieben?	*... aber das Schieben nutzt auch nicht.*
Ah, da fällt mir was ein ...	*Der Dresseur holt ein Stückchen Zucker und hält es Lotte hin. Lotte nimmt es und marschiert los – im Kreis.*
Ja endlich! So läufst du schön! Trip-trap, trip-trap ...	
Hü, Lotte, hü!	*Lotte bleibt stehen.*
Und nun drei Schritte rückwärts!	*Lotte geht drei Schritte rückwärts,*
Hü! ...	*bleibt stehen,*
Und nun wieder vorwärts! Hopp, hopp, hopp hopp, hopp ...	*läuft wieder vorwärts ...*
Und nun im Trab, bitte traben!	*trabt ... (vorne links, hinten rechts; vorne rechts, hinten links)*
Na, schön machst du das!	
Und nun hopp, hopp, im Galopp!	*galoppiert ... (vorne beide Beine gleichzeitig, dann hinten beide gleichzeitig)*
Wunderbar!	
Und nun wieder Schritt!	*läuft im Schritt.*
Lotte, was ist denn? Bist du müde? Du kannst doch hier nicht schlafen! Bitte, steh wieder auf!	*Lotte hält an, geht zu Boden und rührt sich nicht.*
Schau mal, was ich da habe!	*Lotte sieht den Zucker und springt auf.*
Nun tanz uns noch ein paar Schritte!	*Lotte tanzt zu einigen Takten Musik. Die Zuschauer klatschen im Rhythmus mit.*
Nun, Lotte, wollen wir uns verabschieden! Sag noch allen hier auf Wiedersehen.	*Lotte wendet sich dem Publikum zu und nickt nach allen Seiten.*
	Der Dresseur führt Lotte an der Leine hinaus.
	– Applaus -

Selbstgebastelte „Instrumente" und andere Klangerzeuger
Eine musikalische Zirkusschau

Ziele:
- Einfache Primitivinstrumente bauen, eine Musik für diese Instrumente erfinden und realisieren.
- Andere Klangerzeuger in diese Musik einbeziehen.
- Alle Klangerzeuger in einem Zirkusspiel einsetzen.

Methodische Möglichkeiten

Die Erzieherin erwägt gemeinsam mit den Kindern, ob man nicht das Instrumentarium des Kindergartens durch selbstgebastelte Instrumente erweitern könnte. Überlegungen werden angestellt, welches Material geeignet ist, um daraus Klangkörper zu basteln. Sicherlich kommen von den Kindern Anregungen und Vorschläge, welche Dinge dazu gebraucht werden könnten.

Da wird also zunächst einmal gesammelt. Gegenstände aus Holz, Pappe, Plastik, Metall, Glas, Ton usw. werden mitgebracht und sortiert. Dabei entdecken die Kinder schon, daß man aus ihnen Geräusche oder auch Klänge hervorlocken kann. Nun beginnt die Phantasie, etwas Geeignetes zu gestalten.

In dieser jetzt einsetzenden kreativen Phase sollte den Kindern das Typische der einzelnen Instrumentengruppen deutlich werden, ob man schlagen, blasen, zupfen oder streichen muß. Damit werden gleichzeitig erste Grundkenntnisse in der Instrumentalkunde erworben.

In der Regel werden die Kinder spontan zunächst auf die Materialien zugehen, die man durch Schlagen oder Schütteln zum Klingen bringen kann.

Da werden Waschmittel- oder Plastikeimer zu Trommeln, wenn die Böden mit Holzlöffeln oder Stöcken angeschlagen werden.
Mit Plastikfolie, Cellophan- oder Pergamentpapier bespannt und mit Filzschlegeln geschlagen, eignen sie sich als Pauken. Verschieden große Blumentöpfe, wieder unterschiedlich bespannt, werden zu Bongos.

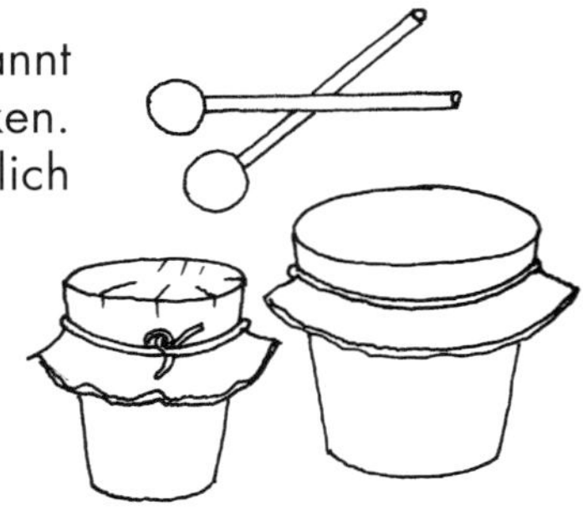

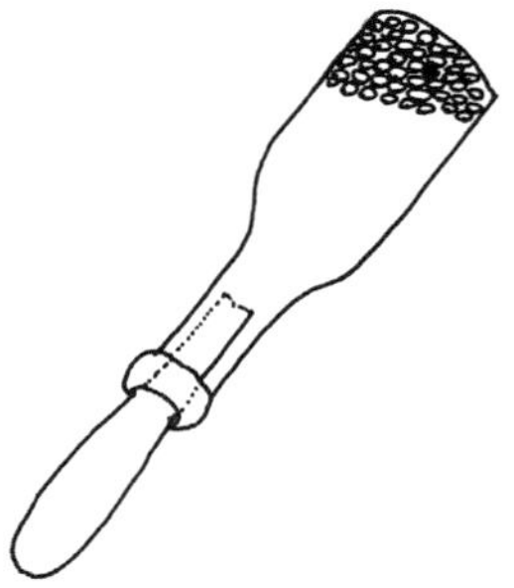

Aus Blech-, Plastikdosen oder Plastikflaschen, mit Reis, Erbsen oder kleinen Steinen gefüllt, entstehen jeweils anders klingende Rasseln. Ein Stock, der den Flaschenhals verschließt, dient als Griff für die Rassel.

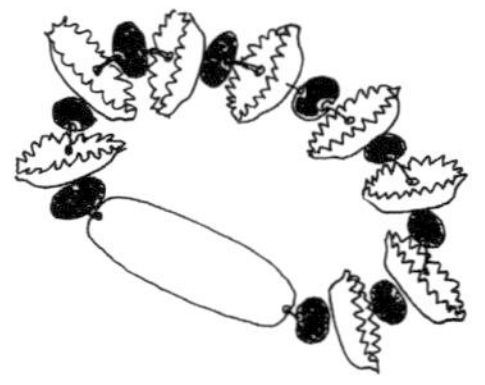

Schellenkränze lassen sich zaubern aus vielen Kronenverschlüssen, die auf einem festen Draht, abwechsend mit Holzperlen, aufgefädelt sind. Am schönsten klingen die Verschlüsse von Schweppesflaschen, weil man die Gummierung herausnehmen kann.

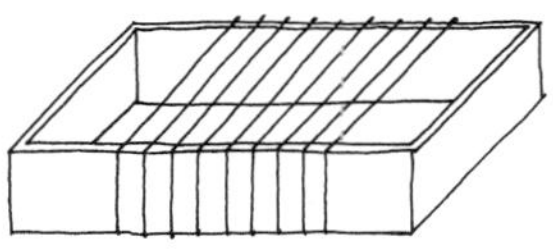

Auch Zupf- und Streichinstrumente können hergestellt werden.
Mit Hilfe von verschieden starken Gummibändern, auf Zigarrenkisten oder Blechdosen angebracht oder über Holzbrettchen mit aufgelegtem „Steg" gezogen, kann man schön klingende Zupfinstrumente herstellen (der „Steg" kann aus einer Streichholzdose oder einem kleinen Kästchen bestehen).

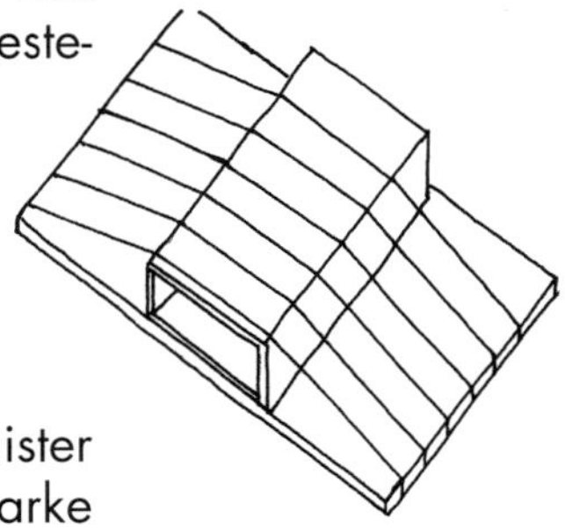

Ein tief klingender Baß läßt sich aus einem Plastikkanister oder einem kleinen Eimer basteln, durch den eine starke Plastikschnur gezogen ist. An den beiden Enden der Schnur ist jeweils ein Holzgriff befestigt, mit dessen Hilfe man das Instrument festhält; auf dem längeren Griff stehen beide Füße, den kürzeren Griff hält eine Hand. Die freie Hand kann der Perlonschnur durch Zupfen die Klänge entlocken. Diese können wiederum durch Lockern oder Spannen der Perlonschnur höher oder tiefer klingen.
Dieser Baß läßt sich auch als Streichinstrument benutzen. Dazu braucht man einen Bogen. Aus einem Kleiderbügel kann er schnell hergestellt werden, wenn er mit einem Bindfaden oder mit einer Perlonschnur bespannt und mit Kolophonium eingerieben wird, das man normalerweise für Bögen von Streichinstrumenten benutzt.

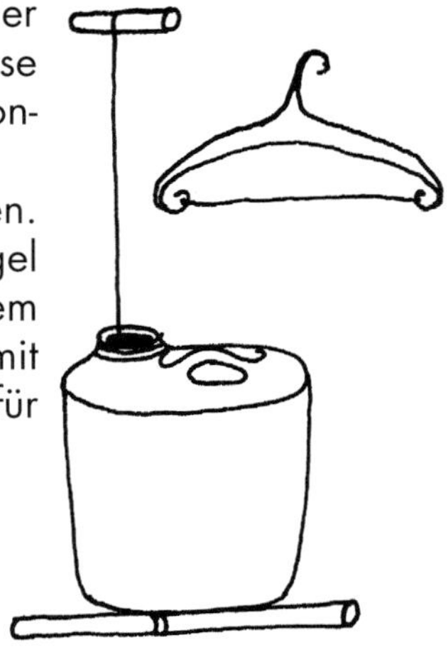

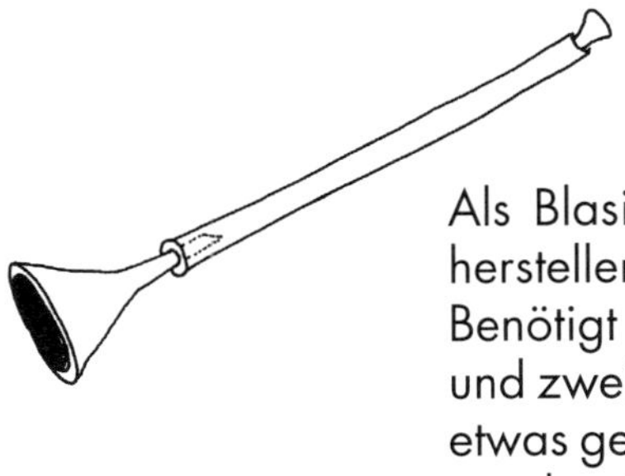

Als Blasinstrument kann man leicht eine Schlauchposaune herstellen.
Benötigt werden ein Stück dünnwandiger Gartenschlauch und zwei Plastiktrichter. Der Durchmesser der Füllstutzen muß etwas geringer sein als der des Gartenschlauchs. Die Trichter werden in die Enden des Schlauches eingesetzt; der eine Trichter wird so verkürzt, daß nur noch eine Öffnung von 2,5 cm als Mundstück stehenbleibt. Die Ränder müssen abgefeilt werden. Man kann hier auch das Mundstück einer Posaune oder eines anderen Blasinstrumentes verwenden.

Diese selbstgebastelten Primitivinstrumente können jederzeit durch fertige Klangkörper in Form von Gebrauchsgegenständen ergänzt werden. Aus dem Eierschneider wird eine kleine Gitarre, wenn die Schneidedrähte gezupft werden. Weingläser können durch Anschlagen mit einem Schlegel, durch Streichen mit dem Bogen oder, unterschiedlich mit Wasser gefüllt, durch Reiben mit dem Finger zum Klingen gebracht werden. Große und kleine Flaschen ertönen beim Überblasen, ausgediente Topfdeckel werden zu Zimbeln oder Becken, und Kochlöffel dienen noch als Klangstäbe. Man kann die Reihe noch beliebig fortsetzen.

Nun müssen die Baumeister natürlich auch ihre gebastelten „Instrumente" vorstellen. Während der Herstellungsphase haben die Kinder sicherlich genügend Möglichkeiten gehabt, ihre „Instrumente" auszuprobieren. Sie wissen, wie sie klingen, und können daher auch schon Gruppen von gleich oder ähnlich klingenden „Instrumenten" bilden; d.h. sie stellen sich zu einem kleinen Orchester auf, in dem jede Gruppe ihren ganz bestimmten Platz hat.

Die Erzieherin hätte dann die Aufgabe, als „Dirigent" dieses „Orchester" zum Klingen zu bringen, wobei die einzelnen Gruppen auf ihren „Instrumenten" frei improvisieren, aber doch den Hinweisen oder Zeichen der Erzieherin folgen sollen, indem sie ihre Musik laut oder leise, lustig oder traurig, hoch oder tief, langsam oder schnell erklingen lassen.
Sie können allein, zu zweien, in einer Gruppe allein oder im ganzen Orchester zusammen spielen. Auch die Kinder sollten einmal „Dirigent" sein.

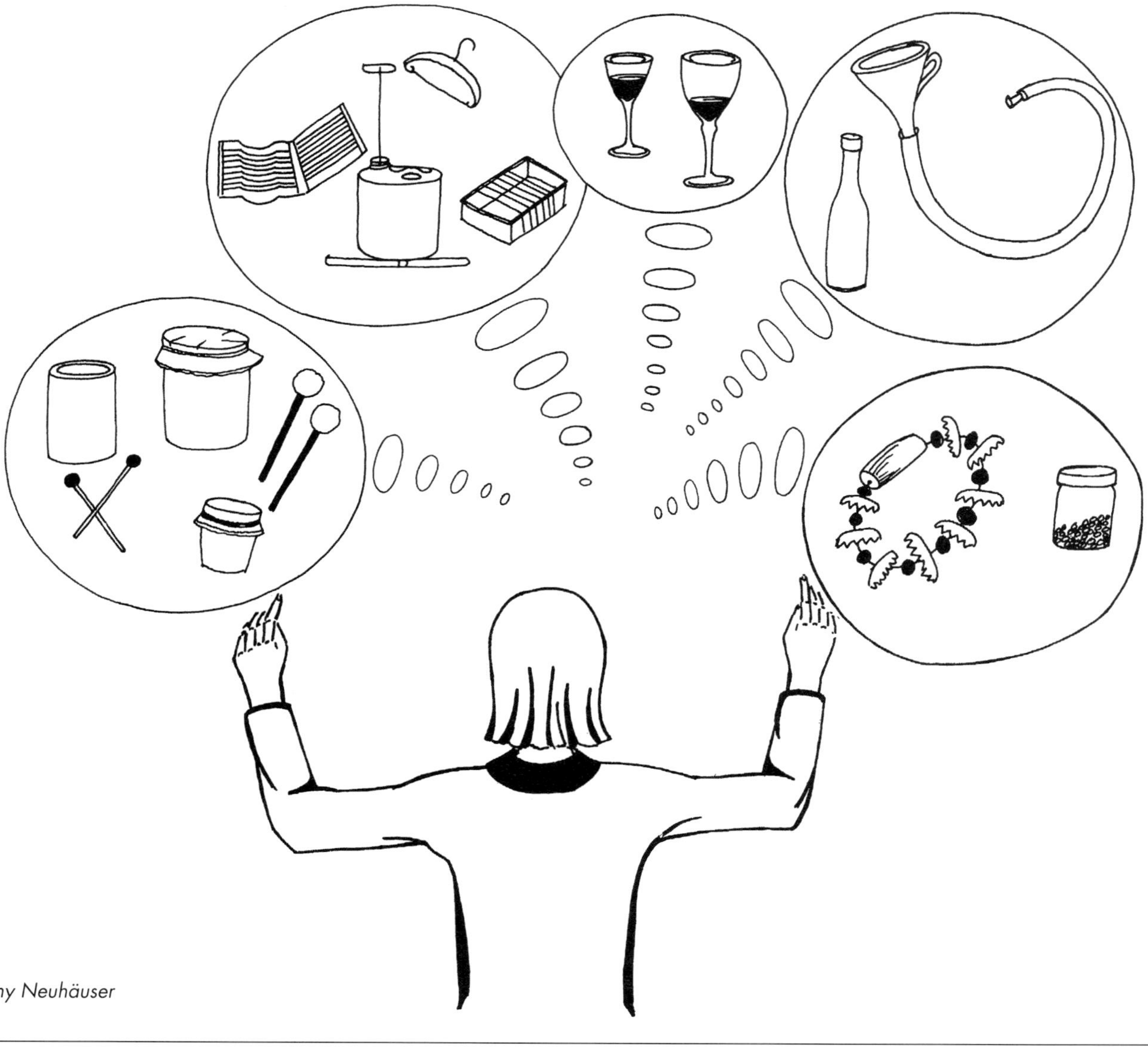

Jenny Neuhäuser

Eine musikalische Zirkusschau

Für einen Elternabend oder eine kleine Karnelvalsveranstaltung im Kindergarten bietet sich eine „musikalische" Zirkusschau an, in der die Kinder wiederum mit ihren Primitivinstrumenten auftreten können. Verbindendes Glied für alle Zirkusnummern ist das Lied „Kinderzirkus".

Eine kleine Kindergruppe steht im Hintergrund der Bühne oder des Raumes, singt das Lied und unterstützt dabei den Text mit Handgesten. Das Lied eröffnet die Vorstellung und leitet unmittelbar zu der ersten Nummer über. Nach Abschluß dieser Szene folgt wiederum das Lied und kündigt die zweite Nummer an usw.

Kinderzirkus

Text: überliefert Melodie: Hans Kemper

1. Nummer: Musikclown

Ein Clown, etwas grob und derb in seinen Bewegungen, bringt drei Weingläser zum Klingen. Das muß er übertrieben vorsichtig tun; denn Wirkung und Witz dieser Nummer sollten im auffälligen Kontrast zwischen zartem Gläserklang und grobschlächtigem Verhalten des Clowns liegen. Dabei kann er verschiedene Spieltechniken demonstrieren:

a) die Weingläser am Rand mit einem Stäbchen (Bleistift, Stricknadel, Nagel usw.) anschlagen
b) mit der feuchten Fingerkuppe über den Rand der Weingläser reiben
c) mit dem Bogen über den Rand streichen

Wenn die Gläser durch entsprechende Wasserfüllungen auf drei bestimmte Töne gestimmt werden, könnte er sogar eine Melodie im Dreitonraum spielen.

2. Nummer: Pferdedressur

Das Pferd wird von zwei Kindern dargestellt, die sich unter einer Decke bewegen. Das erste Kind geht aufrecht mit einer Pferdemaske auf dem Kopf, das zweite Kind bückt sich und faßt dabei mit den Händen die Hüften des Vordermannes.
Sie bewegen sich zum Lied „Geht das Pferdchen Schritt für Schritt", und zwar 1. im Gehschritt, 2. im Laufschritt, 3. im Galoppschritt und 4. wieder im Gehschritt.

Der „Zirkusdirektor" führt das Pferdchen mit seiner Peitsche, während eine Kindergruppe das Lied singt und eine andere Gruppe es mit Bongos, Schlagstäben und Schellen rhythmisch begleitet.

Geht das Pferdchen

Text und Melodie: überliefert

3. Nummer: Der Elefant

Ein „Tiertreiber" tritt mit seinem „Elefanten" auf und singt vom Lied „Elefanten-Trott" die erste und zweite Strophe (die Kindergruppe kann ihn beim Singen unterstützen). Dabei lenkt er seinen „Elefanten", der sich den Strophen entsprechend bewegen muß, zuerst im Gehschritt, dann im Bummelschritt, während er gleichzeitig auf seiner Schlauchposaune bläst. Das Kind, das den Elefanten darstellt, sollte das Instrument so halten, daß es wie ein Rüssel aussieht.

Elefantentrott

Text und Melodie: überliefert aus dem Amerikanischen
Textübersetzung: Ulrich Kabitz

2. Langsam setzt er Fuß vor Fuß,
   denn er ist kein Omnibus.
3. Bald ist er nicht mehr allein,
   alles trampelt hinterdrein.
4. Und schon singt das ganze Land,
   dieses Lied vom Elefant.

4. Nummer: Tiergruppe

Der „Tierwärter" tritt mit seinen „Tieren" auf, die durch entsprechende Tiermasken charakterisiert sein können. Nun sollen sie ihre Kunststücke zeigen. Der Esel beginnt. Er trabt gemächlich in die Mitte des Raumes und gestaltet das Lied „Ich bin ein kleiner Esel", das von einer Kindergruppe gesungen wird.

Im Teil A bewegt er sich schwerfällig vorwärts, als ob er Säcke schleppen müßte.
Im Teil B bleibt er auf der Stelle stehen und wackelt mit dem Hinterteil.
Im Teil C nickt er abwechselnd nach rechts und links, während er I-a ruft.

Den C-Teil begleitet außerdem die zweite Gruppe mit Instrumenten, indem sie in die Pausen hinein und am Schluß jeweils mit den Schellenkränzen rasselt (siehe Notenbeispiel).
Es folgen die anderen Tiere, Pudel, Hase und Katze, die ihre Strophen entsprechend gestalten müssen. Im Lied werden im Teil A das Wort Esel und im Teil C die Passage I-a ausgetauscht.

Ich bin ein kleiner Esel

Text und Melodie: überliefert

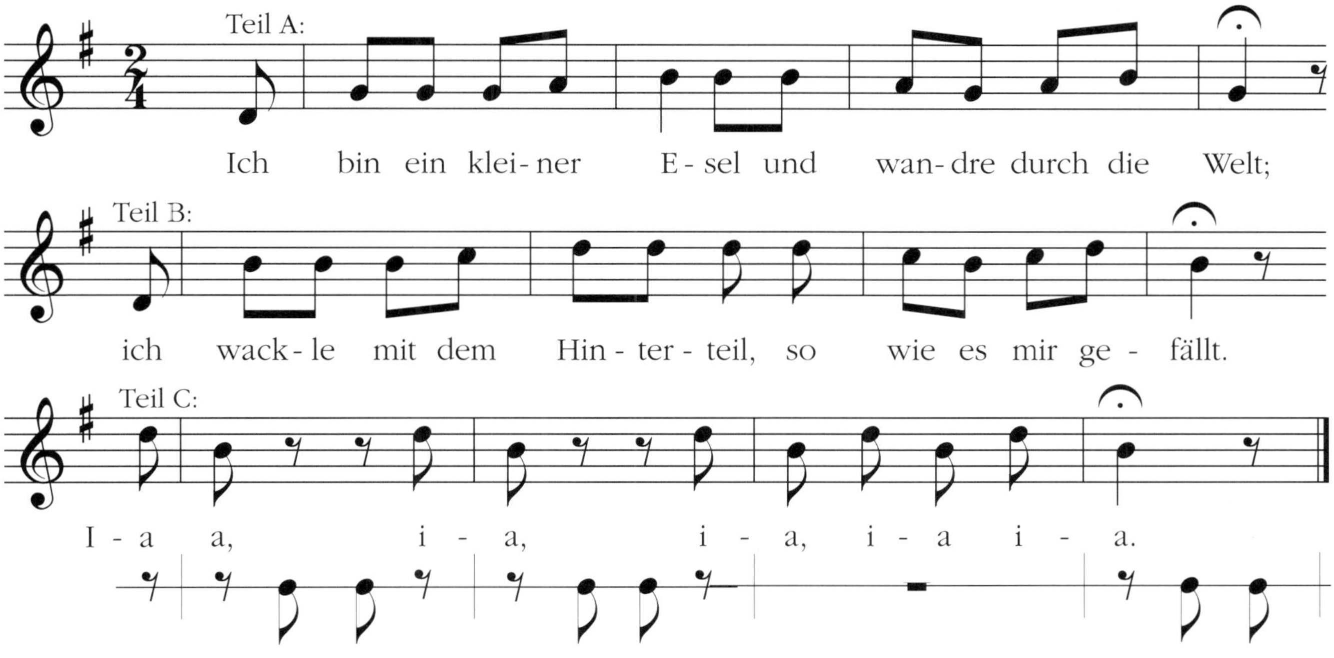

Ich bin ein kleiner Pudel ... wau wau ...
Ich bin ein kleiner Hase ... hopp hopp ...
Ich bin 'ne kleine Katze ... miau miau ... usw.

5. Nummer: Zwei Musikclowns

Der eine Clown ist dick und groß. Er zupft nach auffälligen Vorbereitungen (Ärmel aufkrempeln, Hose hochziehen, Jacke zuknöpfen ...) den kleinen Eierschneider. Der kleine dünne Clown schleppt mit großer Mühe den „Baß" herbei, stellt sich umständlich auf den langen Holzgriff, den Kanister zwischen den Füßen, und zupft die Saite. Die beiden gestalten nun ein wechselhaftes Spiel, animieren sich gegenseitig, mal laut oder leise, schnell oder langsam, lustig oder traurig zu spielen.
Die zuvor aufgezeigten Beispiele sind als Vorschläge gedacht und können beliebig verändert oder ergänzt werden.

Jenny Neuhäuser
Die Lieder dieses Beitrags sind entnommen aus: Anneliese Gaß-Tutt, Tanzkarussell 1, Verlag Fidula, Boppard/Rhein 1972

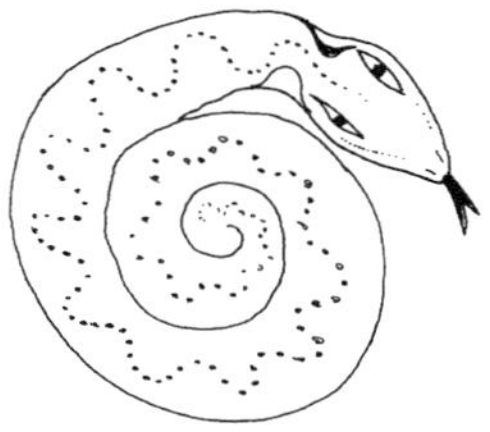

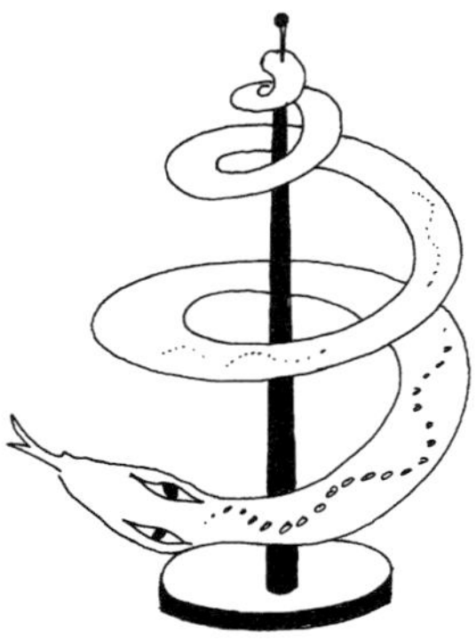

Die Schlange tanzt

Material:
stärkeres Zeichenpapier (Tonpapier), Malstifte, Schere, Ständer aus Holz, Stricknadel (oder Rundstab und Stecknadel)

Durchführung:
Auf das Papier eine eingeringelte Schlange (Spirale) zeichnen und mit einem Schlangenmuster verzieren; die Schlange ausschneiden – in der Mitte eine kleine Scheibe (Hütchen) stehenlassen; die Schlange nun mit dem Hütchen auf die Stricknadel hängen oder mit einer Stecknadel auf dem Rundstab befestigen.
Die Schlange „tanzt", wenn sie auf die Heizung gestellt wird. Wird das mit einem Flötenspiel verbunden, sieht es aus, als würde die Schlange zur Musik tanzen.

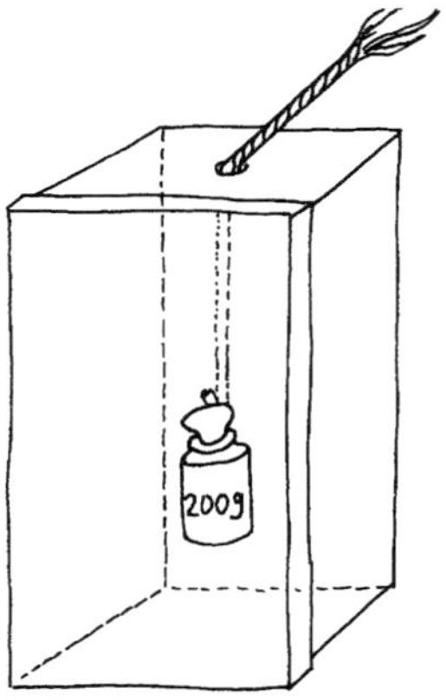

Der Löwe brüllt

Material:
Schachtel aus Holz (Zigarrenkiste) oder Pappe (Schuhkarton), kleiner Bohrer, Sisalbindfaden, ein kleiner schwerer Gegenstand

Durchführung:
Die Schachtel aufrecht stellen und oben ein Loch bohren; einen möglichst rauhen Bindfaden durch das Loch ziehen und daran innen einen Gegenstand festbinden; die Schachtel mit dem Deckel verschließen.
Mit der einen Hand die Schachtel festhalten, mit der anderen Hand am Faden ziehen und wieder nachlassen. Größe und Beschaffenheit der Schachtel bestimmen das „Löwengebrüll".

Der Elefant greift

Material:
etwas Pappkarton, Bleistift, Wachsmalstifte, Schere

Durchführung:
Auf Pappe einen Elefanten zeichnen, mit Wachsmalstiften ausmalen; den Elefanten ausschneiden und in die Mitte ein Loch schneiden.
Den Zeigefinger durch das Loch stecken, nun kann der Elefant seinen Rüssel bewegen.

Die Nase wackelt

Material:

Zeichenkarton (Briefkarte), Zeichenstift, Nadel, Kettchen, Tesafilm

Durchführung:

Auf den Zeichenkarton ein Profil ohne Nase zeichnen; bei den Nasenansätzen Löcher stechen, ein Kettchen durchziehen und die Enden auf der Rückseite mit Tesafilm festkleben. Die Nase „wackelt", wenn das Bild bewegt wird.

Der Clown zeigt sich

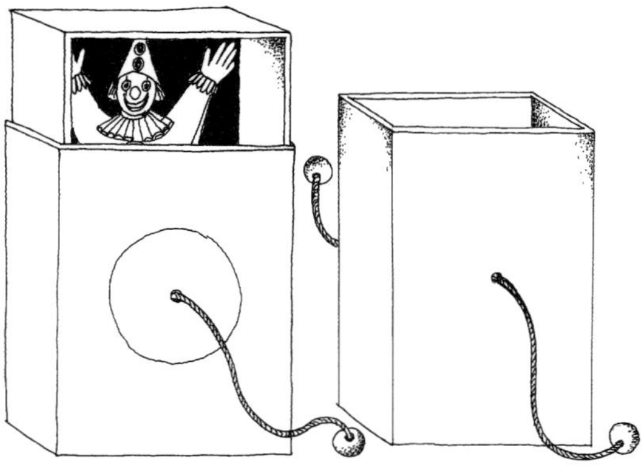

Material:

Streichholzschachtel, Schnur, Perlen, ausgeschnittene Clown-Figur, Klebstoff

Durchführung:

Ein Clownbildchen in eine Streichholzschachtel kleben; die Vorder- und Rückseite der Streichholzhülse in der Mitte durchstechen und eine Schnur durchziehen, deren Enden mit Perlen verknotet werden.
Den „Clown" in die Hülle schieben; er zeigt sich, wenn die Schnur stramm gezogen wird

Die Clowns tanzen

Material:

Papierstreifen, Zeichenstift, Schere, Filzstifte

Durchführung:

Die Papierstreifen als „Zieharmonika" falten; eine „halbe" Figur (mit Hut) aufzeichnen und so ausschneiden, daß die Figuren sich an den Händen halten; die Figuren individuell als lustige Clowns anmalen. Die Clowngruppe tanzen lassen.

Der Zauberer zaubert

kopieren
ausmalen
zurechtschneiden
falten
zaubern -
andere überraschen

Elemente für ein Zirkusfest – wenn die Kinder untereinander feiern

Vorfreude

zu Hause:
Mit den Eltern den Einladungsbrief lesen.
Das Kostüm planen und schneidern.

im Kindergarten:
Zirkusnummern vorbereiten.
Bildnerische Arbeiten zum Thema gestalten.

Festvorbereitung

Raumgestaltung:
Bildnerische Arbeiten der Kinder aufhängen.
Girlanden oder Stoffbahnen durch den Raum spannen, die die Form eines Zirkuszeltes andeuten; Luftballons in die „Kuppel des Zeltes" hängen. Die Stühle kreisförmig aufstellen; an das offene Ende des Halbkreises den „Manegeneingang" bauen.

Buffet:
Lebensmittel einkaufen und zubereiten.
In einer Ecke des Raumes oder im Nebenraum das Buffet aufbauen, mit bunten Fähnchen dekorieren, z.B.:
Nudelsalat, kleingeschnittene Brötchen und Bretzeln
Obstsalat oder Pudding, Waffeln
Apfelsaft, mit Mineralwasser verdünnt
Teller, kleine Löffel, Gläser, Servietten

Zirkusfest

An der Tür begrüßt die Erzieherin jedes Kind mit etwas Konfetti oder einer anderen kleinen Überraschung; sie bestaunt das Kostüm.
Gemeinsam wird ein Zirkuslied gesungen.
Die Erzieherin spielt die Ansagerin und kündet Attraktionen an.
Nach jeder Nummer gibt es Applaus.
Während sich bestimmte Kinder kurz für die nächste Nummer fertigmachen, spielt die Zirkuskapelle.
Zum Schluß werden alle Attraktionen noch einmal genannt, die Spieler kommen dann noch einmal in die „Manege" und tanzen zu einer Musik.

Nachfreude

Vom Zirkusfest erzählen.
Einige Spiele noch einmal spielen.
Reste verzehren.
Später den Raumschmuck abräumen.

Kinderzirkus

M I R A B I L E

lädt ein
zu einer Vorstellung
im Kindergarten

Es treten u.a. auf:
Turner und Tänzer
Gewichtheber
Clowns
Zauberer
ein sprechendes Pferd
und
viele Musiker

zum
Staunen
und
Lachen

15.00 Uhr am ... 15.00 Uhr

Elemente für eine Zirkusvorstellung – wenn Eltern und Großeltern eingeladen werden

Im Raum ein Zirkuszelt andeuten durch einige Bahnen Kreppapier und viele bunte Luftballons

Jeden eintreffenden Zuschauer am Eingang begrüßen und ihm ein oder zwei rote Punkte ins Gesicht malen – Zeichen, daß nun alle in die Zirkuswelt eintreten und dazugehören

Während die Plätze eingenommen werden, vielleicht eine Gitarrenmusik erklingen lassen
Geeignete Begleitmusik für einzelne Nummern einsetzen, z.B. Dixiland-Jazz ... Folkloremusik

Eine Pause einplanen und etwas Erfrischendes anbieten

Zum Abschluß alle Akteure noch einmal auftreten lassen und den Zuschauern zuwinken

„Was sagst du den Leuten nach der Vorstellung?“
„'Was sagst du den Leuten', mein lieber Mimile? Du sagst natürlich 'Lebt wohl!'“
„Falsch, Boulicot. Man sagt den Leuten nie 'Lebt wohl', man sagt 'Auf Wiedersehn!'“

Dialog zwischen den französischen Clowns Emile Recordier (1890-1946) und Alphonse Boullicot (1878-1957), bekannt als „Boulicot“.

Rätsel

Ein großes Haus, das keines ist.
Ein schöner Kuß, den keiner küßt.
Ein voller Stall, der nirgends wohnt
und so bekannt ist wie der Mond.

(Jeder kennt nun des Rätsels Lösung!)

Ameisen wandern unten im Boden,
Tauben ziehn über Turmhauben hin -
und wir Menschen sind zwischendrin.

Elisabeth Madox Roberts

Wir Indianer leben in einer Welt von Symbolen und Bildern, in der das Geistige und das Alltägliche eins sind. Für euch sind Symbole nichts als Worte, gesprochen oder in einem Buch aufgeschriebene Worte. Für uns sind sie Teil der Natur, Teil von uns selber – die Erde, die Sonne, der Wind und der Regen, Steine, Bäume, Tiere, sogar kleine Insekten wie Ameisen und Grashüpfer. Wir versuchen sie zu verstehen, nicht mit dem Kopf, sondern mit dem Herzen, und ein winziger Hinweis genügt uns, ihre Botschaft zu erfassen.

Lame Deer
aus:
Weißt du, daß die Bäume reden – Weisheit der Indianer
Verlag Herder, Wien 1983

Erfahrungsfeld der Kinder

Kinder sind der Erde nah. Unbefangen und neugierig gehen sie auf Tiere zu, beobachten, hören, riechen, fassen an, „experimentieren" – und das alles auch in dem Maße, in dem wir Erwachsenen dies zulassen, Chancen einräumen oder sogar die Kinder ermutigen.
Kinder lassen sich faszinieren von allem, was sich bewegt, was lebendig ist. Bestimmt haben schon alle Kinder Schmetterlinge, Bienen, Wespen, Ameisen, Käfer und Spinnen erlebt. Die kleinen Tiere selbst lenken die Aufmerksamkeit der Kinder auf sich, wenn da eine Raupe mit ihren vielen Füßen über ein Blatt kriecht, eine Biene ihren Rüssel in eine Blüte taucht, eine Spinne ihr Netz webt, Ameisen scheinbar wirr bei einem Hügel umhereilen, eine Amsel einen Regenwurm aus dem Rasen zieht und verspeist.

Die Entdeckungsweise der Kinder hat mehr emotionale und weniger kognitive Momente. Sie beobachten und empfinden mit den Tieren mit, wenn die Tiere durch die Luft fliegen, am Boden krabbeln oder im Wasser schwimmen, wenn Tiere Beute jagen oder selbst gejagt werden. Da kommen Gefühle von Aufregung und Begeisterung zusammen, von Empörung und Angst, von Überraschung und Staunen, von Zuneigung und Freude.

Die Kinder beobachten die Tiere in ihrem Umfeld, in ihren Lebensgemeinschaften, in ihren Fortbewegungs- und Verhaltensweisen. Interessiert schauen sie zu, wenn eine Spinne eine Fliege einwickelt, ein Marienkäfer eine Blattlaus überfällt ... und finden das ganz natürlich.
Gerne möchten sie selbst kleine Tiere umhegen, sie sammeln Käfer in Schachteln, nehmen Schnecken mit, füttern und beobachten sie.

Werden Kinder behutsam an die Natur herangeführt, fühlen sie zärtlich mit und verhalten sich rücksichtsvoll. Dort, wo wir Erwachsenen uns falsch verhalten, haben Kinder ein gestörtes Verhältnis, zeigen Furcht und Ekel, finden Tiere „süß" oder „häßlich", „lieb" oder „böse".
Kinder erleben, wie Fliegen, Stechmücken und Ameisen zu Hause oder im Kindergarten bekämpft werden, weil sie uns plagen.
Manche Kinder stören, zerquetschen oder zerstampfen kleine Tiere, weil sie solches Verhalten schon bei Erwachsenen gesehen haben, oder weil sie sich von Gefühlen eigenen Unterdrücktwerdens befreien wollen.
Sicherlich ist keine „böse Absicht" dabei, wenn Kinder herausfinden wollen, ob die Ameise sich noch befreien kann, wenn sie Sand auf sie niederrieseln lassen.

Mit zunehmendem Alter kommt zur intensiven Betrachtung einzelner Tiere ein echtes „Fachinteresse", dann möchten Kinder erfahren, wie diese Tiere heißen, wo sie leben und wie sie sich entwickeln und wachsen; sie erkennen erste Zusammenhänge.
Im allgemeinen interessieren sich Kinder für alles, was mit Tieren zusammenhängt. Tierbücher werden besonders gerne angeschaut, Tiergeschichten gerne gehört und Tiersendungen im Fernsehen gerne verfolgt.

Sicherlich werden Kinder auch im Kindergarten leicht für das Thema „Von Käfern und anderen kleinen Tieren" zu motivieren sein. Kinder, die zu Hause einen Garten haben, besonders aber Kinder auf dem Lande können eine Fülle von Erfahrungen einbringen.

Nicht ganz ohne Resignation muß zum Schluß gesagt werden, daß unsere Kinder wegen der enormen Umweltzerstörung in den letzten Jahrzehnten viele Pflanzen- und Tierarten leider überhaupt nicht mehr erleben.

Dimension des Themas

Angesichts erdrückender Bilder unserer von uns geschundenen Natur mag das Thema „Von Käfern und anderen kleinen Tieren" wirklichkeitsfremd erscheinen. Doch selbst eine um viele Tier- und Pflanzenarten ärmere Umwelt hat für die Persönlichkeitsentwicklung unserer Kinder existentielle Bedeutung.
Das Thema kommt dem Interesse der Kinder entgegen, will ihnen die Natur lieb und wert machen, ihr Interesse und Verständnis wecken und ein Stückchen Mitverantwortung bewußt machen.

In der Begegnung mit Tieren werden Kindergartenkinder in einer sehr sensiblen Phase in ihrem ganzen Wesen gefordert. Angesprochen werden ihre Neugierde, ihre Zuwendung, ihre Aufregung, ihr Zögern und ihre Angst, ihr Verwundern und Staunen, ihre Rücksichtnahme und Behutsamkeit, ihr Respekt. Kinder sind bereit, mit Herz und Sinn hinzusehen, hinzuhören, hinzutasten, zu riechen und zu schmecken, mitzuempfinden und zu pflegen. Sie erleben gerade bei den kleinen Tieren eine Vielfalt von Formen und Farben, von Abhängigkeiten und Verhaltensweisen, von Einzelgängertum und von Formen des geordneten Zusammenlebens in großen Gemeinschaften. Hier und da verfolgen sie die Entwicklung eines Tieres vom Ei bis zum ausgewachsenen Lebewesen.

Die Kinder erfahren aber auch die Ambivalenz des Lebens, wie ein Tier zur Beute eines anderen Tieres wird, wie Tiere einander den Lebensraum streitig machen. Sie betrachten das meist mit einer natürlichen Unbefangenheit. Wir Erwachsenen müssen uns vorsehen, daß wir nicht unsere Kriterien von „gut" und „böse", von niedlich und grausam, von nützlich und schädlich in die Kinder projezieren. Hier erwächst den Kindern ein erstes Stück Vertrauen, Mut und Hoffnung, die Wucht der Ambivalenz ein Leben lang auszuhalten.

Eine „vorbereitete Umgebung" im Kindergarten zum Themenbereich kann ein fruchtbares Spannungsverhältnis entstehen lassen zwischen den von der Erzieherin bereitgestellten Materialien und der lebendigen Mannigfaltigkeit in der Natur.

Noch wichtiger sind kleine Exkursionen in die Natur unter behutsamer Anleitung. Hier sind zunächst wir Erwachsenen angesprochen in unserem Selbstverständnis, in unserer Hinwendung, in unserem staunenden Ansprechen, in unserem Zugetansein. Übertriebene Sachkunde überfordert Kinder, es genügt, ihre neugierigen Fragen zu beantworten. Unsere eigene Sensibilität hat ansteckende Wirkung auf die Kinder. Naturnahes Erleben wird zu beglückender Gegenwärtigkeit. Wenn die Kinder erst einmal von der Natur „angerührt" worden sind, werden sie die Natur achten und liebgewinnen und als lebensnotwendiges Gut schützen wollen. Einswerden mit der Natur wird zum Einswerden mit sich selbst.

Durch Sinneserfahrung machen wir Sinnerfahrung. Die Frage „Was können wir durch die Sinne erreichen?" provoziert die Gegenfrage „Was kann uns durch die Sinne erreichen?" Vielleicht: ES SCHLÄFT EIN LIED IN ALLEN DINGEN ...

Mit jedem Stück Natur aber, das uns verlorengeht, schwindet auch ein Stück Einssein mit der Natur und so mit uns selbst. Hier tragen wir Veranwortung. Die Umweltzerstörung ist noch kein Thema für Kindergartenkinder; wenn sie aber die Käfer und die anderen kleinen Tiere erleben, werden sie jetzt und später deren Lebensraum – der ja auch unser Lebensraum ist – mit allen Kräften erhalten wollen.

Modellziel

Fähigkeit entwickeln,

- wo wir Natur erleben, sich über Entdeckungen zu freuen, zu schauen, zu hören, zu verweilen, sich zu wundern;
- über den Reichtum an Formen und Farben und über die Schönheit und Poesie in der Natur zu staunen;
- die auch jedem kleinen Lebewesen eigenen Lebensbedürfnisse und –bedingungen zu sehen und zu achten;
- zu der Einsicht zu kommen, daß Lebewesen eines bestimmten Lebensraumes miteinander in Wechselbeziehung stehen;
- Grundphänomene allen Lebens zu entdecken in den Weisen der Erscheinung, des Verhaltens, der Fortbewegung und den Weisen von Wandel, Wachstum und Vergehen;
- die ambivalente Wirklichkeit des Lebens – das, was uns tragisch erscheint: Kommen und Gehen – als natürlich zu betrachten und nicht als heillos zu empfinden;
- die Natur als kostbaren gemeinsamen Lebensraum für Menschen, Tiere und Pflanzen zu achten;
- Mitgefühl und Verständnis für die gefährdete Natur zu bekommen, die so zart ist und zerbrechlich;
- im Einklang mit der Natur zu leben und sie mit den Augen des Herzens zu sehen, durch sie zu sich selbst zu finden;
- die Bilder des Märchens „Die Bienenkönigin" tief zu verinnerlichen;
- das „Lied" zu entdecken, das „in allen Dingen schläft".

Elternbrief

Tausend Kirschbäume
im Blütenschimmer
und abertausend.
Das Kind bestaunt
einen Käfer im Grase.

aus:
Manfred Hausmann, Gelöstes Haar – Gedichte nach dem Japanischen
Verlags AG Die Arche, Zürich 1974

Liebe Eltern,

ein kleines Gedicht hat eingefangen, was auch Sie bei Ihrem Kind schon beobachtet haben: Es entdeckt kleine kriechende, krabbelnde, hüpfende oder fliegende Tiere und beobachtet sie voller Spannung.

Diese natürliche Hinwendung der Kinder zur belebten Natur möchten wir in den nächsten Frühlingswochen stützen und vertiefen mit dem Thema „Von Käfern und anderen kleinen Tieren".

Für das faszinierende Reich der kleinen Tiere können wir bei den Kindern offene Augen und offene Herzen erwarten.
Durch Bilderbücher, Geschichten und durch vielfältige Weisen spielerischer Verarbeitung versuchen wir, die Kinder ein Stück sensibler zu machen für die unmittelbaren Erlebnisse draußen.
Bei ihren Beobachtungen wollen wir sie unterstützen durch kleine stille Hinweise: „Schau mal, wie der Panzer (vom Käfer) im Sonnenlicht glänzt und schimmert" ... „Die Farbe der Raupe schaut aus wie das Blatt, auf dem sie kriecht" ...
Sicherlich staunen die Kinder darüber, wie vielgestaltig die Natur im Kleinen ist, wie zart und zerbrechlich, wie kunstvoll und schön und wie geordnet.
Die Kinder lernen, leise zu werden, genau hinzuschauen, auf spezifische Geräusche zu achten, still zu halten, behutsam ein kleines Tier in der Hand zu halten ... mit hörendem Herzen die Natur wahrzunehmen.

Die Kinder wird es kaum stören, daß manche Tiere anderen Tieren als Nahrung dienen. Wachstum, Wandel und Vergehen in der Natur sind weder gut noch böse, weder nützlich noch nutzlos.

Durch den direkten Umgang – durch die Augen und Ohren und Hände – entwickelt sich vielleicht eine verinnerlichte Haltung der Natur gegenüber, eine Haltung, die sich in Verantwortung und Ehrfurcht äußert vor allem Leben. Beim kleinen Kind ist sie angelegt und will nicht zugeschüttet werden.
Durch unser Erleben und Verhalten unterstützen wir unsere Kinder.

Foto: Sven Gillsäter/Mainbild, Frankfurt

Der kleinen Geschichte „Die Eidechse" spürt man an, daß sie einmal so oder ähnlich erlebt wurde.

Lisas Mutter entdeckt im Garten eine Eidechse und zeigt sie ihrer Tochter. Für uns wird zu Anfang unseres Themas beispielhaft deutlich, wie sich ein Dialog zwischen Erwachsenem und Kind entwickelt, der Erwachsene den Augenblick ergreift und verweilt, und wie dann beim Kind staunendes, glückliches und ganzheitliches Wahrnehmen sich einstellt.

Im Taschenbuch „Lisas Dorf" erzählt die Autorin Renate Schricker von weiteren Erlebnissen in der ländlichen Umgebung.

Die Eidechse

Lisa kennt eine Eidechse. Die Eidechse wohnt in einer Ecke von Lisas Garten. Dort gibt es einen Holzstoß, eine Regenwassertonne und einen Fliederbusch.
Lisas Mutter hat die Eidechse entdeckt und zeigt sie Lisa. Die Eidechse sitzt auf einem alten Ziegelstein und sonnt sich.
Lisa kauert sich hin und schaut die Eidechse genau an: Ihre schuppige Haut glänzt grün und golden. Die gespaltene Zunge schießt immer wieder aus dem Maul hervor.
Lisa schiebt sich ein Stückchen näher an die Eidechse heran. Sofort verschwindet sie hinter der Wassertonne.
„Die Eidechse hat aber viel Angst", sagt Lisa.
Die Mutter sagt: „Sie hat viele Feinde, die sie fressen wollen, zum Beispiel Vögel, Füchse, auch Katzen."
Lisa nickt: „Deshalb paßt sie gut auf und läuft schnell davon, wenn sich was bewegt."
„Genau", sagt die Mutter, „und wenn ein Tier die Eidechse am Schwanz erwischt, bricht der Schwanz ab. Die Eidechse kann weglaufen und sich retten. Später wächst ihr ein neuer Schwanz."
„Ist das eine ausgedachte Geschichte, Mama?"
„Nein, Lisa, das ist die Wahrheit. Du kannst mir schon glauben. Wenn wir jetzt ganz still sind, kommt die Eidechse vielleicht wieder hervor."
Beide warten.
Die Eidechse schaut vorsichtig hinter der Regenwassertonne vor.
Lisa rührt sich nicht.
Die Eidechse gleitet wieder auf den Ziegelstein.
Der Flieder duftet. Die Sonne wärmt.
„Schön", flüstert Lisa. Die Mutter nickt.

Renate Schricker
aus:
Lisas Dorf
Deutscher Taschenbuch Verlag, München 1987

Bettina Wölfel

Mein Ball ist in die Wiese gerollt.
Da liegt er unter den großen Blättern
am Zaun, wo die Kröte wohnt.

Bleib sitzen, Kröte, hüpf nicht fort!
Ich will nur meinen Ball holen
und dich ansehen.
Ich komme ganz leise.
Du bist eine liebe Kröte.

Ursula Wölfel
aus:
Winzige Geschichten
Verlag Hoch, Stuttgart 1986

Else Wenz-Viëtor
Gesinchens Fahrt ins Blumenland
K.Thienemanns Verlag, Stuttgart 1929

Kleiner Käfer, laß dich finden,
ich hab ein frisches Blatt für dich!
Warum mußt du gleich verschwinden?
Hab keine Angst! Das bin nur ich!

Georg Bydlinski
aus:
Der Wünschelbaum
Verlag Herder, Wien 1984

Anregungen zum Erleben in der Natur
Käfer

- Einem Käfer beim Krabbeln zusehen, wie flink er sich bewegen kann.
- Die Gestalt und die schönen glänzenden Farben bewundern, z.B. beim Marienkäfer: halbkugelig und klein, rot mit schwarzen Punkten; beim Rosenkäfer: goldgrün, funkelnd wie ein Edelstein.
- Einen Käfer auf die Hand nehmen, die kleinen Beine krabbeln fühlen, vorsichtig über seinen Panzer streichen, den harten, festen Körper spüren; die Fühler, die meist schwarzen Augen und die Mundwerkzeuge ganz aus der Nähe sehen; den Körperbau (Gliederung in Kopf, Brust und Hinterleib) erkennen.
- Erleben, daß Käfer bei Gefahr, z.B. wenn wir sie berühren, sich totstellen oder übelriechende Stoffe absondern.
- Das Abfliegen eines Käfers beobachten, wie er sich „aufpumpt", wie unter den festen glatten Flügeldecken noch dünne (häutige) Flügel sich entfalten, wie er schließlich mit schnellem Flügelschlag davonfliegt.
- Die Punkte beim Marienkäfer zählen.
- Marienkäfer und Blattläuse beobachten: Blattläuse saugen Saft aus manchen Pflanzentrieben, z.B. aus den jungen Rosentrieben und den Knospen; die Rosen können dann nicht mehr schön wachsen und ihre Blüten entfalten, aber die Blattläuse sind die Lieblingsspeise von Marienkäfern (sie fressen täglich 10 bis 40 Stück).
- Erleben, daß Käfer z.B. von bestimmten Vögeln verspeist werden.

Im Gruppenraum

- Begleitend entsprechende Bilderbücher anschauen.
  In dem Bilderbuch „Ein Käfer in der Wiese" (von Hilde Heyduck-Huth, neu erschienen als Taschenbuchausgabe im Verlag O.Maier, Ravensburg) dem Käfer auf seinem Weg durch die Wiese folgen; zwischen Gräsern und Blumen trifft er andere Käfer und auch Schmetterlinge, eine Kröte, Schnecken, Raupen, eine Schlange, ein Heupferd ... Ein besonders empfehlenswertes Buch für die „Anregungen zum Erleben in der Natur".
- Die Eindrücke in der Natur bildnerisch darstellen, Gestaltungsanregungen siehe Seite 92f.
- Ein Käferlied singen und spielen, siehe folgende Seite (oder Seite 120).

Kleiner Käfer

Text: Rolf Krenzer Melodie: Ludger Edelkötter

Spielanregung:
Wir halten eine Hand auf und stellen uns vor, daß der kleine Käfer auf unserem Handteller sitzt. Wir singen ganz zart und leise, damit wir ihn beim Singen nicht von der Hand pusten. Zum Schluß aber blasen wir ihn mit einem ganz warmen Hauch behutsam weg. Dabei spüren wir auf unserer Hand unseren warmen Atem.

Im Kreisspiel darf jeder ein Käfer sein. Wir hocken uns auf den Boden, pumpen und pumpen und fliegen dann mit weit ausgebreiteten Armen herum. Dabei bemühen wir uns, niemanden anzustoßen. Dann landen wir wieder auf dem Boden, und das Spiel geht wieder von vorn los.

aus:
Ich gebe dir die Hände – Neue Spiellieder zum Gernhaben
IMPULSE-Musikverlag, Drensteinfurt 1983

Anregungen zum Erleben in der Natur
Schwarzbraune Wegameisen

- Die nicht gern gesehenen Ameisen am Haus und im Garten beobachten: einzelne, die im Gruppenraum nach Süßigkeiten suchen, andere, die auf der Terrasse oder im Rasen durch Sandhäufchen ihren unterirdischen Bau verraten, wieder andere, die an Stauden, Sträuchern und Bäumen auf- und abwärtskrabbeln und mit Blattläusen zusammenleben, weil sie deren süße Ausscheidungen gerne lecken, und wie die Marienkäfer dieses Zusammenleben stören.
- Verstehen, daß Ameisen am Haus Schaden anrichten, und daß wir sie deshalb dort nicht möchten.

Ameisen

Ameisen krabbeln auf Ameisenhaufen,
Ameisen krabbeln, wo Hasen laufen,
Ameisen krabbeln am Straßenrand,
Ameisen krabbeln an jeder Wand,
Ameisen krabbeln in Mauerritzen,
Ameisen krabbeln auf Kirchturmspitzen,
Ameisen krabbeln in Blumenschalen,
Ameisen krabbeln in Socken, Sandalen,
Ameisen krabbeln in Honigtöpfe,
Ameisen krabbeln in Pfeifenköpfe,
Ameisen krabbeln auf Brillengläser,
Ameisen krabbeln auf Zittergräser,
Ameisen krabbeln auf Eisenbahnschwellen,
Ameisen krabbeln auf dunklen, auf hellen
Teppichen, Tischen, auf Bänke, auf Bäume,
Ameisen krabbeln in alle Räume,
Ameisen krabbeln leider, leider
in Hosen, in Hemden, in sämtliche Kleider,
besonders wenn du sie ausziehst beim Baden –
und daß sie nicht krabbeln am Hals, an den Waden,
ist's besser, du schüttelst die Kleider gut aus
und trägst nicht die Krabbelameise nach Haus!

Hans Baumann
(Rechte bei Elisabeth Baumann)

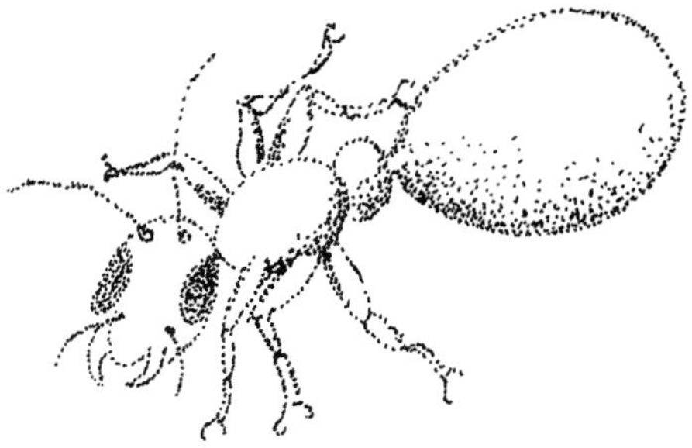

Anregungen zum Erleben in der Natur
Rote Waldameisen

- Einen Kiefernwald aufsuchen, am Fuß alter Stämme kleinere oder größere Hügel entdecken; die Gebilde aus Kiefern-, Tannennadeln, Holzstückchen und kleinen Steinchen nicht zerstören.
- Am Ameisenhaufen aufpassen, Ameisen können beißen, was recht schmerzhaft ist.

- Die emsigen Ameisen beobachten: wie sie sich rasch auf bestimmten „Wegen" fortbewegen; wie sie allein oder zu mehreren mit ihren Vorderfüßen und Kiefern Hölzchen und tote Tiere schleppen, die oft größer sind als sie selbst; wie sie sich mit ihren Fühlern gegenseitig betasten (so „sprechen" sie miteinander); wie sie immer wieder in den kleinen, dunklen Öffnungen ihrer Burg verschwinden und wieder herauskommen; wie sie im Sonnenschein „weiße Eier", die Ameisenpuppen, umhertragen.

- Ihr Aussehen und den besonderen Körperbau beachten; ihre braun-rote Grundfarbe, die sechs dünnen gebogenen Beine, die Fühler, daß Kopf, Brust und Hinterleib wie durch dünne Stiele miteinander verbunden sind.
- An warmen Tagen vielleicht geflügelte Ameisen sehen, Weibchen und Männchen, die sich zum Hochzeitsflug bereitmachen.
- Den bestimmten Geruch an einem Ameisenhaufen schnuppern (Ameisensäure); vielleicht ein Taschentuch kurze Zeit an den Rand eines Ameisenhaufens legen, die Ameisen abschütteln, daran riechen. Oder eine Glockenblume in den Ameisenhaufen legen; die blauen Blüten bekommen durch die Ameisensäurespritzer auf einmal rosarote Sprenkel!
- Ameisenwege in die Umgebung hinein verfolgen; einmal einen Weg mit einem kleinen Holzstück versperren und beobachten, wie die Ameisen das Hindernis wieder forträumen.
- In der Nähe von Ameisenburgen nach Hundsveilchen schauen (sie bedürfen der Ameisen zu ihrer Verbreitung).
- Bedenken, daß Ameisen im Wald keinen Schaden anrichten, sondern sehr nützlich sind, weil sie ganz viele Raupen und Larven der schlimmsten Schädlinge des Waldes (Borkenkäfer, Eichenwickler, Blattwespe) vertilgen.

Im Gruppenraum

- Begleitend in Bilderbüchern Querschnittbilder von Ameisenburgen anschauen: Gänge, die in die Tiefe gehen, Ameisen, die ein Insekt schleppen, andere, die Larven tragen, eine Ameisenkönigin, die Eier legt …

Anregungen zum Erleben in der Natur Schnecken

- Bei einem Waldspaziergang – in einem feuchten Wald – Wegschnecken (Nacktschnecken ohne Haus) entdecken, kleinere und größere; sie sind leuchtend rotgelb oder schwarz-braun bis schwarz.
- Nach einem warmen Regen Schnirkelschnecken (Gehäuseschnecken) entdecken, kleinere und größere. (Nachts oder bei feuchtem Wetter kommen sie zur Nahrungssuche hervor; an warmen, hellen Tagen verstecken sie sich im Gebüsch, unter Steinen und anderen schützenden Gegenständen, ziehen sich ganz in ihr Haus zurück und ruhen.)
- Sehen, wie Schnecken sich langsam – aber stetig – fortbewegen (im Schneckentempo); keine Beine finden, nur einen „Fuß"; ihre gläsern-silbrige Spur sehen; sie gleitet auf ihrem Schleimteppich (Drüsensekret) über alle Unebenheiten des Bodens.
- Zwei Fühlerpaare sehen; die hinteren, längeren haben oben schwarze Punkte, die Augen.
- Eine Schnecke ganz vorsichtig mit dem Finger berühren, den weichen Körper fühlen;
sie zieht sofort ihre Fühler („Hörner") ein und läßt sie nur zögernd und langsam wieder hervortreten.

- Das schöne Haus einer Gehäuseschnecke anschauen und beobachten, wie die Schnecke es trägt; erleben, wie sie sich ganz in ihr Haus zurückzieht.
- Die Pflanzen, über die eine Schnecke gezogen ist, näher anschauen, winzige Fraßspuren entdecken. (Schnecken raspeln mit ihrer rauhen Zunge Pflanzenteile ab.)
- Der Schnecke ein Lied singen.
- Leere Schneckenhäuser sammeln;
  zerstörte Schneckenhäuser neben großen Steinen finden. (Drosseln nehmen Schnecken mit dem Schnabel auf, zerschlagen das Gehäuse auf Steinen und fressen die Schnecken.)
  Auch Igel mögen Schnecken.

Im Gruppenraum

- Eine Schneckenhaus-Sammlung anlegen, dabei verschiedene Arten, Farben, Bänderungen unterscheiden; Schneckenhäuser in der Hand halten, spüren, wie glatt sie sind; sie in der Hand drehen und in die Öffnung schauen; mit den Augen, mit dem Finger den äußeren Umlauf der winzigen Spirale verfolgen; Schneckenhäuser gegen das Licht halten und merken, wie durchscheinend sie sind.
- Zwei oder drei Schnecken für wenige Tage in einem größeren Glasgefäß halten, für frisches Futter sorgen, z.B. Salatblätter; nicht der Sonne aussetzen; durch die Glaswand die Fortbewegung genauer beobachten: das wellenartige Zusammenziehen ihres Fußes, wenn sie an der senkrechten Glaswand hochkriecht.
- Die Bewegungsart der Schnecke mit der Hand nachahmen.
- Begleitend entsprechende Bilderbücher anschauen.
- Schnecken bildnerisch darstellen.
- In einem Fingerspiel eine kleine Schnecke spielen.

Fingerspiel: Ach, du kleine Schnecke

Ach, du liebe kleine Schnecke
kriechst ganz langsam durch die Hecke.

Und nun bleibst du stehn,
daß wir deine Fühler sehn.

Darf ich die Fühler leis berühren,
so zart, das wirst du gar nicht spüren.

Doch du ziehst sie ganz schnell ein,
kriechst ins Schneckenhaus hinein.

Spielanregung:
Die linke Hand kriecht mit ausgestreckten Fingern langsam über die Tischplatte. Die Hand hält an, Zeigefinger und Mittelfinger bewegen sich hin und her. Nun berührt der Zeigefinger der rechten Hand vorsichtig die „Fühler". Da zieht sich die linke Hand ganz schnell zur Faust zusammen.

Barbara Cratzius
aus:
Noch mehr Fingerspiele und andere Kinkerlitzchen
Rowohlt Taschenbuch Verlag, Reinbek bei Hamburg 1989

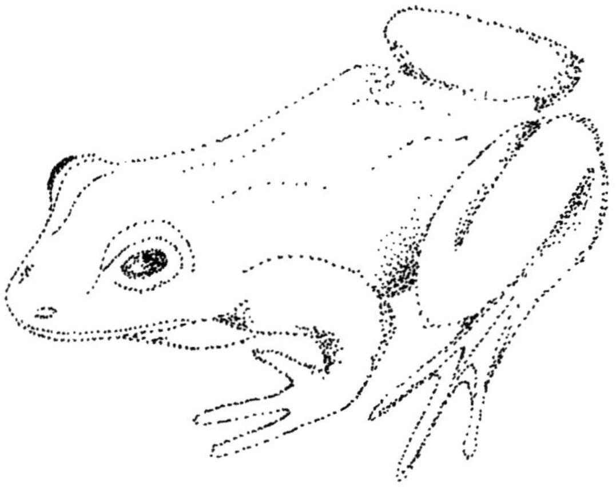

Anregungen zum Erleben in der Natur
Frösche

- Tümpel, Teich oder Graben aufsuchen; dem Froschquaken zuhören; sich vorsichtig dem Wasser nähern, beobachten, wie die Frösche durch das Gras hüpfen, wie sie mit einem Satz ins Wasser springen, hier und da mit ihren hervorstehenden Augen aus dem Wasser umherschauen, Insekten mit ihrer langen klebrigen Zunge fangen.
- Auch andere Tiere am und im Wasser beobachten (kleine Fische, Enten, Wasserläufer, Wasserschnekken ... und vielleicht sogar Libellen).
- Im März öfter einen nahegelegenen Teich oder ein Feuchtgebiet aufsuchen und die Entwicklung der Kaulquappen beobachten:
  - In Ufernähe schwimmen Laichballen an der Wasseroberfläche. Anfangs sind nur winzige dunkle Pünktchen in den durchsichtigen Gallerteiern zu erkennen.
  - Die Pünktchen werden größer; Kopf und Schwanz werden sichtbar; sie fangen an sich zu bewegen.
  - Die winzigen Kaulquappen schlüpfen aus der Gallerthülle und schwimmen bald mit kräftigen Schwanzschlägen durchs Wasser; sie bleiben im Schwarm zusammen. (Bei den Teichbesuchen ein Glas mitnehmen, vorsichtig ein paar Kaulquappen schöpfen, näher betrachten und ins Wasser zurückgeben.)
  - Winzige Hinterbeine wachsen heran; der Schwanz bildet sich ganz allmählich zurück.
  - Endlich erscheinen auch die Vorderbeine; die Kaulquappen nehmen Froschgestalt an, der Schwanz verschwindet.
  - Nach etwa sechs bis acht Wochen verlassen die ersten Grasfröschchen das Wasser und hüpfen am Ufer umher.

Im Gruppenraum

- Während der Entwicklung von der Kaulquappe zum Frosch begleitend entsprechende Bilderbücher anschauen.
- Die Eindrücke in der Natur bildnerisch darstellen.
- Das kleine Froschlied singen und spielen.

Kleines Froschlied

Text: Georg Bydlinski Melodie: Hubertus Vorholt

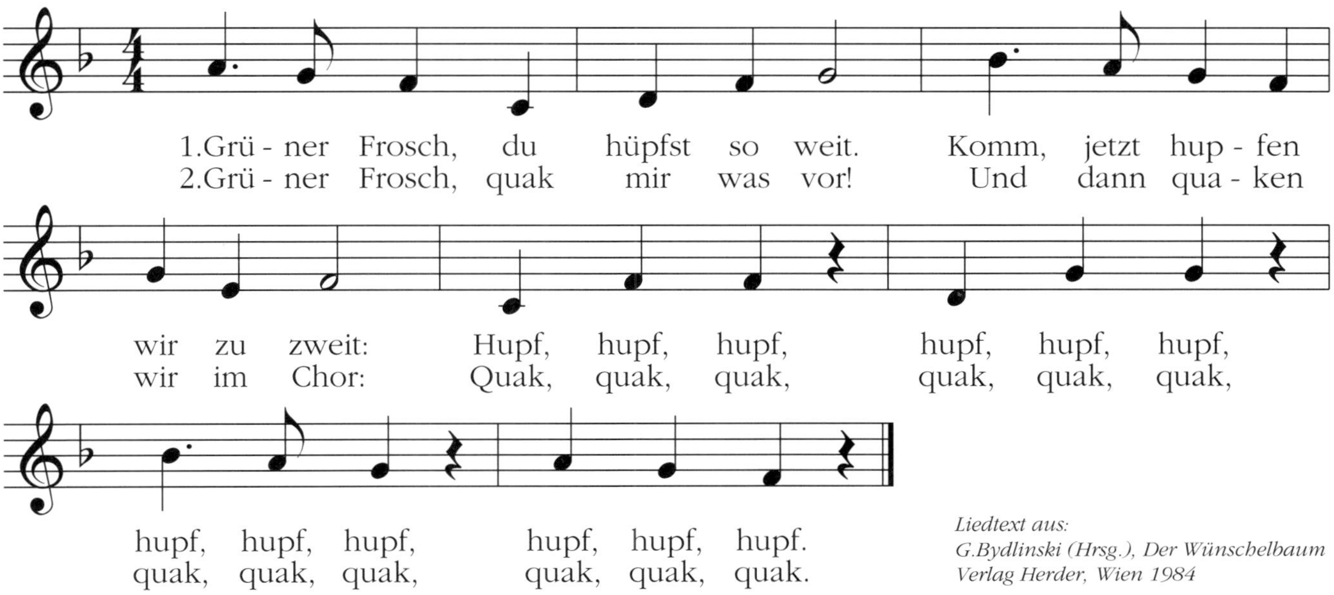

Liedtext aus:
G.Bydlinski (Hrsg.), Der Wünschelbaum
Verlag Herder, Wien 1984

Spielanregung:
Die Kinder stellen sich zu zweit auf, geben einander beide Hände, schauen sich an und singen. Bei der ersten Strophe hüpfen sie zusammen zur Seite und zurück. Bei der zweiten Strophe bleiben sie stehen und quaken sich an. Dann wechseln alle ihren Partner.

Anregungen zum Erleben in der Natur
Bienen

- Beobachten, wie die Bienen rastlos von Blüte zu Blüte fliegen.
- Ihr Summen hören, das durch sehr schnelle Flügelschläge entsteht; es vielleicht mit einem Kassettenrekorder aufnehmen (Mikrofon an einem Stock befestigen); das Summen nachahmen.
- Genauer hinschauen, wie die Biene mit ihren sechs Beinen auf den schwankenden Blüten herumkriecht, mit ihren Fühlern herumtastet, den Rüssel in die Blüten steckt, manchmal ganz in die Blüte hineinkriecht, um den Blütensaft (Nektar) zu saugen.
- An den Blüten riechen, ihre schönen Farben sehen. (Blütenduft und –farben locken die Bienen an.)
- Auch einmal Blüten, z.B. von weißen Taubnesseln, Klee oder Flieder abzupfen, am Ende aussaugen und den süßen Saft probieren.
- Blüten anschauen, mit dem Finger über die Staubgefäße streichen: gelber Blütenstaub bleibt an den Fingern hängen; auch am Körper der Biene bleibt Blütenstaub (Pollen) hängen (die Bienenbeine haben eine Einrichtung zum Sammeln von Pollen, die „Körbchen").
- Bienen von Wespen und Hummeln unterscheiden: Bienen haben eine dunkle Grundfarbe und sind blaßgelb behaart; Wespen haben eine kräftig gelbe Farbe; die Hummeln sind bräunlich und von pummeliger Art. (Bienen und Hummeln haben behaarte Beine.)
- Ist ein Besuch bei einem Imker möglich, Bienenhaus, Stöcke, leere und gefüllte Waben, Imkerhut, Pfeife, Schleuder ... anschauen und vom Gemeinschaftsleben der Bienen hören und eigene Beobachtungen machen, z.B. das An- und Abfliegen der Bienen vom Flugloch.
- Erfahren, daß Bienen, die in der freien Natur leben, sich für ihren Bau geschützte Stellen aussuchen, z.B. hohle Baumstämme.

Im Gruppenraum

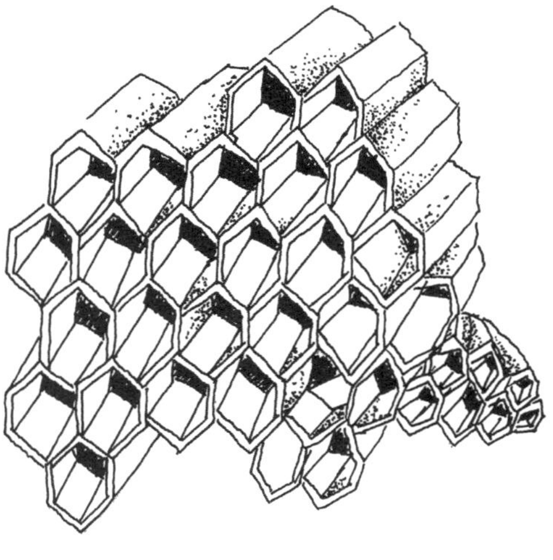

- Das Gesumm der Bienen und das tiefe Brummen der Hummeln im Musikstück „Hummelflug" wiedererkennen: Nikolai Rimsky Korsakow „Hummelflug" aus der Oper „Das Märchen vom Zaren Saltan". Es gibt Fassungen für Violine und Klavier und für Orchester.
- Ein Stück Honigwabe in die Hand bekommen, möglichst noch mit etwas Honig darin; die Sechseckform der Waben bewundern, an Wachs und Honig riechen, den Honig oder auch „Kauwachs" kosten, etwas Wachs kneten.
- Nach der Herkunft fragen: Die Bienen nehmen den Blütensaft in ihren Honigmagen und tragen ihn zum Bienenhaus oder -stock und füllen damit die Wabenzellen; den Honig brauchen sie für die kleinen Bienen, für die Königin der Bienen und als Vorrat für den langen, kalten Winter ohne Blumen.
- Brote mit Honig schmieren, verschiedene Sorten: den flüssigen aufwickeln, den cremigen wie Butter nehmen, den festen vorsich-

tig abstechen; auf die Etikettenbilder schauen, woher der Honig kommt (Lindenblüten, Tannen, Wildblüten, Heide ...), dabei die Farben berücksichtigen; die Brote sich gut schmecken lassen, auch hören, daß Honig sehr gesund ist; die klebrigen Hände waschen.

- Eine Wachskerze aus Bienenwachs-Waben formen; die Kerze anzünden; den besondern Duft riechen.
- Nach der Herkunft fragen: Die Bienen machen das Wachs selbst; sie schwitzen es in Form von dünnen Plättchen zwischen den Bauchringen aus, eine Biene nimmt der anderen diese Plättchen ab und knetet sie zwischen den Oberkiefern weich.
- Pollenkörper anschauen und probieren, eventuell im Mörser oder mit einem Löffel pulverisieren.
- Nach der Herkunft fragen: Die Bienen füllen einige Wabenzellen mit Blütenpollen. (Um sie für den Verkauf haltbar zu machen, werden sie gefriergetrocknet und gekörnt.) Manche Menschen essen täglich ein Löffelchen voll Pollen.
- Eine tote Biene näher anschauen, ihr samtiges, haariges Kleid anfühlen; die Bienenflügel unter einer guten Lupe anschauen.
- Begleitend entsprechende Bilderbücher anschauen.
- Von den Bienen singen und spielen, siehe das folgende Beispiel.

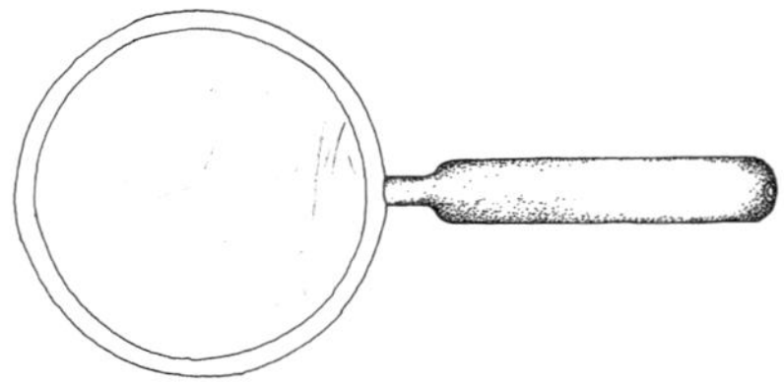

Summ, summ, summ

Summ, summ, summ,
Bienchen summt herum.
Ist in hohem Bogen
zur Glockenblume geflogen,
nascht Süßes raus,
trägt's zum Bienenhaus.

Ist in hohem Bogen
auf den Klee geflogen,
nascht Süßes raus,
trägt's zum Bienenhaus.

Ist in hohem Bogen
zur Rose geflogen,
nascht Süßes raus,
trägt's zum Bienenhaus.

Ist in hohem Bogen
auf den Löwenzahn geflogen,
nascht Süßes raus
trägt's zum Bienenhaus.

Sitzt sie am Schluß im Gras?
Nein, sie fliegt dir auf die Nas.
Sitz ganz still, mein kleiner Wicht,
dann sticht sie dich nicht!

Barbara Cratzius
aus:
Noch mehr Fingerspiele und andere Kinkerlitzchen, a.a.O.

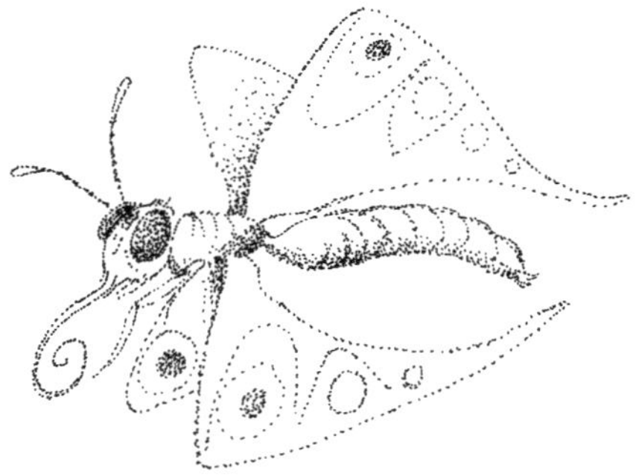

Anregungen zum Erleben in der Natur
Schmetterlinge

- Schmetterlinge beobachten, wie sie in taumelndem Flug von Blüte zu Blüte fliegen.
- Ihre bunten Flügel sehen, die intensiven Farben und schönen Muster.
- Einen Schmetterling aus der Nähe betrachten, sich dabei leise und langsam bewegen, Schatten verscheuchen ihn; seine Fühler, seinen Rüssel, seine großen Augen (Netzaugen) und seine (sechs) Beine erkennen; beobachten, wie er den langen Rüssel in einen Blütenkelch steckt, um winzige Tröpfchen Blütensaft zu saugen, seine einzige Nahrung in seinem kurzen Leben; sehen, wie er seine Flügel auf- und zuklappt, die Flügel ausbreitet und wieder zusammenlegt, sie ausbreitet und wegfliegt.
- Merken, daß Schmetterlinge meistens zu bestimmten Blütenstauden oder -sträuchern fliegen: Blaukissen, Silberlinge, Phlox, Petunien, Buddleia, Lavendel.
- Nach Raupen im Blattwerk suchen: ihre kriechenden Bewegungen im Blattwerk beobachten, ihre Farben vergleichen, winzige Füßchen und Härchen erkennen; zuschauen, wie sie Löcher in Blätter fressen; ahnen, daß sie sich bald in einen Kokon einspinnen und sich in einen bunten Schmetterling verwandeln.

Im Gruppenraum

- Die Flügel eines toten Schmetterlings durch eine gute Lupe anschauen; Flügelschuppen erkennen, die wie Dachziegeln bald dicht, bald weniger dicht übereinander liegen; bei der leisesten Berührung wischen sie sich weg; darum die Flügel eines lebenden Schmetterlings nicht berühren oder festhalten.

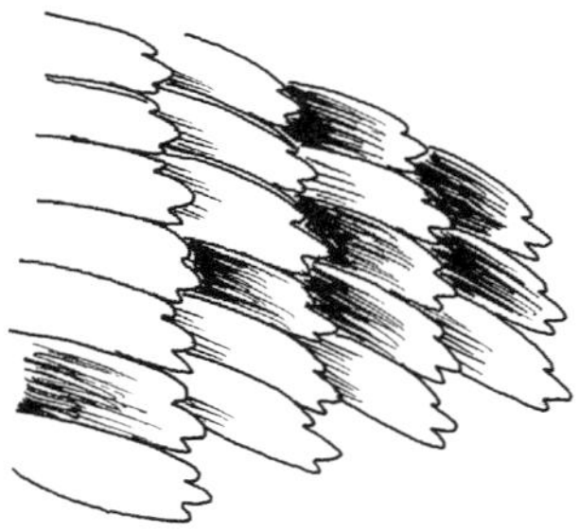

- Begleitend entsprechende Bilderbücher anschauen.
- Die Eindrücke in der Natur bildnerisch darstellen.
- In Spielen die Schmetterlinge darstellen, siehe die folgenden Beispiele.

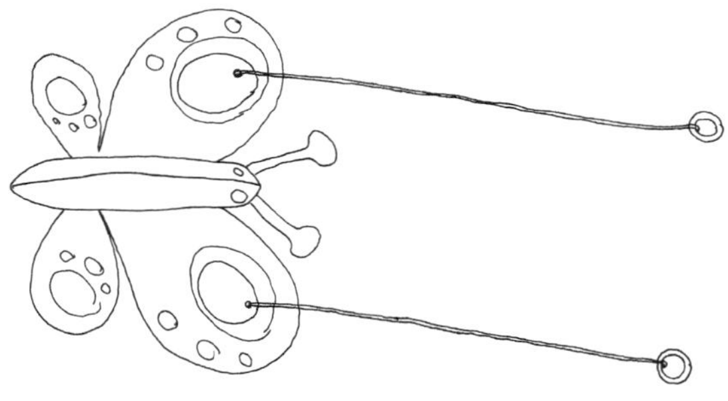

Marionettenspiel:
Die Schmetterlinge tanzen

Aus Tonpapier Schmetterlingsteile ausschneiden (Flügel, Rüssel, Körper), zusammenkleben und bemalen; an den Flügeln Fäden befestigen und Ringe anknoten.

Spielanregung:
Zu zweit oder dritt mit den Marionetten spielen: Die „Schmetterlinge" sich „erzählen" lassen, fliegen lassen ...

Unter frischgeschnittenen Zweigen in der Blumenvase entdecken wir nach einiger Zeit gar nicht so selten kleine dunkle „Krümel", die uns vermuten lassen, daß sich in den Zweigen Leben entwickelt.
Wie Kinder die Entwicklung von Schmetterlingsraupen miterleben könnten, erzählt folgender Erfahrungsbericht.
Dazu die Hinweise: Weidenkätzchen (Palmkätzchen) in der freien Natur stehen heute unter Naturschutz. Auch an anderen Zweigen, z.B. von Birken entwickelt sich Leben. Raupen nehmen nur Frischfutter von ihrer speziellen Futterpflanze an.

Bericht aus einem Kindergarten: Raupe – Puppe – Schmetterling

Ein Kind hatte aus dem eigenen Garten einen großen Strauß Palmkätzchen mitgebracht. Wir hängten nun die bereits vorbereiteten ausgeblasenen und bemalten Eier auf die Palmzweige und hatten große Freude an diesem „Osterstrauß".
Eines Tages, als wir in den Kindergarten kamen, fanden wir auf dem Tisch rund um unseren Osterstrauß viele zerrupfte Palmkätzchen. Viele kleine Raupen fraßen an den Kätzchen.
Ich schlug nun den Kindern vor, diese Raupen in ein Einsiedeglas zu geben und zu füttern. Die Kinder stimmten alle begeistert zu, obwohl keines wußte, was aus diesen Raupen wird. Ich gab nun Erde, sechs Raupen und Palmkätzchen ins Futtersiedeglas. Jeden Tag durfte ein anderes Kind einige Palmkätzchen als Futter in das Glas geben. Die Kinder meinten, die Raupen würden bald platzen. Eines Morgens lagen sechs dunkelbraune „Würstchen" im Glas, die sich nicht mehr bewegten.
Die Kinder waren zunächst sehr traurig, denn sie glaubten, die Raupen seien tot. Ich erzählte ihnen aber, daß aus diesen Raupen noch etwas ganz Besonderes werden kann. Was das ist, das würde ich ihnen nicht verraten. In unserem Zimmer wurde noch geheizt, deshalb mußten wir die Erde immer wieder leicht befeuchten, damit die Puppen nicht vertrockneten. Lange Zeit waren dann keine Veränderungen zu bemerken. Die Kinder gingen mehrmals am Tag zum Glas, um nachzusehen.
Dann, nach ungefähr sechs Wochen, war es endlich soweit: Innen, auf dem durchlöcherten Butterbrotpapier, das als Deckel diente, saß ein Schmetterling. Beim Ausschlüpfen der anderen Schmetterlinge konnten die Kinder zuschauen. Obwohl es Nachtschmetterlinge waren – unscheinbar graubraun und nicht sehr beeindruckend, waren die Kinder außer sich vor Glück und Staunen.
Alle Kinder des Hauses, alle Erzieher und Mütter mußten unsere Schmetterlinge bewundern. Die Kinder sprachen wochenlang von diesem Erlebnis.

Christine Babel
aus:
I.H.Tschinkel (Hrsg.), Natur- und Sachbegegnungen mit Kindern, S.106
Verlag Jugend und Volk, Wien 1978

Fingerspiel: Die grüne Raupe

Raupe, Raupe, grüne Raupe,
hier hängt Blatt für Blatt.
Kriech herüber, nag und nag,
friß dich richtig satt!

Raupe, Raupe, grüne Raupe,
bald wirst du ganz müde sein.
Kriech in eine dunkle Ecke,
spinn dich ein und schlafe ein.

Spürt ihr schon ein Kribbeln, Krabbeln,
horcht und seid ganz stille!
Seht – auf einmal reißt sie auf,
diese feste Hülle.

Komm heraus, du Schmetterling,
du sollst flattern, steigen!
Und uns allen hier im Kreis
deine bunten Flügel zeigen.

Barbara Cratzius
aus:
Noch mehr Fingerspiele und andere Kinkerlitzchen, a.a.O.

Eine „richtige" Wiese erleben wir meist nur im Frühling und Frühsommer, bevor die Bauern das Gras mähen oder Rinder es abweiden.
Vielleicht entdecken wir aber auch ein Stück „Wildwiese", wo weder Kunstdünger noch Pestizide verteilt wurden.

Der Bauer betrachtet seine Wiese mit Stolz, wenn sie im kräftigen satten Grün vor ihm liegt und Wirtschaftlichkeit verspricht.
Kinder sehen eine Wiese mit anderen Augen, hören mit anderen Ohren.

Wenn die Kinder öfter eine Wiese aufsuchen und sie sich dort aufhalten dürfen, werden sie sich immer mehr auf diese Besuche freuen. Sie sehen immer mehr, hören mehr, riechen mehr ... welche Blumen duften, welche Schmetterlinge ihre Lieblingsfarben tragen, wo denn eigentlich die Grillen zirpen ... wie herrlich die Sonne scheint und der Wind weht. So dies in netter Gemeinschaft und großer Gelassenheit erlebt wird, entwickeln die Kinder Neugierde, Behutsamkeit, Zärtlichkeit, Zuneigung, Rücksicht ... ein Stück Selbstverwirklichung.

Vielleicht läßt sich im Kindergarten ein Stück Rasenfläche als Wildblumenwiese anlegen, die nur zweimal im Jahr gemäht wird. Da wird es dann auch Käfer und andere kleine Tiere geben.

Was ist eine Wiese?

Was ist eine Wiese?
Futter für die Kuh.
Und noch was dazu.
Gras und Blumen. Schmetterlingsflügel.
Bienensummen.
Ameisengekrabbel.
Käfergezappel.
Achtung, Maulwurfshügel!
Margeriten.
Rote Federnelken vor dem blauen Himmel.
Heupferd übt den Weitsprung bis zum Kümmel.
Ein Kamillenbusch öffnet zwei Blüten.
Sommerfliegen flitzen
über Storchschnabelmützen.
Hummeln brummeln im Honighaus
ein und aus,
Glockenblumen bammeln und bummeln.
Unten am Löwenzahn geigt
eine Grillenschnarre. Der Wind
spielt mit den Halmen Harfe
oder Gitarre,
alles regt sich und bewegt sich,
alles, was da lebt und schwebt,
leuchtet, knistert, flüstert, brummelt, bummelt –
Was ist eine Wiese?
– Das ist eine Wiese.

Friedl Hofbauer

Geschichte: Ein Regenschirm für die ganz kleinen Tiere

In der Geschichte weist der kleine Nachtwächter in seinen Beobachtungen sehr anschaulich Beziehungen in der Natur auf: Zwischen Tier und Pflanze gibt es Zusammenhänge, die wir achten müssen und nicht zerstören dürfen. „Jedes Ding auf der Welt hat seinen Sinn. Man muß nur genauer hinschauen."
Kinder werden von klein auf darauf hingewiesen, daß Fliegenpilze giftig sind. Nach dieser Geschichte werden sie sich einprägen: „Der Fliegenpilz ist der Regenschirm für die ganz kleinen Tiere."

Daß G. Ruck-Pauquèt am Anfang der Geschichte ganz bei den Erfahrungen der Kinder ansetzt, läßt Kinder von Anfang an aufmerksam zuhören; der kleine Nachtwächter macht das, was auch sie im Regen gerne tun – oder tun möchten.

Die Geschichte sollte dargeboten werden, wenn die Kinder eine Zeitlang kleine Tiere beobachten konnten und wenn es gerade mal wieder regnet.

gGg

- Bei einem richtigen Regenwetter sitzt die Gruppe im Kreis.
  Erzieherin: Ist das heute ein Regenwetter! ... (Vielleicht auf das Geräusch des Regens hören.) Macht euch der Regen Spaß? ...
- Die Kinder erzählen von Erlebnissen im Regen und von dem, was im Regen Spaß macht.
- Erzieherin: Wie schützen sich denn Vater und Mutter gegen den Regen? ... Und ihr? ... Wie die Tiere? ...
- Die Kinder erzählen von ihren Beobachtungen.
- Erzieherin: Ich möchte euch jetzt eine Geschichte vom Nachtwächter und von seinem Regenerlebnis erzählen. Sie liest die Geschichte vor.
- Die Kinder äußern sich. Sie erzählen die Geschichte noch einmal mit ihren Worten.
  Sie erzählen, daß sie auch schon einen Fliegenpilz gesehen haben. Die Kinder finden heraus, was der Fliegenpilz dem Bauern bedeutet und was er den Tieren bedeutet. „Jedes Ding auf der Welt hat seinen Sinn. Man muß nur genauer hinschauen."

EPG

- Vielleicht möchten einige Kinder zur Geschichte ein Bild malen, oder aus Knetwachs oder Plastilin einen Fliegenpilz und kleine Tiere modellieren.

gG

- Die Geschichte vielleicht am folgenden Tag noch einmal erzählen.
- Die Szenen im Rollenspiel darstellen: der Nachtwächter mit Regenschirm, Tiere (Hund, Rehe, Igel, Mäuse, Uhu und Marienkäfer, Grille, Schmetterling, Ameise ...) der Bauer und andere Leute, ein Fliegenpilz (ein roter Regenschirm, der mit großen, weißen Papier-Punkten versehen wird).
  – Der Nachtwächter „platscht" durch Pfützen.
  – Er spannt den Schirm auf und schaut, ob alle Tiere gut versorgt sind.
  – Er fragt: Wo sind aber die ganz kleinen Tiere? Er sucht überall.
  – Er findet die Fliegenpilzgruppe. Er staunt.
  – Er ruft die Leute, sie folgen ihm.
  – Der Bauer ruft zornig: Das ist ja ein Fliegenpilz! (Wechselgespräch siehe Text.)

Anregung zum Gestalten: Ein Fliegenpilz als Regenschirm für die ganz kleinen Tiere

(Zwei) Kinder malen – z.B. mit Temperafarben – Bäume auf einen großen Bogen Packpapier, darunter einen großen Fliegenpilz.
Jedes Kind malt ein kleines Tier, schneidet es aus und klebt es unter den Fliegenpilz.

Ein Regenschirm für die ganz kleinen Tiere

Viele Wochen hindurch hatte die Sonne geschienen. Die Erde war trocken, die bunten Blumen verdursteten fast. Da stand eines Abends eine dicke Wolke über dem Dorf.

„Tip, tip, tap", sprangen die ersten Tropfen auf die Dächer der Häuser. „Es regnet!" riefen die Leute erfreut und gingen zufrieden zu Bett.

Der kleine Nachtwächter zog die Schuhe und Strümpfe aus und platschte durch die Pfützen. Das machte Spaß!

Einmal sprang er mit dem linken Fuß hinein, einmal mit dem rechten und einmal mit beiden zugleich. Das trieb er so lange, bis er müde war. Dann holte er den Schirm und begab sich auf die Runde.

Weil es nun stärker regnete, beschloß er nachzusehen, ob auch alle Tiere gut versorgt waren.

Der Hund lag in seiner Hütte. Die Rehe hatten bei einer Tanne Zuflucht gesucht. Die kleinen Igel hockten unter einem Rhabarberblatt. Die Mäuse schauten aus ihren Mauselöchern, und der Uhu saß in einem hohlen Baum.

„Ihnen geht es gut", dachte der kleine Nachtwächter, „aber wo mögen die ganz kleinen Tiere sein?"

Er suchte sie im Gras, zwischen den Steinen, bei den Blumen und im Holunderstrauch. Aber da waren sie nicht. Erst im Morgengrauen hatte er endlich die ganz kleinen Tiere entdeckt. Das war, als die Leute aus ihren Häusern kamen.

„Kommt mit", sagte der kleine Nachtwächter. „Ich habe etwas Schönes gefunden."

Da spannten die Leute ihre Schirme auf und folgten ihm zum Waldrand.

„Das ist ja ein Fliegenpilz!" rief der Bauer zornig. „Ich will ihn ummähen."

„Warum denn?" fragte der kleine Nachtwächter erschrocken.

„Weil er giftig ist und zu nichts nütze!"

„Also, der Fliegenpilz", sagte der kleine Nachtwächter, „ist der Regenschirm für die ganz kleinen Tiere."

Da bückten sich die Leute, so tief sie nur konnten.

Wahrhaftig! Das Marienkäferchen saß unter dem Fliegenpilz, die Grille, der gelbe Schmetterling, die Ameise, die Seidenraupe und viele andere Tiere.

„Ich glaube", meinte der kleine Nachtwächter versonnen, „jedes Ding auf der Welt hat seinen Sinn. Man muß nur genauer hinschauen."

Gina Ruck-Pauquèt
aus:
Wenn der Mond auf dem Dach sitzt
Verlag G.Bitter, Recklinghausen 1968

Beobachtungsspiel: Mit der Lupe auf Suche

An einer geeigneten Stelle im Garten-, Park- oder Waldgelände werden mehrere etwa ein Meter lange Schnüre gespannt.

Jedes Kind erhält eine Lupe. Allein oder zu zweit kriechen sie an einer Schnur entlang und untersuchen zentimenterweise den Wald- oder Wiesenboden nach Käfern, Spinnen, Ameisen, Raupen, Schnecken ... mit bloßen Augen oder mit einer Lupe.

Sie entdecken, wie unterschiedlich groß die kleinen Tiere sind, wie unterschiedlich sie „gebaut" sind, wie unterschiedlich sie sich bewegen, wie sie einander begegnen, einander betasten, voreinander flüchten, wie sie an Grashalmen emporklettern und die Halme sich unter dem Gewicht biegen und doch nicht knicken...

(nach J.B.Cornell)

Vgl. die weiteren Spielanregungen in: Cornell, Mit Kindern die Natur erleben, Ahorn Verlag, Oberbrunn 1979

Verstecken

Der grüne Grünkäfer ist im Gras noch grüner als sonst.

Aber im Sonnenuntergang sieht man ihn viel besser. Da ist er nicht nur grün, sondern auch ein bißchen golden.

Yok-Yoks Freund, der Schmetterling, kann sich auf einem Baumstamm verstecken. Er ist so braun wie die Borke.

Aber wenn der Himmel blau ist, leuchtet der Schmetterling vor dem blauen Hintergrund.
Die Marienkäfer sitzen gerne auf Yok-Yoks Mütze. „Da sieht uns niemand", sagen sie sich. „Die Mütze ist rot und wir auch."

Die Tiere wollen nicht immer gesehen werden, auch wenn sie schön sind. „Aber vor mir müßt ihr keine Angst haben", sagt Yok-Yok." Ob ich euch gut oder schlecht sehe, ich tue euch nichts!"

Ludwig Askenazy
aus:
Yok-Yok 10. Der Schnee und drei weitere Geschichten
Verlag G.Middelhauve, Köln 1981

Anregung zum Gestalten

Bildnerisch darstellen
- einen Grünkäfer im Gras
- den Grünkäfer in der Abendsonne

- einen braunen Schmetterling auf einem Baumstamm
- den Schmetterling am blauen Himmel

- Marienkäfer auf „Yok-Yoks" roter Mütze

Fast alle Käfer in der Wiese tragen als Grundfarbe Grün. Sie sind schwer zu unterscheiden vom Grün der Blätter und den Farben der Blumen. Wegen ihrer Tarnung (Tarnfarben) sind sie von ihren Beutejägern nur schwer zu entdecken. Am Waldboden tragen die Kleintiere eher bräunliche Farben.

Beobachtungsspiel: Gut getarnt

Beim Tarnspiel können sich die Kinder selbst von der Wirksamkeit der Tarnfarben überzeugen.
Dicht an einem kürzeren Pfad entlang verteilt die Erzieherin mehrere kleine Gegenstände, einige in auffälligen Farben, andere in jeweils der Umgebung angepaßter Farbe.
Die Kinder gehen einzeln und in Abständen den Pfad entlang, schauen aufmerksam hin und flüstern der Erzieherin dann ins Ohr, welche Gegenstände sie gesehen haben. Zum Schluß gehen alle Kinder gemeinsam mit der Erzieherin den Weg. Sie werden staunen, was sie übersehen haben.

Nun werden die Kinder leichter verstehen, warum viele kleine Tiere mit ihren Farben ihrer Umgebung angepaßt sind.
Die Kinder gehen noch einmal unter diesem Gesichtspunkt mit der Lupe auf die Suche.

(nach J.B.Cornell)

Anregungen zum Gestalten

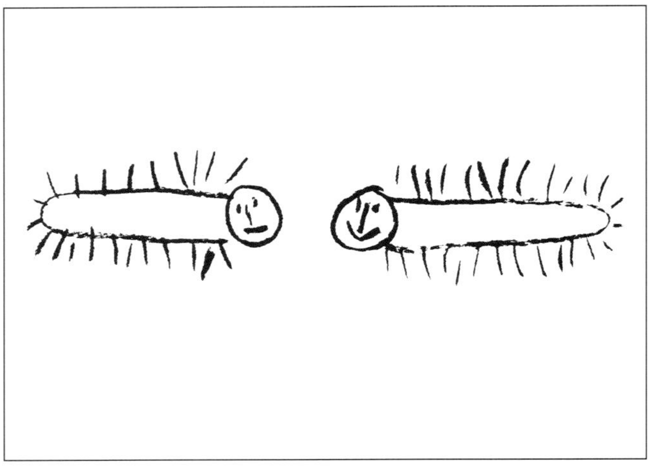

Kleine Tiere zeichnen, z.B. mit Pastellstiften auf farbigem Tonpapier (anschließend fixieren).

Themenbeispiele:
- Eine Schnecke mit Schneckenhaus streckt ihre Fühler weit aus
- Zwei Tausendfüßler begegnen sich

Kleine Tiere malen, z.B. mit Temperafarben auf Karton, bis der gesamte Malgrund ausgefüllt ist.

Themenbeispiele:
- Ein leuchtend blauer Käfer auf einem Blatt
- Hummeln auf bunten Blüten

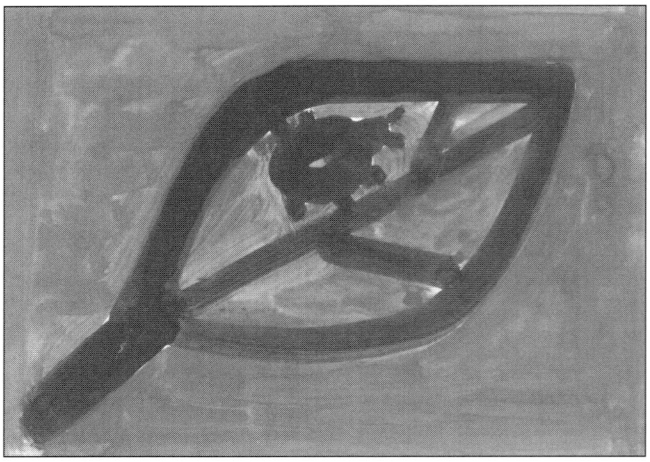

Kleine Tiere drucken mit wasserlöslichen Farben auf saugfähigem weißen Papier; als Stempel beliebige Formen z.B. aus Styroporabfall zuschneiden; als Stempelkissen kleine Schaumstoffkissen mit Farbe füllen.

Themenbeispiele:
- Eine Sonnenkäferfamilie geht in der Sonne spazieren
- Viele kleine Tiere sind im Gräserwald versteckt

Formen von Schmetterlingen oder Käfern ausschneiden, z.B. aus glitzerndem, leuchtendem Buntpapier, einzeln auf kleine Kärtchen kleben und wichtige Merkmale zeichnerisch ergänzen; die Einzelkarten als große Sammlung anordnen.

Themenbeispiele:
- Bunte Käfersammlung
- Phantastische Schmetterlingssammlung

Geeignete kleine Steine oder Holzscheiben als Käfer anmalen, z.B. mit Temperafarben; die „Käfer" in Blumentöpfe setzen.

Themenbeispiel:
- „Glückskäfer" im „Glücksklee"

Kleine Tiere formen, z.B. aus Knetwachs oder Plastilin.

Themenbeispiel:
- siehe Geschichte „Ein Fliegenpilz ist der Regenschirm für die ganz kleinen Tiere", Seite 89

Bilder anschauen

Material:
Spielkarten mit Pflanzen- und Tierbildern

gG **Spielanregung:**
Die Kinder sitzen um einen Tisch. Die Erzieherin oder ein größeres Kind mischt die Karten und breitet sie verdeckt auf dem Tisch aus. Reihum deckt jedes Kind eine Karte auf und sagt (vielleicht unter Mithilfe), was dargestellt ist. Sicherlich werden sich kleine Gespräche ergeben, wenn die Kinder Zuordnungen herstellen, die Beziehungen ausdrücken, z.B. in Lebensräumen: „In unserem Garten", „Im Wald", „In der Wiese", „Am See" ...

Wie heißt mein Tier?

Material: -

gG **Spielanregung:**
Die Kinder sitzen im Kreis. Ein Kind oder die Erzieherin wählt sich ein Tier und beschreibt es, ohne dabei den Tiernamen zu nennen, z.B.: „Wie heißt mein Tier? Mein Tier hat sechs Beine. Es kann gut krabbeln. Es glitzert in schönen Farben. Es mag gerne Rosenblätter ..." Wer nicht weiter weiß, dem dürfen die anderen Fragen stellen, z.B. ob das Tier fliegen oder schwimmen kann ...

Lustige Tiergeschichte

Material:
Tierbilder

gG **Spielanregung:**
Die Kinder sitzen im Kreis. Erzieherin: „Gleich will ich euch eine lustige Geschichte von den Tieren erzählen und ihr dürft dabei mitmachen. Erratet erst einmal die Tiere." Sie zeigt nacheinander Tierbilder; die Kinder raten. Jedes Kind bekommt ein Bild (wobei gleiche Bilder mehrfach vorhanden sein können). Erzieherin: „Jetzt kommt meine Geschichte. Paßt gut auf! Wenn euer Tier darin vorkommt, zeigt ihr es den anderen Kindern." Die Erzieherin erzählt ihre Geschichte und die Kinder zeigen entsprechend ihre Tierbilder hoch.

Mein rechter Platz ist leer

Material:
für jedes Kind ein kleines Tierbild

gGg **Spielanregung:**
Die Kinder sitzen auf Stühlen im Kreis, ein Stuhl bleibt frei. Jeder wählt sich ein Tierbild und hängt es sich um. Alle stellen sich der Reihe nach mit ihrem Bild vor. Dann beginnt, wer links vom leeren Platz sitzt: „Mein rechter Platz ist leer, ich wünsche mir ... (den Frosch) her!"

Rätsel

- Welche kleinen Tiere haben keine Beine und bewegen sich doch fort? *(Schnecken, Würmer)*
- Welche kleinen Tiere haben acht Beine? *(Spinnen)*
- Welche Tiere haben ganz viele Füße? *(Tausendfüßler)*
- Welche Tiere laufen kopfüber an der Zimmerdecke herum? *(Fliegen, Spinnen)*
- Welche Fliegen leben meist nur einen Tag? *(Eintagsfliegen)*
- Im Wasser schwimmt er, auf dem Lande springt er! *(der Frosch)*
- Die Babys von Fröschen und Kröten haben einen lustigen Namen! *(Kaulquappen)*
- Womit fängt der Frosch Fliegen und andere Insekten? *(mit seiner langen Zunge)*
- Warum fliegen die Schwalben, wenn es kälter wird, tiefer? *(weil die Fliegen und Mücken, die sie im Fluge fangen, dann dicht am Boden fliegen, wo es noch wärmer ist)*
- Welche Tiere können selbst nicht fliegen und fangen sich Mücken und Fliegen mit einem Netz? *(Spinnen)*
- Wer frißt sich an Blättern dickesatt, schläft dann einen langen Traum, verwandelt sich, so – daß wir schaun!? *(die Raupe zum Schmetterling)*
- Welches stachelige Tier frißt gerne Käfer und andere kleine Tiere? *(der Igel)*
- Was schmecken die Waldschnecken gern? *(junge Blätter, Pilze, Waldbeeren ...)*
- Blätter werden ausgesaugt von den ...? *(Blattläusen)* – Blattläuse werden gefressen von den ...? *(Marienkäfern)*
- Marienkäfer werde gerne gefressen von den ...? *(Singvögeln)* – Singvögel werden gerne gefressen von den ...? *(Katzen)*
- Welches Tier läßt sich auf der Wiese niemals blicken, verrät sich aber durch Erdhügel? *(der Maulwurf)*
- Wer hat ein Haus, so zart und klein – so fein gebaut, wie Menschen es nicht können? *(Schnecken)*
- Welche kleinen Tiere leben gerne unter Steinen? *(Asseln)*
- Tausend und noch vielmehr kleine Tiere bauen sich gemeinsam ein großes Hügel-Haus im Wald? *(die Ameisen)*
- Welches Tier trägt sein Haus mit sich herum? *(die Schnecke)*
- Welches Tier kugelt sich zusammen, wenn es Angst hat? *(Igel)*
- Welche Tiere können uns stechen, daß es wehtut? *(Wespen, Bienen, Mücken)*
- Welche kleinen Tiere zirpen in der Wiese? *(Grillen)*
- Womit zirpen die Grillen? *(mit ihren Vorderflügeln)*
- Welche flinken kleinen Tiere ruhen gerne in der warmen Sonne? *(Eidechsen)*
- Welchen Tieren verdanken wir unseren Frühstückshonig? *(den Bienen)*
- Wer pumpt sich auf und fliegt davon? *(Käfer)*
- Ist der „Schwalbenschwanz“ ein Vogel, ein Käfer oder ein Schmetterling? *(ein Schmetterling)*
- Was macht der Schmetterling mit seinem langen Rüssel, wenn er ihn nicht gerade in eine Blüte steckt? *(er rollt ihn auf)*
- Von welchen Tieren singen wir: „Köpfchen in das Wasser, Schwänzchen in die Höh!“? *(von den Enten)*
- Wer ist hier gemeint? „... ... komm heraus, strecke deine Hörner aus!“ *(die Schnecke)*
- Welche Krabbeltiere haben Max und Moritz dem Onkel Fritz ins Bett gesteckt? *(Maikäfer)*
- Warum gibt es den Maikäfer und manche anderen Käfer heute kaum noch? *(weil so viel Gift – Insektenvertilgungsmittel – gespritzt wird)*
- In dem Märchen „Die Bienenkönigin“ sind die Tiere dem Dummling dankbar und helfen ihm! *(die Ameisen suchen die Perlen, die Enten tauchen nach dem Schlüssel, die Bienenkönigin sucht die jüngste Königstochter heraus)*
- In welchem Märchen ruft der Frosch: „Königstochter, jüngste, mach mir auf, weißt du nicht, was gestern du zu mir gesagt bei dem kühlen Brunnenwasser? Königstochter, jüngste, mach mir auf!“ *(im Märchen „Der Froschkönig“)*
- In einem Märchen fließt ein Brünnchen, schüttelt sich ein Bäumchen, brennt ein Mistchen, rennt ein Wägelchen, kehrt ein Besenchen, knarrt ein Türchen, weint ein Flöhchen – weil? *(Läuschen sich verbrannt hat)*

Märchen: Die Bienenkönigin

Der Jüngste, der Dummling, sucht und findet seine beiden Brüder, die nicht heimfinden. Dreimal kann er sie davon abhalten, mutwillig den Frieden von Tieren zu stören. In einem verwunschenen Schloß gilt es, drei Aufgaben zu erfüllen, um von Zauber und Versteinerung zu erlösen. Dem Jüngsten gelingt es – mit der Hilfe der dankbaren Tiere, den Ameisen, den Enten und der Bienenkönigin. Der „Dummling" genannte vermählt sich mit der jüngsten und liebsten Königstochter und wird König.

Charakteristischerweise erweist sich der „Dummling" als der Klügere und Stärkere, als König. Er lebt im Einklang mit sich selbst und der Natur, er nimmt das Lebendige wahr und verteidigt es. Die beiden Brüder haben zu sich selbst noch nicht gefunden und können deshalb auch nicht zu anderen finden. Vielmehr versuchen sie, andere mit ihren ungelösten Ängsten und Konflikten zu überziehen, sogar die Natur, wie es am Beispiel der Ameisen, Enten und Bienen deutlich wird. So können sie auch nichts Wahres wirken noch empfangen, als sie vor die drei Aufgaben gestellt werden. Der Dummling setzt sich – als ihm die Lösung der Aufgaben so schwer wird – auf einen Stein und „versinnt sich". Da kommt ihm Hilfe, die in seinem früheren Handeln begründet liegt. Er bringt – gleichsam als ein Geschenk – die Erlösung aus der Versteinerung.

Das Märchen enthält in seiner Ausssage für uns große Aktualität: Mit anderen als ein anderer mitgehen und unsere Umwelt als Lebensgrundlage schützen und wahren, um im Einklang mit ihr ihres Schenkens teilhaft zu werden. So kann das Märchen „Die Bienenkönigin" zu einer ethischen Orientierung werden, die ein Leben lang durchhält.

Ambivalente Empfindungen und Gefühle im Märchen:

verbündet sein	– *für sich selbst stehen*
die Älteren sein	– *Jüngster sein*
sich als Überlegener fühlen	– *als „Dummling" gelten*
zu sich selber nicht kommen	– *bei sich zu-Hause-sein*
hemmungslos, gewissenlos sein	– *rücksichtsvoll sein*
ein zugeschüttetes Herz haben	– *ein hörendes Herz haben*
die Natur zerstören wollen	– *sich einsetzen für den Frieden der Natur*
sich nur auf die eigene Kraft verlassen	– *sich besinnen und Hilfe erfahren*
versteinern	– *erlösen*

Bewährung und Lebensbewältigung im Märchen:

- In seinem Inneren zu sich selbst finden
- Mit der Natur im Einklang leben
- Zu-Hause-sein in der konkreten Welt
- Sich mit anderen auf den Weg machen
- Sich nicht einfach mitziehen lassen
- Das Richtige und Wichtige tun
- Mit der Natur fühlen und sich für ihren Frieden einsetzen
- Die eigene Überzeugung nach außen beharrlich vertreten
- Sich in ausweglosen Situationen besinnen und für Hilfe offen sein
- Andere ein Stück erlösen
- Erlösung als ein Geschenk und als Befreiung aus der Versteinerung erfahren
- In der Hoffnung leben: auf mich wartet „die große Liebe"
- Das Glück der personalen Liebe als Krönung und Erfüllung, als Lohn des Lebens erfahren

„... und welch eine Sprachmacht die Märchen noch heute für uns haben können, wenn sie davon erzählen, daß jeder Mensch eingeladen und berufen sei, eine Geliebte am Rande der Welt zu erlösen, unterhalb irgendeiner geheimnisvollen Quelle oder auf einem gläsernen Berg, daß Abenteuer bestanden ... werden müßten. Die gesamte Natur erscheint hier als Vermittlung der Liebe unter Menschen, als eine symbolische Welt seelischer Selbsterfahrung. Zerstören wir das eine draußen, so entwurzeln wir in uns selber das andere drinnen."

Eugen Drewermann im Gespräch mit Erika Ahlbrecht-Meditz: Eine Verwüstungsorgie ohnegleichen, in: Drewermann, Wort des Heils, Wort der Heilung Band III, S.30f, Verlag Patmos, Düsseldorf 1989

Bilder im Märchen:

die zwei Königssöhne	*Verbrüderung – ohne eigene Individualität – sich zu zweit stark fühlen*
ein wildes, wüstes Leben führen	*Gefühlsverarmung und Verrohung, nicht zu sich selber kommen*
der Jüngste, der dritte, der Dummling	*als Dummling hingestellt, auf dem aber die Verheißung liegt*
Ameisen – Tiere der Erde die Enten – Tiere des Wassers die Bienen – Tiere der Luft	*Tiere der dreigliedrigen Einteilung des Kosmos*
„Laßt die Tiere in Frieden, ich leids nicht, daß ihr sie stört."	*sich eins fühlen mit der Natur – ihr Leiden ist unser Leiden, ihr Frieden ist unser Frieden*
das verwunschene Schloß, die steinernen Pferde in den Ställen	*ein Schloß ohne Leben – wie tot*
die Tür mit drei Schlössern und einem „Lädlein"	*eine besonders fest verschlossene Tür mit einem kleinen Fenster, das Durchblick gewährt*
das graue, stumme Männchen	*es hat vermittelnde Funktion*
erst beim dritten Anklopfen eingelassen werden	*vieles gelingt erst beim dritten Versuch*
der reich gedeckte Tisch, das reiche Mahl	*Stärkung für das Kommende*
für jeden ein eigenes Schlafgemach	*Trennung der Brüder – Ort, um sich selber zu finden*
drei Aufgaben:	*Wiederkehr der magischen Zahl 'Drei'*
die tausend unter dem Moos zerstreuten Perlen der Königstochter finden	*die Perlen als Zeichen zerstreuten Reichtums*
den Schlüssel zu der Schlafkammer der Königstochter aus der Tiefe der See holen	*der Schlüssel ist Zeichen der Macht; die Tiefe der See steht für das Unbewußte – die Königstochter*
die jüngste und liebste Königstochter herausfinden	*wird zurückgeholt ins helle Bewußtsein*
die Bienenkönigin	*„die große Liebe" finden* *die Biene gilt als Botin der Liebe; die Bienenkönigin verläßt nur zum Hochzeitsflug ihr Volk – deutet hin auf den Zielpunkt des Märchens, die Hochzeit*
die Tiere als Helfer	*die geschützte Natur erweist sich als Existenzbedingung, als wunderbare Hilfe*
die Erlösung	*Befreiung von Zauber, Schlaf und Versteinerung*
König werden	*die Krone bekommen, sich „königlich" fühlen – Zeichen vollen menschlichen Bewußtseins*

Die Bienenkönigin

Zwei Königssöhne gingen einmal auf Abenteuer und gerieten in ein wildes, wüstes Leben, so daß sie gar nicht wieder nach Hause kamen. Der jüngste, welcher der Dummling hieß, machte sich auf und suchte seine Brüder: aber wie er sie endlich fand, verspotteten sie ihn, daß er mit seiner Einfalt sich durch die Welt schlagen wollte, und sie zwei könnten nicht durchkommen und wären doch viel klüger.

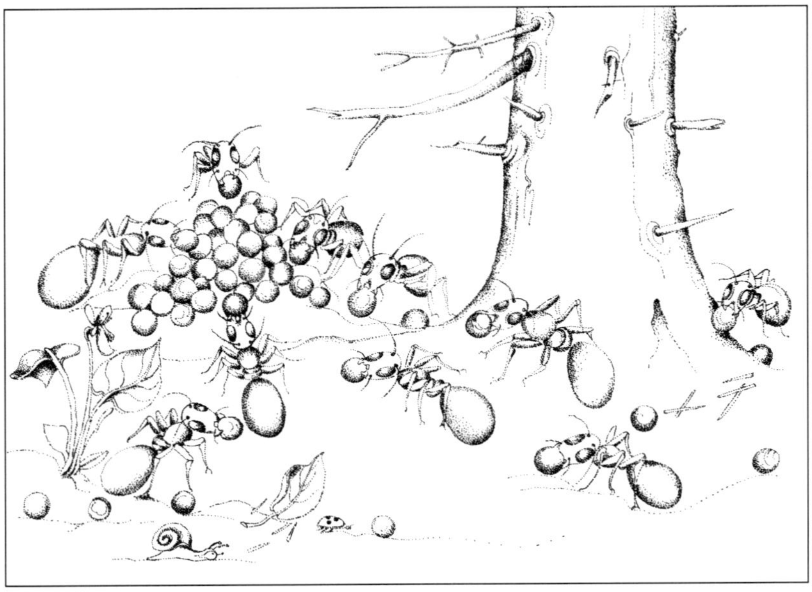

Sie zogen alle drei miteinander fort und kamen an einen Ameisenhaufen. Die zwei ältesten wollten ihn aufwühlen und sehen, wie die kleinen Ameisen in ihrer Angst herumkröchen und ihre Eier forttrügen, aber der Dummling sagte: „Laßt die Tiere in Frieden, ich leids nicht, daß ihr sie stört."

Da gingen sie weiter und kamen an einen See, auf dem schwammen viele, viele Enten. Die zwei Brüder wollten ein paar fangen und braten, aber der Dummling ließ es nicht zu und sprach: „Laßt die Tiere in Frieden, ich leids nicht, daß ihr sie tötet."

Endlich kamen sie an ein Bienennest, darin war so viel Honig, daß er am Stamm herunterlief. Die zwei wollten Feuer unter den Baum legen und die Bienen ersticken, damit sie den Honig wegnehmen könnten. Der Dummling hielt sie aber wieder ab und sprach: „Laßt die Tiere in Frieden, ich leids nicht, daß ihr sie verbrennt."

Endlich kamen die drei Brüder in ein Schloß, wo in den Ställen lauter steinerne Pferde standen, auch war kein Mensch zu sehen, und sie gingen durch alle Säle, bis sie vor eine Tür ganz am Ende kamen, davor hingen drei Schlösser; es war aber mitten in der Türe ein Lädlein, dadurch konnte man in die Stube sehen. Da sahen sie ein graues Männchen, das an einem Tisch saß. Sie riefen es an, einmal, zweimal, aber es hörte nicht: endlich riefen sie zum dritten Mal, da stand es auf, öffnete die Schlösser und kam heraus. Es sprach kein Wort, sondern führte sie zu einem reichbesetzten Tisch; und als sie gegessen und getrunken hatten, brachte es einen jeglichen in sein eigenes Schlafgemach.

Am anderen Morgen kam das graue Männchen zu dem ältesten, winkte und leitete ihn zu einer steinernen Tafel, darauf standen drei Aufgaben geschrieben, wodurch das Schloß erlöst werden könnte. Die erste war, in dem Wald unter dem Moos lagen die Perlen der Königstochter, tausend an der Zahl, die mußten aufgesucht werden, und wenn vor Sonnenuntergang noch eine einzige fehlte, so ward der, welcher gesucht hatte, zu Stein. Der älteste ging hin und suchte den ganzen Tag, als aber der Tag zu Ende war, hatte er erst hundert gefunden; es geschah, wie auf der Tafel stand, er ward in Stein verwandelt.

Am folgenden Tag unternahm der zweite Bruder das Abenteuer: es ging ihm aber nicht viel besser als dem ältesten, er fand nicht mehr als zweihundert Perlen und ward zu Stein.

Endlich kam auch an den Dummling die Reihe, der suchte im Moos, es war aber so schwer, die Perlen zu finden, und ging so langsam. Da setzte er sich auf einen Stein und versann sich. Und wie er so saß, kam der Ameisenkönig, dem er einmal das Leben gerettet hatte, mit fünftausend Ameisen, und es währte gar nicht lange, so hatten die kleinen Tiere die Perlen miteinander gefunden und auf einen Haufen getragen.
Die zweite Aufgabe aber war, den Schlüssel zu der Schlafkammer der Königstochter aus der See zu holen. Wie der Dummling zur See kam, schwammen die Enten, die er einmal gerettet hatte, heran, tauchten unter und holten den Schlüssel aus der Tiefe.
Die dritte Aufgabe aber war die schwerste, aus den drei schlafenden Töchtern des Königs sollte die jüngste und die liebste herausgesucht werden. Sie glichen sich aber vollkommen und waren durch nichts verschieden, als daß sie, bevor sie eingeschlafen waren, verschiedene Süßigkeiten gegessen hatten, die älteste ein Stück Zucker, die zweite ein wenig Sirup, die jüngste einen Löffel voll Honig. Da kam die Bienenkönigin von den Bienen, die der Dummling vor dem Feuer geschützt hatte, und versuchte den Mund von allen dreien, zuletzt blieb sie auf dem Mund sitzen, der Honig gegessen hatte, und so erkannte der Königssohn die rechte.
Da war der Zauber vorbei, und alles war aus dem Schlaf erlöst, und wer von Stein war, erhielt seine menschliche Gestalt wieder. Und der Dummling vermählte sich mit der jüngsten und liebsten und ward König; seine zwei Brüder aber erhielten die beiden anderen Schwestern.

Grimm Nr. 62

Die Kinder sind durch die voraufgegangenen „Anregungen zum Erleben" mit den im Märchen vorkommenden Tieren und deren Umgebung vertraut und so auf das Märchen gut vorbereitet. Weitere Bilder des Märchens müssen je nach dem Erfahrungshintergrund der Kinder voraufgehend noch erschlossen werden: ein Schloß mit Sälen, Pferde in Ställen, eine Tür mit Schlössern und einem „Lädlein", Perlen ...

Beim Vortragen des Märchens werden die Kinder stark mit dem Dummling mitempfinden, wenn er das Leben der Tiere, der Ameisen, Enten und Bienen, schützt vor dem Zugriff der beiden Brüder. Sie werden sich mit ihm freuen, wenn eben diese Tiere ihm Hilfe bringen und das große Glück.

Von der Schloßszene geht etwas aus, das die Phantasie der Kinder stark berühren wird: ein Schloß; menschenleere Säle; steinerne Pferde in den Ställen; eine Tür mit drei Schlössern und einem „Lädlein"; ein graues Männchen, das beim dritten Anklopfen öffnet, schweigt, zum reich gedeckten Tisch führt und jedem ein eigenes Schlafgemach zuweist; eine steinere Tafel mit drei Aufgaben, die Erlösung verheißen – und dann schließlich die Erfüllung der Aufgaben. In diesen Bildern erleben die Kinder: „Lebendiges kann versteinern. Aber es gibt auch Lösung, es gibt Entspannung. Steinernes kann wieder erweichen." 1)

gGg

- Die Gruppe sitzt im Kreis zusammen.
  Erzieherin: Wir haben in den letzten Wochen so viele kleine Tiere gesehen ... Da will ich euch heute ein Märchen erzählen. In dem Märchen sind die kleinen Tiere ganz wichtig ...
- Die Erzieherin erzählt den Kindern das Märchen „Die Bienenkönigin".
- Die Kinder äußern sich; sie werden von den vertrauten Bildern des Märchens sprechen und Freude zeigen.
  Sicherlich wird die Erzieherin auf dem Hintergrund der voraufgehenden Deutungsversuche mit den Kindern ein lebendiges Gespräch führen können.
- Erzieherin: Wißt ihr noch, in dem Schloß waren die Tiere und Menschen erst wie grauer Stein – sie waren versteinert, dann wurden sie erlöst, und konnten ein schönes Hochzeitsfest feiern und singen und tanzen ... Ihr dürft euch jetzt auch ganz ruhig – wie versteinert – hinsetzen oder hinlegen. Zu wem ich dann komme und ihm leise seinen Namen ins Ohr sage und ihn berühre, der ist „erlöst", der darf aufstehen und zur Musik tanzen.
- Die Kinder setzen oder legen sich wie versteinert hin, werden „erlöst" und tanzen miteinander.

EP

- Vielleicht möchten einige Kinder zum Märchen ein Bild malen.

gG

- Die Erzieherin erzählt das Märchen am anderen Tag noch einmal allen Kindern, die es hören möchten.
  Im Kreisgespräch vielleicht Äußerungen anregen:
  - Wo leben die Ameisen, die Enten, die Bienen? (Erde, Wasser, Luft)
  - Warum geht der Jüngste seinen beiden älteren Brüdern wohl nach?
  - Wie verhalten sich die beiden Brüder zu den Tieren? Wie der Dummling?
  - Ist der Dummling wirklich ein Dummling?
  - Woran kann der Dummling erkennen, wer die jüngste und liebste Königstochter ist?
  - Wie möchtet ihr das Märchen nennen?
- Es können die drei Bilder zum Märchen angeschaut werden.

1) Felicitas Betz: Die Bienenkönigin, in: Betz, Märchen als Schlüssel zur Welt, S.101, Verlag E.Kaufmann, Lahr 1977

Imaginationsübungen

Wißt ihr noch, wie der Ameisenhaufen aussah? – Wollen wir einmal die Augen schließen, vielleicht könnt ihr ihn dann noch sehen? ...

Ein andermal: Was haben wir gestern am Teich gesehen? ... (erzählen lassen)... Wer weiß noch, wie seine Lieblingsente aussah? ... Könnt ihr sie vielleicht sogar noch sehen, wenn ihr die Augen schließt? ...

An einem anderen Tag: Wie ist die Biene in die Blüte geschlüpft? ... Heute haben wir keinen Honig da. Aber vielleicht könnt ihr den Geruch trotzdem spüren? ... und habt den Honiggeschmack auf der Zunge? ... 1)

Die Kinder brauchen die Gelegenheit, sich spielerisch-gestalterisch mit dem Märchen auseinanderzusetzen, um seine Inhalte zu verarbeiten.

Erzählen und Darstellen

Anlegen einer kleinen Waldlandschaft und Spielen des Märcheninhalts mit Figuren des Kleine-Welt-Spiels

Von den Waldspaziergängen Waldboden, Moos, Tannennadeln, Steine, Borke, Zapfen und Zweige mitbringen. Mit Phantasie in aneinandergestellten Holzkisten eine Waldlandschaft entstehen lassen:
- den Ameisenhaufen mit Tannennadeln wiedergeben,
- den See durch eine kleine Wasserstelle andeuten,
- den Bienenstock durch ein Stück Honigwabe anschaulich machen,
- das Schloß z.B. mit Holzbausteinen errichten.

Im spielerischen Umgang mit den Naturmaterialien und Kleine-Welt-Figuren spielen die Kinder das Märchen, setzen sich auseinander mit einem konkreten Stück Natur, mit den Inhalten des Märchens und mit dem, was sie selbst beschäftigt.
Da das einzelne Kind hierfür seine Zeit braucht, sollte die Märchenlandschaft für einen längeren Zeitraum zur Verfügung stehen.

„Für Kinder, die weder besonders sprachgewandt sind, noch besonders gerne malen und zeichnen, vor allem aber für gehemmte Kinder, stellt das Kleinspielzeug eine ideale Möglichkeit dar, ihre innere Befindlichkeit in einer Miniaturwelt sichtbar zu machen und bewegende Erlebnisse auszuspielen.
... Das Kind, das in der Realität vielfach die Welt von unten erlebt, kann im Spiel die Welt von oben erleben und dirigieren.
... Man kann keine Fehler damit machen, niemand beurteilt, ob etwas richtig oder falsch ist. Man kann beliebig lange damit spielen, das Spiel jederzeit unterbrechen und wieder aufnehmen. Man kann stumm mit den Spielgegenständen umgehen, mit den Figuren reden oder im Gespräch mit einem Freund damit agieren.
Durch den großen Freiraum, den das Material bietet, kommen im Spielerleben sowohl gedankliche wie auch gefühlsbetonte Auseinandersetzungen mit der sachlichen und sozialen Umwelt hervor. Allerdings nur dann, wenn sich das Kleine-Welt-Spiel in einer Atmosphäre vollziehen kann, in der das Kind selbstvergessen, ohne Störung durch den Erwachsenen spielen kann." 2)

1) Felicitas Betz, Märchen als Schlüssel zur Welt, S.100, a.a.O.

2) Sr. Lina Holler/Charlotte Niederle: Kleine-Welt-Spiele, in: Niederle (Hrsg.), Methoden des Kindergartens 2, S.130ff, Sonderdruck der Fachzeitschrift UNSERE KINDER, Linz 1988

Erzählen und Darstellen

Das Märchen erzählen und Verhaltensweisen der Tiere durch Geräusche und Bewegungen ausdrücken

Im Märchen werden die Ameisen, Enten und Bienen in ihrem Frieden nicht gestört. Die unguten Absichten der beiden Brüder lassen uns aber schon lebhaft ahnen, wie sich die in ihrer Ruhe gestörten Tiere verhalten würden.
Gemeinsam probieren wir aus, welche Geräusche und Bewegungen wir den Tieren der Erde (Ameisen), des Wassers (Enten) und der Luft (Bienen) zuordnen, z.B.:
Ameisen: mit den Fingerspitzen auf der Tischplatte „krabbeln",
Enten: die Hände ins Wasser tauchen und bewegen,
Bienen: mit den Händen Flugbewegungen machen und dabei summen.
Gleichzeitig versuchen wir, hörbar und sichtbar zu machen, wie die Tiere sich verhalten, wenn sie in Frieden leben und dann, wenn sie gestört werden.

Die Erzieherin erzählt langsam das Märchen und gibt den Kindern durch Blickkontakt Zeichen,
- wenn erst einige Ameisen ruhig dahinkrabbeln,
  dann aber viele ängstlich umhereilen,
- wenn die Enten ruhig im Wasser schwimmen,
  dann aber mit klatschenden Flügelschlägen flüchten,
- wenn die Bienen vereinzelt ruhig umhersummen,
  dann aber wie wild umherschwirren.

Auch im späteren Verlauf des Märchens, wo die Tiere dem Dummling zu Hilfe kommen, können die Kinder die Erzählung durch Geräusche und Bewegungen begleiten (imaginär: die Ameisen tragen emsig Perlen zusammen, die Enten tauchen nach dem Schlüssel, die Bienenkönigin sucht nach dem Honigmund).

Szenen des Märchens, geeignet zur bildnerischen Darstellung

- Die drei Königssöhne vor dem Ameisenhaufen,
  der jüngste beschützt die Ameisen.
- Die drei Königssöhne bei den Enten am See,
  der jüngste beschützt die Enten.
- Die drei Königssöhne am Bienennest,
  der jüngste beschützt die Bienen.
- Die mit drei Schlössern verschlossene Tür,
  durch das Lädlein in der Mitte sieht man ein graues Männchen am Tisch.
- Die Ameisen tragen die „1000" Perlen zusammen.
- Die Enten auf dem See tauchen nach dem Schlüssel.
- Die drei schlafenden Königstöchter,
  auf dem Mund der jüngsten sitzt die Bienenkönigin.
- Der Dummling und die jüngste Königstochter feiern Hochzeit.

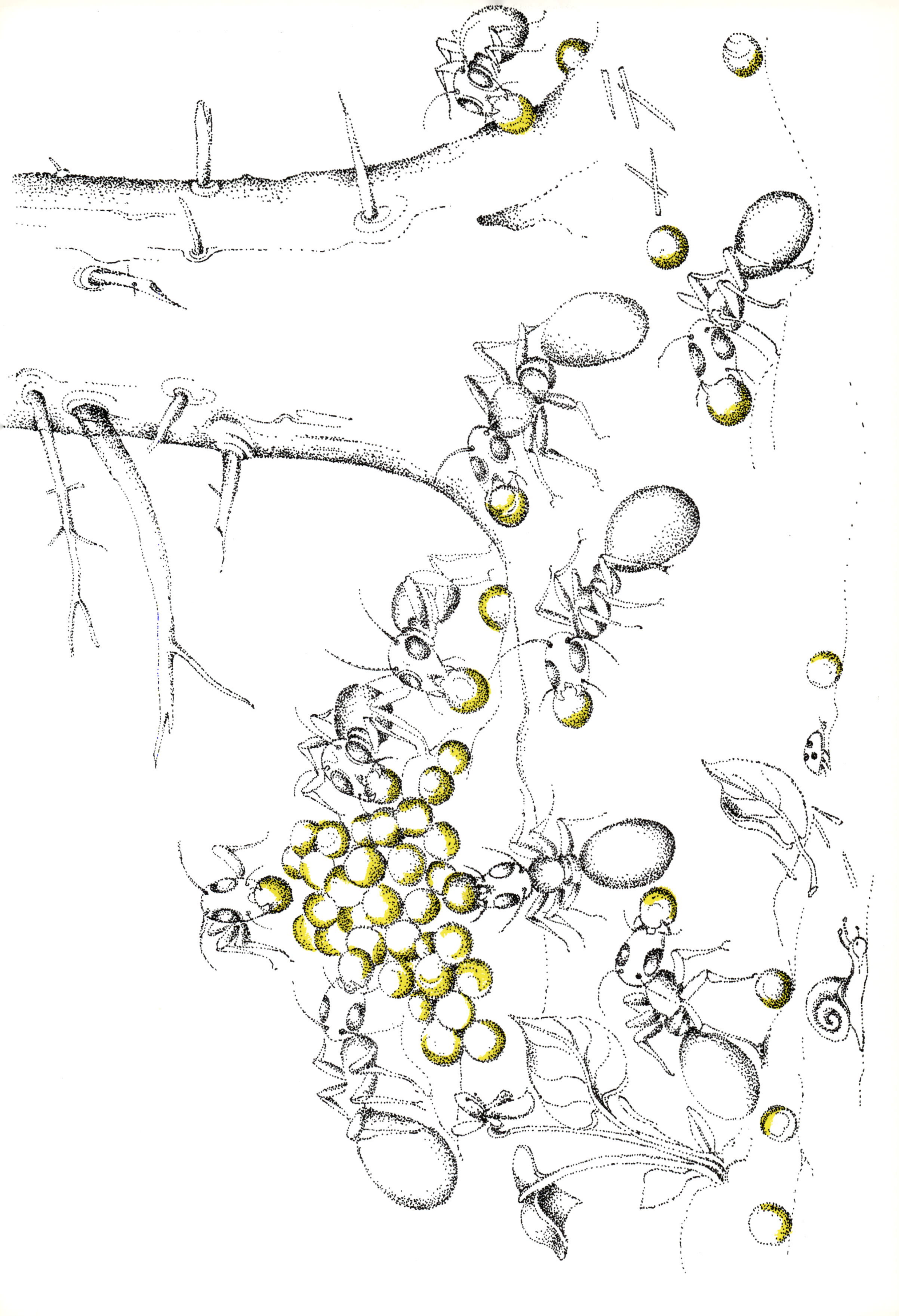

Die drei nachfolgenden Geschichten berichten von Tieren, die in Lebensnot geraten, und von Menschen, die diesen Tieren mit wachem Bewußtsein und Phantasie zu Hilfe kommen.
Auf uns wirkt zurück, wenn wir mit schneller Handbewegung ein Tierleben beenden. Wie anders wirkt auf uns zurück, wenn unsere Macht in Achtung zur Freiheit verhilft. Ein Stück Lebensglück kommt auf uns zurück. Solche Situationen treffen uns wie Ereignisse. Kinder können darauf vorbereitet werden.

Petunia rettet die Schnecke

Im Juni hat die Marktfrau Petunia schöne, frische Salatköpfe. Da kaufen die Leute und kaufen.

Sogar die anspruchsvolle Frau Fitzelmann nimmt einen Salat. Aber es dauert nicht lange, da bringt sie ihn wieder.

„Pfui!" sagt sie zu Petunia. „Es ist eine Schnecke im Salat! Sie müssen sie totmachen. Und mein Geld will ich zurück!"

Das Geld gibt ihr Petunia.

„Aber warum soll ich die Schnecke töten?" fragt sie. „Schauen Sie nur, wie schön ihr Häuschen geformt ist! Keiner von uns könnte es nachmachen."

Kopfschüttelnd geht Frau Fitzelmann fort.

Petunia aber setzt die Schnecke in einen leeren Korb, und ein Salatblatt legt sie dazu.

Als sie abends nach Hause fährt, hält sie am Waldrand an.

„So", sagt sie, „laß es dir gutgehen."

Sie setzt die Häuschenschnecke ins Gras und schaut zu, wie sie langsam davonkriecht.

Gina Ruck-Pauquèt
aus:
Marktfrau Petunia und ihre Freunde
Verlag Loewes, Bindlach 1985

Leuchtende Beispiele

Ähnliche Erlebnisse der Kinder aufschreiben, illustrieren und in einem kleinen Band zusammenfassen.

Die Biene

Tagelang hat es geregnet. Nun scheint die Sonne wieder. Ich mache am offenen Fenster meine Schularbeiten, und nebenan sitzt Vater am Schreibtisch. Plötzlich höre ich, wie Vater zu mir herüberkommt. Er hat ein Blatt Papier in der Hand. Er hält es vorsichtig, wie etwas Kostbares. Als er näherkommt, sehe ich, daß auf dem Papier eine Biene liegt, die nicht mehr fliegen kann.

„Schau doch", sagt Vater, „ist die wohl krank, oder hat sie vielleicht bloß Hunger? Ich fand sie gerade auf dem Schreibtisch. Du könntest ihr ein Tröpfchen Honig geben."

Er legt das Blatt mit der Biene auf meinen Tisch, und ich besorge den Honig. Das Honigtröpfchen fällt auf das Papier, und schon rappelt sich das Tierchen auf. Ein Zittern läuft durch den kleinen Körper, und langsam schiebt die Biene sich auf das Honigtröpfchen zu. Nun hat sie es erreicht und beginnt zu saugen. Die Flügel fangen an zu zittern und zu surren. Man kann sehen, wie das kleine Geschöpf sich erholt. Hunger hat es gehabt, sonst nichts. Es hat nach dem langen Regen keine Blüte mehr gefunden, hat sich zwischen den hohen Häusern verflogen und ist dann erschöpft auf Vaters Schreibtisch gelandet, glücklicherweise auf dem richtigen Schreibtisch.

Da – die Biene hat sich völlig erholt; sie fliegt auf und summt zum Fenster hinaus ins Freie.

A.Hackemann
(Der Rechtseigentümer war nicht ausfindig zu machen; wir sind für Hinweise dankbar.)

Das Schlüsselloch

Eine Biene kroch
durch das Schlüsselloch
in eine Glastür zwischen zwei Scheiben.
Sie wollte nicht drinnen bleiben
und suchte und fand nicht heraus
aus dem gläsernen Haus.

Beate schlägt vor: „Die Tür zerlegen!"
Dorothee sagt: „Aber doch nicht deswegen –
wir werden das Schlüsselloch verstopfen."
„Verstopfen?"
„Mit Honigtropfen."

Sie tun's. Schon kriecht die Biene hoch
und findet gleich das Schlüsselloch
und strubbelt und strabbelt – eins zwei drei
ist die Biene frei.

Hans Baumann
aus:
H.J.Gelberg (Hrsg.), Die Stadt der Kinder
Verlag G.Bitter, Recklinghausen 1972

augen
bekommen
für das zarte

hände
für das zerbrechliche

sinn für das schöne

freude
an der schöpfung

vertrauen
zum schöpfer

Peter Klever
aus:
Glanz fand ich auch – Randbemerkungen zum Leben
Verlag E.Kaufmann, Lahr 1987

Genetischer Code:

Je mehr ich davon weiß, desto mehr begehr' ich davon zu wissen – ahnend, fühlend, daß ich mit dem wachsenden Wissen immer tiefer in den Bann des Geheimen, des Geheimnisses gerate.
Ja – das Auge des Geheimnisses auf mich gerichtet sehe, in dessen Gegenwart ich mich befinde.

Dadurch, daß das Seiende ist,
daß die Dinge sind,
die Galaxien sind,
die Sonne, die Planeten, die Erde sind,
das Meer, die Wogen, die Steine, die Winde,
die Wolken sind,
die Eichen, die Palmen, das Zittergras, der Wiesenschwengel,
der Apfelbaum, die Reben,
die Würmer, der Hirschkäfer,
der Pillendreher,
die Libelle, die Fliege,
der Schmetterling, die Raupe,
die Kupferotter, die Ringelnatter,
der Tausendfüßler,
die Schnecken, Ameisen, Pinguine,
der Fink, der Adler –
dadurch, daß diese alle sind,
nicht aus sich sind
und so, wie sie sind,
nicht aus sich so sind,
dadurch erfahre ich,
fühle ich mich
aus mir selbst heraus- und hineingerissen
in den Abgrund
deiner Lebensgewalt, Schaffenswut, Gestaltungslust,
die erschafft,
weil sie liebt.
Und erschreckt,
denn Furchtbares wirkt sie,
und selig hingerissen,
denn berückend, hinreißend herrlich
sind die Dinge,
und sie sangen stumm
den Namen ...
den ich nicht aussprechen kann.

Fridolin Stier
aus:
An der Wurzel der Berge – Aufzeichnungen II, (22.2.79)
Verlag Herder, Freiburg 1984

Auf den voraufgehenden Seiten ging es um unser Verhältnis und unser Verhalten der Natur gegenüber. Doch da, wo wir von intakter Natur sprechen, vom natürlichen Gleichgewicht im Ökokreislauf, entdecken wir, was uns als eine Tragik erscheinen mag: die Ambivalenz allen Lebens. Auch wir Menschen sind in diese Geschichte hineingenommen. Ermöglicht die Tragik des Einzelnen, Mensch oder Tier, erst die Harmonie des Ganzen? Jedenfalls scheint es uns in der Natur ablesbar. Blattläuse dienen dem Marienkäfer als Nahrung, der Marienkäfer dem Singvogel ...

Die Kinder werden mit diesem „natürlichen Geschehen" konfrontiert. In unserer Laubfroschgeschichte denkt sich das Kind nichts dabei, seinen Laubfrosch mit Fliegen zu füttern. Erst die Tante bringt es in Gewissenskonflikte, wenn sie den Frosch zum „Mörderfrosch" erklärt und das Kind „grausam" nennt. Mit einer Frage gibt das Kind sich dann aber selbst die Antwort: „Soll ich ihn einfach verhungern lassen?"

„Wir müssen uns vorsehen, daß wir nicht unsere unfertigen, verniedlichten, verbrämten Ansichten von „gut" und „böse" in die Kinder projezieren. Erzieherinnen haben die Chance, in ihrem Umgang mit den Kindern ihr Realitätsbewußtsein aufzurichten. Sie werden erfahren, daß Kinder unsere Welt besser akzeptieren und mit mehr Kräften ausgestattet sind, die Ambivalenz der Welt zu ertragen, als sie selbst. – Diese Quellen dürfen sie nicht zuschütten." 1)

„Die Welt, die Gott gemacht hat, ist, wie sie ist; ob indessen der Mensch sie als Einheit erfährt oder nur in Widerspruch und Zerrissenheit wahrnimmt, liegt daran, wer und wie er selber als Mensch ist. Ein Mensch muß mit sich selber eins geworden sein, wenn er den „Löwen", wie es bei Jesaja heißt, als ein friedfertiges Tier neben dem „Lamm" lagern sehen will." 2)

Der Laubfrosch

Ich hab einen Laubfrosch,
dem füttre ich jeden Tag Fliegen.
Die braucht er,
ist doch klar,
ist doch'n Laubfrosch.
Bisher
hab ich mir nichts bei gedacht.
Aber gestern
kam Tante Reinhild.
Die sagt, ich bin grausam.
Und wenn sie ein Kind hätt,
dem tät sie verbieten,
Fliegen zu fangen
für einen Mörderfrosch.
Was nu?
Soll ich ihn weiter füttern?
Oder soll ich ihn einfach
verhungern lassen?

Tilde Michels
(Rechte bei der Autorin)

1) Antoinette Becker: Jenseits des Paradieses, in: Betz/Becker/Kettler, Religiöse Elemente in der Vorschulerziehung, S.62, Verlag J.Pfeiffer, München 1973
2) Eugen Drewermann: Mk 1,12-13: In der Wüste und in Gottes Nähe oder: Vereint mit Tieren und Engeln, in: Drewermann, Das Markusevangelium, Erster Teil, S.149, Walter-Verlag, Olten 1987

Das entzückende plattdeutsche Gedicht erzählt vom Fröschlein im Sonnenschein, das noch rechtzeitig vorm Gänserich ins Wasser flüchtet.

Bestimmt macht es den Kindern Freude, die reizvollen Verse nachzusprechen und zu spielen.

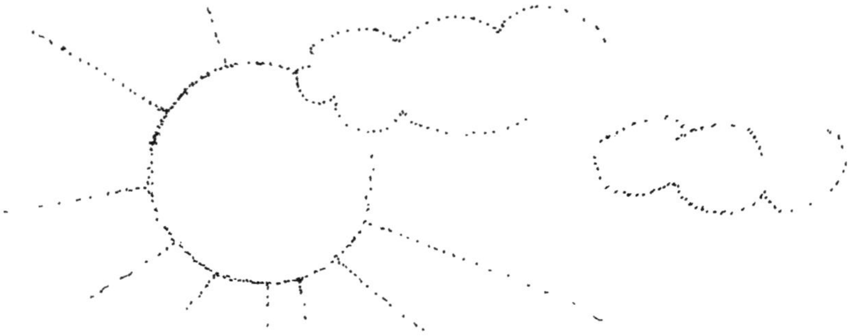

Dat Pöggsken

Pöggsken sitt in'n Sunnenschien,
O, wat ist dat Pöggsken fien
Met de gröne Bücks!
Pöggsken denkt an nicks.
Kümp de witte Gausemann,
Hät so raude Stiewweln an,
Mäck en graut Gesnater.
Hu, wat fix
Springt dat Pöggsken met de Bücks,
Met de schöne gröne Bücks,
Met de Bücks int Water!

Augustin Wibbelt (1862-1947)
aus:
R. Schepper (Hrsg.), Mäten Gaitlink
Gedichte in münsterländer Mundart
Verlag Regensberg, Münster 1983

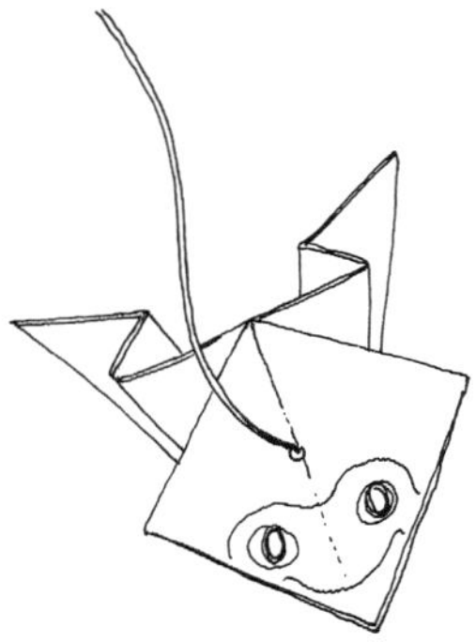

Spielanregung:

Das Gedicht wird von der Erzieherin oder von einem Kind vorgetragen und gleichzeitig von den Kindern mit selbstgebastelten Figuren gespielt. Wenn der Gänserich kommt, springen die Frösche in eine Wasserschüssel. Wenn der Gänserich sich wieder entfernt, springen die Frösche aus dem Wasser und „sonnen sich". Das Spiel beginnt von neuem.

Gestaltungsanregung:

Kleine Frösche lassen sich aus grünem Ölpapier falten. Am Gummiband springen sie schön.
Der Gänserich wirkt besonders lebendig, wenn er als Marionette gebastelt wird, z.B. aus Resthölzern und Kordeln.

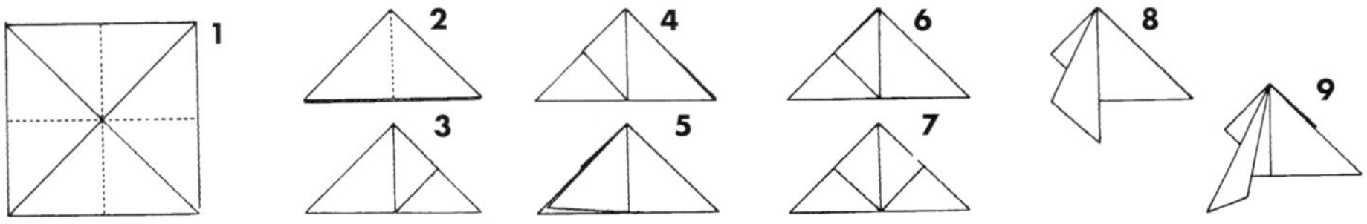

Aufgepaßt!

Material:

Würfel mit sechs Tierbildern („Jäger"); sechs runde Plättchen aus Karton mit Tierbildern („Beutetiere"), daran ca. 20 cm lange Fäden; Fangbecher; Filzunterlage; Materialkasten

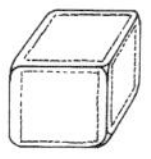

Jägerwürfel

Fangbecher

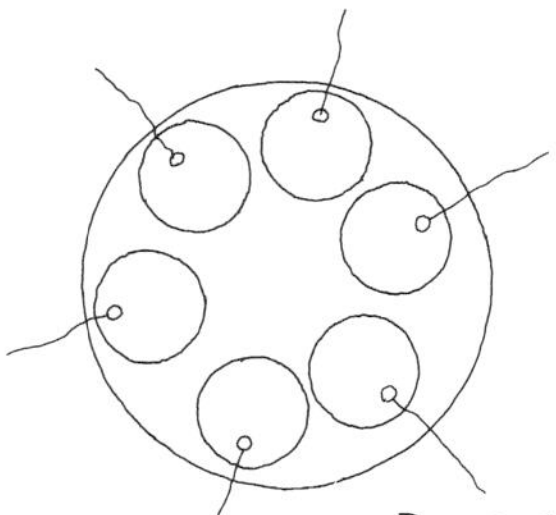

Beutetiere

Spielanregung:

gG G Die Mitspieler sitzen verteilt um einen Tisch. Ein Kind hält Fangbecher und Würfel bereit. Die anderen Kinder legen ihr Plättchen auf den Untersatz in der Tischmitte und halten den Faden in der Hand. Sie machen sich damit vertraut, welcher „Jäger" ihr „Beutetier" bedroht. Nun wird gewürfelt. Erscheint z.B. beim Würfeln der Igel oben, muß die Schnecke schnell „flüchten", ehe der Fangbecher niedergeht. Wird sie gefangen, scheidet sie aus. Wird sie nicht gefangen, kehrt sie aufs Spielfeld zurück und spielt weiter mit.

Beispiele (Jäger, Beutetier):

Wettlauf der kleine Tiere

Material:

Tierbilder auf Kartonscheiben an gleichlangen Fäden (ca. 1 m), am anderen Fadenende jeweils ein kurzes Stöckchen

Spielanregung:

G Die Fäden mit den „Angebinden" werden quer über den Tisch gelegt. Die Mitspieler stehen nebeneinander vor dem Tisch. Auf ein Zeichen beginnen sie, ihren Faden aufzuwickeln, dabei bleiben sie auf ihrem Platz stehen. Die Zuschauer auf der anderen Tischseite spornen an.

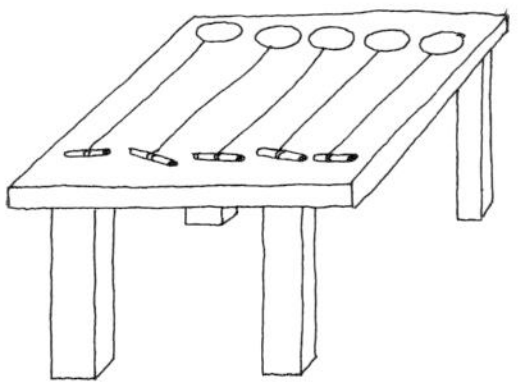

Der nachfolgende Erfahrungsbericht aus einem Kindergarten will anregen, situationsbedingte Gelegenheiten zu nutzen, sei es im Gruppenraum oder auch draußen.
Der spontanen Neugierde und der damit verbundenen hohen Aufmerksamkeit kommt in solchen Situationen eine besondere Bedeutung zu.

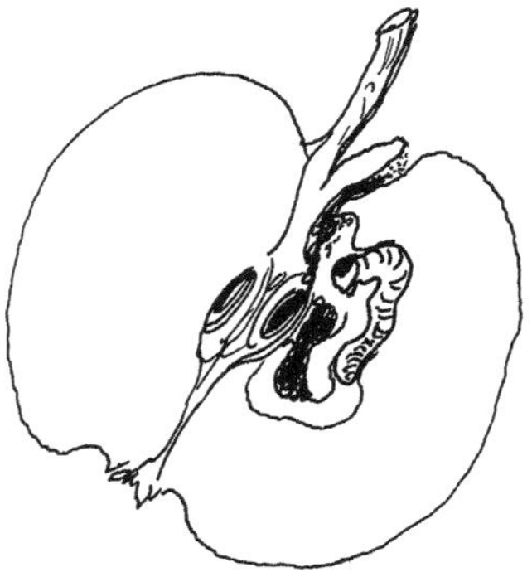

Bericht aus einem Kindergarten: Ein Wurm wird unter die Lupe genommen

Einige Kinder sitzen an unserem gemeinsamen Brotzeittisch und verzehren ihre Brotzeit. Als kleines „Extra" habe ich heute aus unserem Garten Äpfel mitgebracht, die ich nun halbiere und an die Kinder verteile. Als ich gerade wieder einen Apfel zerteilt habe, ertönt der Aufschrei: „Ein Wurm!!!" Gleich werden weitere Stimmen laut: „Wo"? – „Wie, laß mal sehen!" – „Ich will ihn auch sehen, aber ich seh' nix" – „Oh, ist der aber klein!" – „Ob der uns sieht und jetzt Angst hat?"

Ich komme auf die Idee, den Wurm mit Hilfe einer Lupe näher betrachten zu lassen. Nachdem das Vergrößerungsglas herbeigeschafft ist, besichtigen die Kinder der Reihe nach das Tierchen. Für viele Kinder ist es ein echtes Erlebnis, durch das „Wunderglas" die Vergrößerung des Objektes mitzuerleben. „Was, so riesengroß ist der Wurm nun? Ich glaube, jetzt kriege ich die Angst!" ist eine der Reaktionen. Manche Kinder stellen genaueste Betrachtungen an, werden aber von anderen zur Eile ermahnt, da ja alle den Wurm besichtigen wollen. Die Drängelei wird etwas leichter, als ich eine weitere Lupe bringe. Auch das Anschauungsobjekt Wurm hat sich nämlich inzwischen zur Freude der Kinder „verdoppelt", als ich in einem weiteren Apfel noch einen Wurm entdeckte. Jedes Kind, das gerade als „Betrachter" an der Reihe ist, gibt detaillierte Kommentare seiner Erkenntnisse. Die Brotzeit wird verschoben, und auf unserem Tisch befinden sich nur noch unsere zwei Würmer, die miteinander „um die Wette schlängeln" und von beeindruckten Kinderaugen, in vergrößertem Format, verfolgt werden. Ein Wurm kriecht nun auf das Messer von Tanja, die dann das Messer mit dem daranhängenden Wurm hochhält. Das gibt uns Gelegenheit, das Tier auch einmal von unten zu betrachten, und Renata stellt fest, daß es wie eine „Raupe mit vielen Härchen am Bauch" aussieht. Dem Wurm wird das Hängen am Messer wohl zu dumm, denn er startet eine Aktion, die uns alle in Erstaunen versetzt. Wie bei einer Spinne entsteht plötzlich ein Faden, an dem sich der Wurm in Richtung Tisch „abseilt". In fliegendem Wechsel werden nun die Vergrößerungsgläser herumgereicht, da jedes Kind Zeuge dieses Schauspiels sein möchte.
Nachdem wir noch eine Weile die Würmer beobachtet und über unsere neuesten Erkenntnisse gesprochen haben, beschließen wir, sie mit einem Stück Apfel als Wegzehrung im Garten in die Freiheit zu entlassen.

Eigentlich hatte ich mir für den heutigen Tag ein anderes Thema vorgenommen, doch war dieses spontane Beobachten für die Kinder sicher sehr lehrreich und wichtig. Aufgeregt wurde am Abend auch den Eltern davon berichtet. Was uns Erwachsenen als selbstverständlich erscheint, spielt in der Beobachtungswelt des Kindes oft eine große Rolle.

Brigitte Hofstetter
aus:
R.Seitz (Hrsg.), Seh-Spiele
Verlag Don Bosco, München 1985

Didi Feldmaus hat einen riesigen Apfel entdeckt. Er zeigt ihn Manuel. Es ist der einzige Apfel, der auf dem Baum wuchs.

Die zwei Mäuseriche wollen den Apfel nach Hause tragen. Als sie ihn hochheben, merken sie, daß der Apfel ganz leicht ist. Seltsam.

Aha! Ein Wurm wohnt darin! Er hat den Apfel schon ganz ausgehöhlt. Bald wird er ihn vollkommen aufgegessen haben.

Manuel hat eine Idee. Er nimmt ein Messer und schneidet den oberen Teil des Apfels weg.

Dann tragen die Mäuseriche den Apfel samt dem Wurm vorsichtig zum Fluß hinunter und schieben ihn ins Wasser.

Sie rudern über den Fluß. Am anderen Ufer wachsen nämlich viele schöne Apfelbäume. Der Wurm ist begeistert!

Erwin Moser aus: Mein Baumhaus, Beltz Verlag, Weinheim und Basel 1983 – Programm Beltz & Gelberg, Weinheim

Die Bildergeschichte mit Didi Feldmaus, Manuel und dem Wurm ist hier verkleinert wiedergegeben. Mit den farbigen und größeren Bildern von Erwin Moser in seinem Kinderbuch „Mein Baumhaus" macht den Kindern das Betrachten der Bildergeschichte sicherlich große Freude.

Rhythmisch-musikalische Gestaltung des Märchens: Läuschen und Flöhchen

Erzählen und Vertrautwerden mit dem Märchen

Das Märchen wird erzählt. Beim Zuhören merken die Kinder, daß im Text häufige Wiederholungen vorkommen. Sie werden angeregt, den Text zu ergänzen, z.B. Flöhchen ... (weint), Türchen ... (knarrt), bis sie am Schluß alles aufzählen können, was im Verlauf des Märchens geschieht.

Erzählen und Untermalung mit Laut- und Geräuschimitationen

Ist die Handlung des Märchens den Kindern vertraut, so sollten sie versuchen, die einzelnen Geschehnisse auch lautmalerisch wiederzugeben. Die Erzieherin fragt: „Wie mag es sich anhören, wenn ein Läuschen sich verbrennt, ein Flöhchen weint, ein Türchen knarrt ..." Nach und nach sollte sich hierbei ein Vokabular an Lauten entwickeln, das als Untermalung oder Begleitung beim Erzählen dienen kann.

Erzählen und Untermalung mit instrumentalen Laut- und Geräuschimitationen

Die von den Kindern erzeugten Laut- und Geräuschimitationen werden von Instrumenten übernommen, dabei können sowohl das Kleine Schlagwerk, als auch Stabspiele einbezogen werden. Es sollte in Ruhe ausprobiert werden, welches Instrument sich besonders zur Wiedergabe eines Lautes oder eines Geräusches eignet. Allerdings ist es auch möglich, alle vorkommenden Geschehnisse durch verschiedene Spieltechniken auf einem einzigen Instrument wiederzugeben. Hierfür eignet sich besonders die Handtrommel, auf welcher man durchaus vom Schmerzensruf des Läuschens über das Knarren der Tür bis hin zum Fließen des Wassers alle Geräusche erfinden kann.

Erzählen, lautmalerische Begleitung und pantomimische Darstellung

Bei einer besonderen Veranstaltung im Kindergarten kann das Märchen auch dargestellt werden, wobei die Erzieherin das Märchen erzählt, während die Kinder einer Gruppe aufgeteilt sind in Darsteller und Instrumentalisten. Die Bewegungsaufgaben müssen ebenso ausprobiert werden wie die Lautimitationen oder die mit den Instrumenten erzeugten Klänge und Geräusche.

Vorschläge zur pantomimischen Darstellung:

- Mehrere Kinder sitzen auf dem Boden und bilden mit den gefaßten Händen ein „Rund" für die Eierschale; Läuschen und Flöhchen stehen außerhalb und machen die Bewegung des Rührens, bis Läuschen in das „Rund" hineinfällt und Flöhchen schreiend (nur Gestik) herumläuft.
- Ein Kind steht am Platz, beide Hände sind gefaßt, die Arme vor dem Körper waagerecht ausgestreckt, während des Knarrens dreht es sich langsam, ohne die Füße zu verändern.
- Ein Kind faßt einen unsichtbaren Besen und kehrt mit ihm.
- Zwei Kinder stehen hintereinander und fassen sich bei den Händen, sie rennen als „Wägelchen" durch den Raum.
- Mehrere Kinder sitzen, knien, hocken beieinander auf dem Boden und bewegen sich wie Flammen eines Feuers auf- und abwärts.
- Ein Kind hat seine Arme ausgebreitet und beginnt, diese zu schütteln.
- Ein Kind trägt in den Händen ein (unsichtbares) Wasserkrüglein und läßt es fallen.
- Mehrere Kinder, drei bis vier, stehen in Reihen hintereinander, sie bewegen sich vorwärts, indem sie, bei gefaßten Händen, mit den Armen Kreisbewegungen machen.

Christel Neuhäuser

Anmerkung der Redaktion: Zugang zur Bild- und Symbolsprache des Märchens in: Felicitas Betz, Märchen als Schlüssel zur Welt, S.33ff, a.a.O.

Läuschen und Flöhchen

Ein Läuschen und ein Flöhchen, die lebten zusammen in einem Haushalte und brauten das Bier in einer Eierschale. Da fiel das Läuschen hinein und verbrannte sich. Darüber fing das Flöhchen an laut zu schreien. Da sprach die kleine Stubentüre: Was schreist du, Flöhchen?“ „Weil Läuschen sich verbrannt hat.“

Da fing das Türchen an zu knarren. Da sprach ein Besenchen in der Ecke: „Was knarrst du, Türchen?“ „Soll ich nicht knarren?

Läuschen hat sich verbrannt,
Flöhchen weint.“

Da fing das Besenchen an, entsetzlich zu kehren. Da kam ein Wägelchen vorbei und sprach: „Was kehrst du, Besenchen?“ „Soll ich nicht kehren?

Läuschen hat sich verbrannt,
Flöhchen weint,
Türchen knarrt.“

Da sprach das Wägelchen: „So will ich rennen“ und fing an, entsetzlich zu rennen. Da sprach das Mistchen, an dem es vorbeirannte: „Was rennst du, Wägelchen?“ „Soll ich nicht rennen?

Läuschen hat sich verbrannt,
Flöhchen weint,
Türchen knarrt.
Besenchen kehrt.“

Da sprach das Mistchen: „So will ich entsetzlich brennen“ und fing an, in hellem Feuer zu brennen. Da stand ein Bäumchen neben dem Mistchen, das sprach: „Mistchen, was brennst du?“ „Soll ich nicht brennen?

Läuschen hat sich verbrannt,
Flöhchen weint,
Türchen knarrt.
Besenchen kehrt.
Wägelchen rennt.“

Da sprach das Bäumchen: „So will ich mich schütteln“ und fing an, sich zu schütteln, daß all seine Blätter abfielen. Das sah ein Mädchen, das mit einem Wasserkrügelchen herankam, und sprach: „Bäumchen, was schüttelst du dich?“ „Soll ich mich nicht schütteln?

Läuschen hat sich verbrannt,
Flöhchen weint,
Türchen knarrt.
Besenchen kehrt.
Wägelchen rennt.
Mistchen brennt.“

Da sprach das Mädchen: „So will ich mein Wasserkrügelchen zerbrechen“ und zerbrach das Wasserkrügelchen. Da sprach das Brünnlein, aus dem das Wasser quoll: „Mädchen, was zerbrichst du dein Wasserkrügelchen?“ „Soll ich mein Wasserkrügelchen nicht zerbrechen?

Läuschen hat sich verbrannt,
Flöhchen weint,
Türchen knarrt.
Besenchen kehrt.
Wägelchen rennt.
Mistchen brennt.
Bäumchen schüttelt sich.“

„Ei“, sagte das Brünnchen, „so will ich anfangen zu fließen“ und fing entsetzlich an zu fließen. Und in dem Wasser ist alles ertrunken, das Mädchen, das Bäumchen, das Mistchen, das Wägelchen, das Besenchen, das Türchen, das Flöhchen, das Läuschen, alles miteinander.

Grimm Nr.30

Herbei zum großen Sommerfest!

Text: Barbara Cratzius Melodie: Paul G. Walter

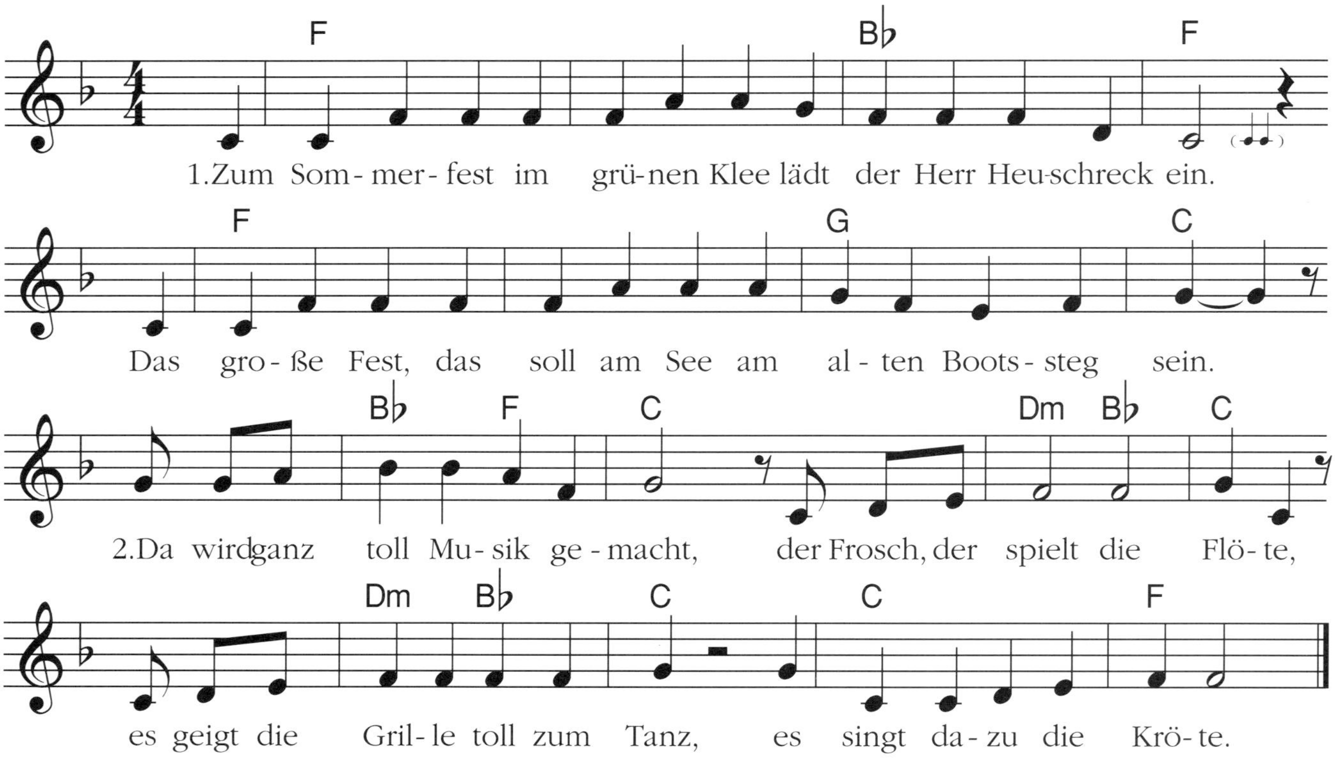

3. Herr Heuschreck zirpt mit hellem Ton,
der Fuchs spielt die Posaune,
und wenn der Cha-Cha-Cha ertönt,
hat alles gute Laune.

4. Es blubbert aus dem tiefen See
ganz fröhlich die Forelle.
Da tanzt das Mäuschen Mickimax
und schwenkt das Schwänzchen schnelle.

5. Und hinterm Busch, da trommelt laut
das Häschen auf die Steine,
sogar der Krähenopapa,
der hebt die alten Beine.

6. Und wenn die Sonne untergeht,
spielt noch der Storch Trompete.
Der Mond, der blinzelt ihnen zu
und freut sich an der Fete.

7. Dann geht der Tanz erst richtig los,
es rauscht herein Frau Eule
und stimmt den Abendkanon an,
mit Huhu und Geheule.

8. So lustig kann's im Sommer sein
im grünen, grünen Klee,
und wenn du Lust hast, schau herein,
um acht am Bootssteg, dort am See.

aus:
Herbei zum großen Sommerfest
Musikbär Verlag, Schriesheim 1989
(MC siehe Bezugsquelle)

In der Kantate „Heut ist ein Fest bei den Fröschen am See“ sollen Klangspiele und einfach notierte Begleitungen miteinander verknüpft werden.

Vorbereitende Übungen

Auf einem Spaziergang zu einem nahe gelegenen Teich, See, toten Flußarm oder einem ähnlichen Gewässer werden Beobachtungen akustischer Art angestellt: Das Schilf am Ufer raschelt und säuselt im Wind; das Wasser plätschert, wenn ein Fisch oder Frosch springt; die Grillen zirpen ununterbrochen im Ufergras; Libellen schwirren; Fliegen, Wespen, Bienen summen; die Schwalben zwitschern, wenn sie über das Wasser schießen ...
Wenn ein solcher Gang nicht durchgeführt werden kann, sollte man die zu erwartenden Beobachtungen in einer Geschichte unterbringen, die dann den Kindern dargeboten wird. Darüber hinaus können Geräuschschallplatten oder auf Kassettenrecorder aufgenommene Geräusche die zuvor dargebotene Geschichte akustisch ausmalen.

Alle Beobachtungen und Höreindrücke sollen anschließend im musikalischen Bereich ausgewertet und verarbeitet werden. „Wie machten doch noch die Bienen, die Grillen, das springende Fischlein ..." Sicherlich werden die Kinder gleich einige Geräusche mit dem Mund nachahmen. Sie summen wie die Bienen und Fliegen, wobei sie die Geräusche in der Stimmlage verändern, je nachdem, was die Kinder darstellen sollen: Bienen fliegen ungestört dahin von Blume zu Blume; Wespen werden fortgejagt und greifen zornig an; Mücken summen im Raum und kommen immer näher; große Fliegen wollen aus dem Zimmer ins Freie und stoßen an die Fensterscheibe ...
Grafisch ließe sich eine solche Situation z.B. so oder ähnlich darstellen:

Die musikalische Illustration des Summens mit dem Mund könnte zusätzlich durch Bewegungsklänge auf dem Xylophon ergänzt werden. („Bewegungsklänge" siehe Sammelband I, S.87f)

In ähnlicher Weise sollte man auch versuchen, die anderen Geräusche am See darzustellen: Das Plätschern des Wassers durch echte Geräusche in einem mit Wasser gefüllten Eimer (ausprobieren!); das Rascheln im Röhricht mit Hilfe von knisterndem Papier oder durch Wischen über Fellinstrumente; das Säuseln des Windes mit dem Mund; das Vogelgezwitscher auf einer Wasserpfeife oder ähnlichen Primitivinstrumenten, die man häufig auf Jahrmärkten angeboten bekommt. Der Phantasie sind hier keine Grenzen gesetzt.

Ergebnisse der Auswertung können anschließend in die Kantate eingebracht werden. Neben einer rein musikalischen ist auch eine szenische Darstellung möglich, in der die Akteure in entsprechenden Kostümen auftreten.

Kantate: Heut ist ein Fest bei den Fröschen am See

Ein Erzähler führt in die Geschichte ein und verbindet auch mit wenigen Worten die einzelnen Abschnitte der Kantate. Die Kinder sollen dabei durch Geräusche und Klänge die jeweilige Stimmung untermalen.

Erzähler: *„Die Frösche wollen ein großes Fest feiern am nahe gelegenen See.*
Noch liegt das Wasser ruhig im Sonnenschein.

Nur der Wind säuselt im Schilf,

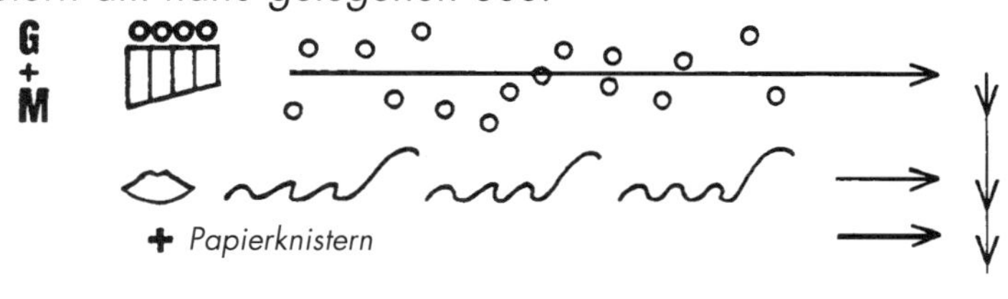

und hin und wieder springt ein Fischlein übermütig aus dem Wasser.

Wassergeräusche

Da kommen auch schon die ersten Frösche!"

Quak, quak, quak, quak ...

1. Lied: Froschkonzert

Text und Melodie: volkstümlich

Die Melodie des Liedes sollte zunächst von den „Fröschlein" gequakt werden, d.h. auf der Silbe „quak" gesungen werden. Anschließend singt eine Kindergruppe den Text des Liedes, während die „Fröschlein" die Melodie auf „quak" mitsingen. Beim 3.Durchgang singen alle Kinder die Melodie noch einmal auf „quak".

Ritornell/Lied: Kommt und laßt uns tanzen, springen

Text: Fritz Jöde Melodie: aus Frankreich, 13.Jh.

Dieses Lied wird mit einer Trommelbegleitung nach den ersten vier Liedern wiederholt.
Dazu Ostinato:

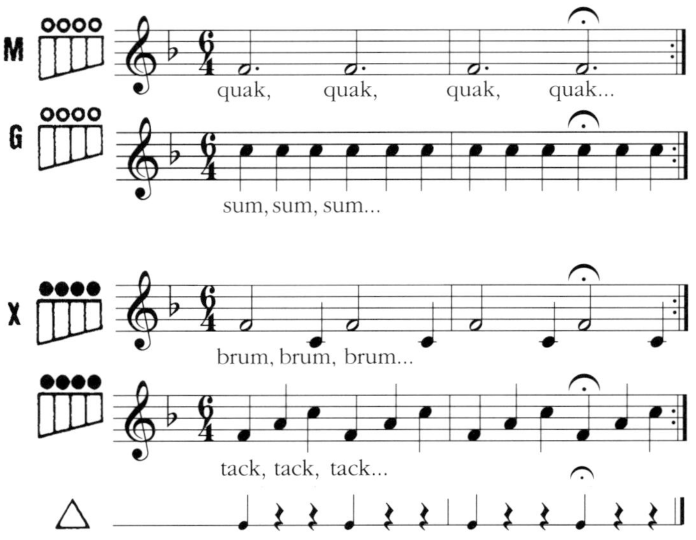

Nach Lied 1 kommen nur die Frösche hinzu.

Nach Lied 2 singen zuerst zum Lied nur die Bienen ihr „summ summ", bei der Wiederholung Frösche und Bienen jeweils die eigenen Begleitung.

Nach Lied 3 setzt der Maikäfer ein, zunächst allein, bei der Wiederholung mit Fröschen und Bienen zusammen.

Nach Lied 4 gesellen sich noch die Käfer hinzu. Der Ablauf ist wie oben.

Der Triangel für den Leuchtkäfer wird nur bei der „Traummusik" gespielt.

Die Begleitung endet bei der Wiederholung mit der Note, die unter der Fermate steht.

Erzähler: *„Ja, nun ist es am See recht lebendig geworden. Bald erscheinen auch die Gäste, die alle am fröhlichen Fest teilnehmen wollen. Da kündigen sich schon die Bienen mit lautem Gesumm an.*

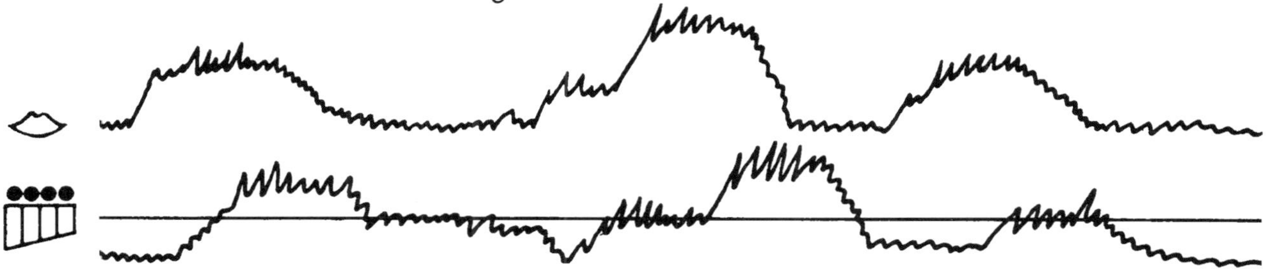

2. Lied: Sum, sum, sum, Bienchen, summ herum

Text und Melodie: volkstümlich Textabänderung: Jenny Neuhäuser

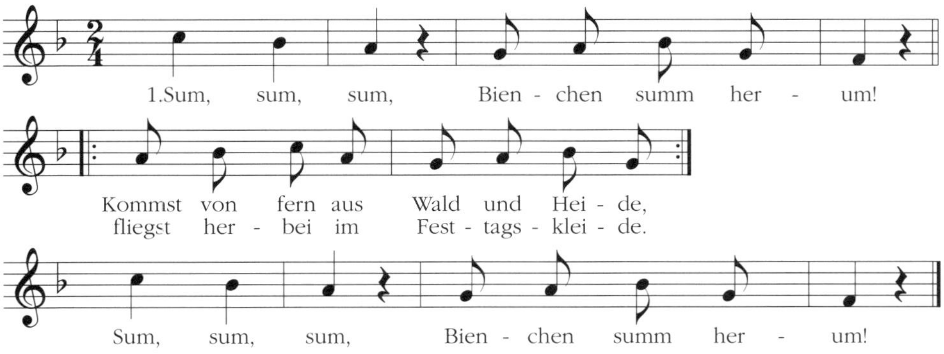

2.
Sum, sum, sum, Bienchen, summ herum!
Bring auch Honig mit zum Feste,
für die vielen lieben Gäste!
Sum, sum, sum, Bienchen, summ herum!

3.
Sum, sum, sum, Bienchen, summ herum!
Und nun sollst du einmal zeigen,
wie du tanzt den Ringelreigen!
Sum, sum, sum, Bienchen, summ herum!

Ritornell: Wie vorher beschrieben.

Erzähler: *„Da trifft eben der Maikäfer ein. Mit lautem Gebrumm torkelt er herbei und läßt sich gleich auf einem grünen Blatt nieder.*

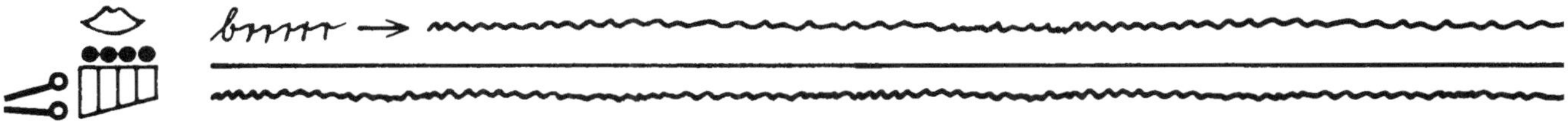

Nach der langen Reise hat er zunächst einmal Hunger bekommen."

3. Lied: Maikäfer Bullerjan

Text: Rudolf Otto Wiemer Melodie: Richard Rudolf Klein

2.
Maikäfer Brummelbrumm
burrt und surrt um uns herum,
brummt sich was und summt sich was
mit dem Brummelbrummelbaß.
Brum, brum, brum.

Dazu:

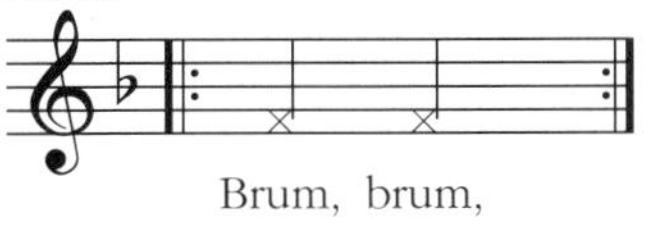

Ritornell: Wie vorher beschrieben.

Erzähler: *„Tja, der dicke Maikäfer kann doch tatsächlich auch noch tanzen! Aber nun treffen schon wieder neue Gäste ein. Ich höre sie schon, es sind die kleinen Sonnenkäfer mit ihren Kinderlein, die heranktrabbeln."*

4.Lied: Erst kommt der Sonnenkäferpapa

Text und Melodie: volkstümlich Textbearbeitung: Jenny Neuhäuser

2.
Sie haben rote Röckchen an
mit schönen schwarzen Köpfchen dran.
/: Sie krabbeln lustig Schritt für Schritt
die Käferkinder trippeln mit.:/

3.
Sie wollen auch zum Feste gehn,
wo sie sich dann im Kreise drehn.
/: Sie tanzen lustig Ringelreihn
-zuerst allein und dann zu zwein.:/

Erzähler: *„Nun ist das Fest in vollem Gange. Es quakt und summt, es krabbelt und brummt, und alles dreht sich im Kreise. Inzwischen aber ist auch die Sonne untergegangen,*

und es ist dunkel geworden am See.

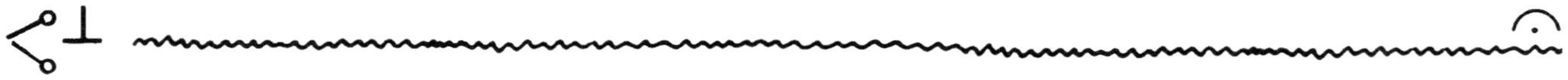

Da kommt noch ein später Gast. Er bringt gleich sein Laternchen mit. Es ist der Leuchtkäfer, der das Ende des Festes anzeigt."

5. Lied: Hab mein Laternchen aufgesteckt

Text: Wolfgang Vetter Melodie: Richard Rudolf Klein

Erzähler: *„Jetzt ist es ruhig am See. Die Tiere sind müde geworden. Sie haben sich zur Ruhe begeben. Nur ein einzelner Frosch kann noch keine Ruhe finden. Er sitzt im Schilf und quakt so vor sich hin: 'War das ein schöner Tag, quak, quak, quak.'"*

6. Lied: Der Frosch sitzt in dem Rohre

Text: Georg Christian Dieffenbach Melodie: volkstümlich

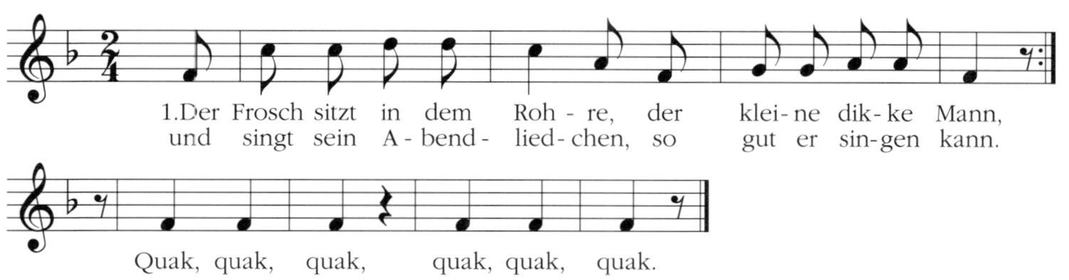

2.
Er meint, es klingt gar herrlich,
könnt's keiner so wie er.
Er bläst sich auf gewaltig,
meint Wunder, was er wär.
/: Quak, quak, quak:/

Das „Quak, quak, quak" am Ende der beiden Strophen wird nur von einem Kind gesungen.

Erzähler: *„Im Traum erleben alle Tiere noch einmal das herrliche Fest nach. Und wenn ihr fein still seid, dann könnt ihr sie hören."*

Ritornell: Ganz leise ertönt jetzt nur die Begleitung des Ritornells, wobei die einzelnen Stimmen nacheinander einsetzen und so auch wieder verklingen.
Das Singen wird abgelöst von zarten Klängen, welche die Stille der Nacht darstellen und das Spiel beenden.

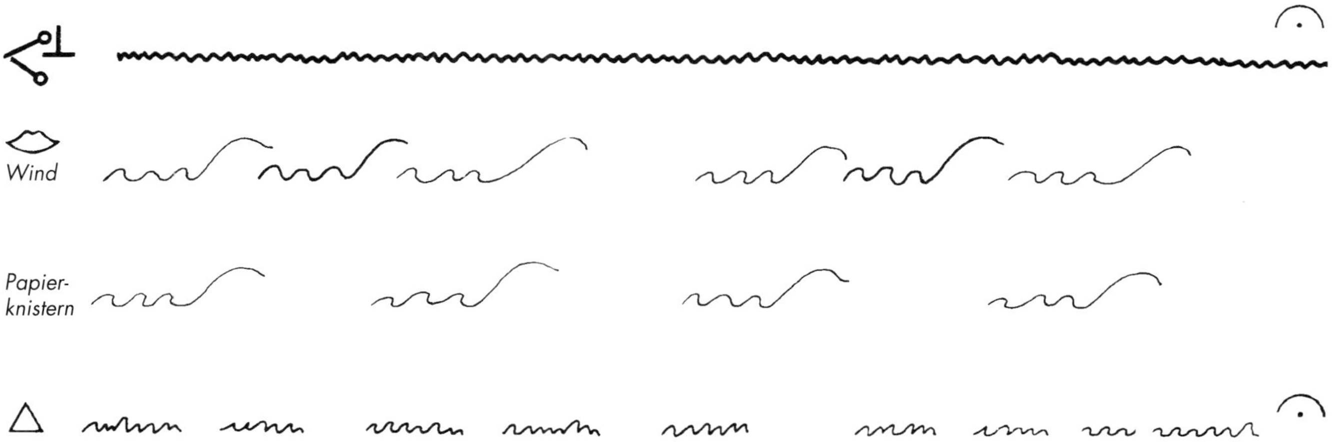

Jenny Neuhäuser

Quellen:
„Kommt und laßt uns tanzen" aus: Der Kanon, Verlag Möseler, Wolfenbüttel
„Maikäfer Bullerjan" „Hab mein Laternchen aufgesteckt" aus: Willkommen, lieber Tag I, Verlag Diesterweg, Frankfurt

Manche Großeltern können ihren Enkelkindern noch Maikäfergeschichten erzählen. Massenhaft traten sie früher auf und fraßen im Frühjahr die frischen Blätter von den Laubbäumen. Kinder sammelten sie und hatten ihre Freude an ihnen. In Liedern, Geschichten und Gedichten ist von ihnen noch heute die Rede. Hier und da soll es sie ja auch noch geben. In der Erzählung von Tilde Michels wird ein Stück Geschichte lebendig, vielleicht so sehr, daß die Kinder mit Flori sagen: „Ich wünsch mir, daß wieder mal ein Maikäferjahr kommt."

Maikäfer flieg!

„Ohle!" ruft Flori seinen Großvater. „Schau mal, auf meinem Teller sitzt ein Maikäfer."
Der Großvater kommt an den Frühstückstisch und bewundert den dicken braunen Maikäfer aus Schokolade, der neben Floris Honigsemmel liegt.
„Ja, richtig!" sagt er, „heut ist der erste Mai. Da gibt's Schokoladenmaikäfer."
„Ist es wahr, Ohle, daß Maikäfer Glück bringen?" fragt Flori.
„Die aus Schokolade ganz bestimmt", antwortet der Ohle.
„Ich habe noch nie einen lebendigen Maikäfer gesehn", sagt Flori.
„Es gibt kaum mehr welche", sagt der Ohle. „Bei uns jedenfalls nicht, weil sie fast überall ausgerottet worden sind."
„Warum denn ausgerottet?" fragt Flori. „Die sehen doch so lustig aus."
„Als ich klein war, habe ich sie auch lustig gefunden. Damals gab es sie noch in großen Scharen. Aber mein Vater hat immer gewettert und gesagt, daß Maikäfer Schadensviecher sind."
„Schadensviecher?" wiederholt Flori.
„Na ja, weil sie alles kurz- und kleinfressen."
„Was fressen die denn alles?" will Flori wissen.
„Hauptsächlich Blätter", sagt der Ohle. „Am liebsten zartes junges Grün von Eichen und Buchen. In meiner Kinderzeit gab es richtige Maikäferjahre, da sind sie zu tausenden in den Bäumen herumgekrabbelt und haben alles kahlgefressen."
„Und deshalb sind sie Schadensviecher", sagt Flori.
„Genau deshalb", bestätigt der Ohle. „Aber das Blätterfressen ist noch nicht das Schlimmste. Bevor sie Maikäfer werden, richten sie noch viel größeren Schaden an. Da leben sie nämlich als Engerlinge in der Erde und knabbern die Wurzeln der Pflanzen ab."
„Was ist denn ein Engerling?" fragt Flori. „Wie sieht der überhaupt aus?"
„Wie eine fette bleiche Raupe", erklärt der Ohle.
„Fett und bleich ist aber nicht schön, oder?" Flori versucht, sich den Engerling vorzustellen. Nach einer Weile sagt er: „Du Ohle, richtig versteh' ich das aber nicht mit dem Maikäfer und dem Engerling. Erzähl mir das mal von Anfang an!"
„Du willst wissen, wie der Engerling in die Erde kommt, und wie dann ein Maikäfer daraus wird?"
Flori nickt, und der Ohle sagt: „Dann muß ich dir das mal erklären. – Also die Maikäfer legen ihre Eier in die Erde. Aus den Eiern schlüpfen die Engerlinge aus. Zuerst sind sie natürlich klein, aber sie wachsen schnell, weil sie ungeheuer gefräßig sind. Und stell dir vor, die kommen nie ans Licht. Sie bleiben immer unter der Erde. Vier Jahre lang!"
„Vier Jahre? Was machen die denn so lang da drin?"
„Hab ich ja schon gesagt: Die fressen sich dick und voll. Und sie suchen sich nur das Beste heraus, z.B. Wurzeln vom Getreide, vom Gemüse und vom Gras. Die Pflanzen gehen dann natürlich ein."
„Vier Jahre tun die nichts als fressen?" wundert sich Flori.
„Im Sommer fressen sie, und im Winter verkriechen sie sich tief in den Boden, damit sie nicht erfrieren."
„Wie tief?" will Flori wissen.
„Ungefähr einen Meter tief", sagt der Ohle. „Und dann, wenn die Engerlingjahre um sind, verpuppen sie sich."
„Genau wie die Raupen von den Schmetterlingen!" ruft Flori. „Die verpuppen sich auch."

„Genauso", sagt der Ohle. „Als Puppen liegen sie noch ein paar Wochen still in der Erde. Sie rühren sich nicht und fressen auch nicht mehr. Aber innen in der Puppe geht etwas vor. Da bilden sich dünne Beinchen und Flügel und ein Kopf mit Fühlern, – ein ganzer Maikäfer. Wenn er fertig ist, schlüpft er aus."

„Und im Mai kriecht er aus der Erde", ergänzt Flori. Er bleibt eine Weile stumm und überdenkt alles noch einmal genau. Dann fragt er: „Hast du die Maikäfer auch mal gefangen?"

„Natürlich hab' ich das", antwortet der Großvater. „Maikäfer zu fangen war für alle Kinder eine Lieblingsbeschäftigung. Jeder von uns hatte einen Schuhkarton mit Luftlöchern, in dem hat es gekrabbelt und gesummt von Maikäfern."

„Was habt ihr denn mit denen gemacht?"

„Wettfliegen zum Beispiel. Wir haben uns Maikäfer auf die Fingerspitzen gesetzt. Dann haben wir gewettet, welcher zuerst startet. Bevor sie abgeflogen sind, haben sie eine Weile die Flügeldecken auf- und zugeklappt und Luft gepumpt."

„Wieso gepumpt?" will Flori wissen. „Wozu pumpen die denn Luft?"

„Damit sie besser fliegen können", erklärt der Ohle. „So ein dicker Käfer braucht ziemlich viel Kraft zum Fliegen. Du holst ja auch tief Luft, bevor du etwas Schweres hebst."

Das kann Flori verstehen. Er nickt, und dann sagt er: „Weiter! Was habt ihr sonst noch mit ihnen gemacht?"

„Getauscht haben wir sie", sagt der Großvater. „Maikäfer sehen nämlich nicht alle gleich aus. Manche sind schokoladenbraun, manche ganz hellbraun. Einige haben rötliche, andere schwarze Beine. Auch der Halsschild – du weißt schon, die harte Stelle zwischen Kopf und Flügeln – ist ganz verschieden in der Farbe. Kannst du dir übrigens vorstellen, wie die Fühler der Maikäfer aussehen? Wie winzigkleine Fächer. Die Weibchen haben ganz kurze Fühler mit drei Fächerblättchen. Für die bekam man nichts. Alle wollten nur die schönsten Männchen, die einen Fächer mit fünf oder sechs Blättchen hatten.

Wenn genug Maikäfer in der Schachtel waren, wurden sie genau untersucht, und dann ging der Tausch los. Wir hatten sogar Namen für sie: Mohren, Müller, Kaiser und Schornsteinfeger. Die mit den schwarzen Beinen waren Schornsteinfeger, und die mit dem dunklen Halsschild die Mohren. Ein Müller hatte helle Flügeldecken und einen weißlichen Flaum auf der Brust."

„Und ein Kaiser?" erkundigt sich Flori.

„Ein Kaiser mußte natürlich besonders groß sein, viel größer als alle anderen. Er mußte dunkelbraune Beine, rötliche Flügelflecken und ganz lange dichte Fühler haben. Für einen Kaiser bekam man leicht fünf Müller und drei Schornsteinfeger."

„Fünf Müller und drei Schornsteinfeger!" wiederholt Flori. Er tut einen tiefen Seufzer. „Wenn ich einen Kaiser hätt', den würd' ich überhaupt nicht hergeben. – Du, Ohle, ich hätt' so gern mal einen lebendigen Maikäfer! Vielleicht finde ich doch mal einen. Vielleicht sind sie gar nicht alle ausgerottet. – Ich wünsch mir, daß wieder mal ein Maikäferjahr kommt!"

Tilde Michels
aus:
Ich wünsch mir einen Zauberhut
Verlag Herder, Freiburg 1984

vgl. auch: Reinhard Mey, „Es gibt keine Maikäfer mehr"

Anregungen zum Gestalten: Maikäfer zum Verschenken

Schokoladeneierhälften – von Ostern – mit dunkelbraunem Transparentpapier umhüllen; Flügel aus hellbraunem Transparentpapier zurechtschneiden und auf dem Körper ankleben; nach einer Schablone die Beine zuschneiden und unterkleben.

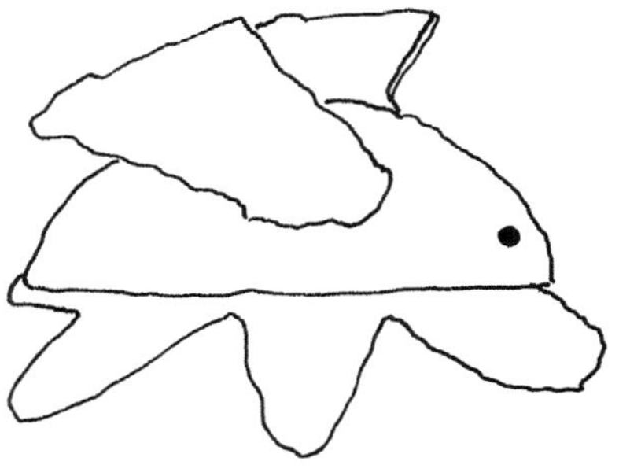

Aus heutiger Sicht erscheinen die Illustrationen Wilhelm Buschs in ihrer knappen, grafisch kraftvollen Art von besonderem Reiz. Erzieherisch-moralisierende Aussagen gehen einher mit kritisch-amüsanter Milieuschilderung, gefüllt mit feinsinnigem Humor und drastischer Härte. Die 125 Jahre alten „Bubenstreiche" besitzen insofern auch heute ihre Bedeutung, als sie die wohl stets vorhandenen Widersprüche zwischen der Kinder- und Erwachsenenwelt beispielhaft aufzeigen. Sie sollten aber in ihren historisch-gesellschaftlichen Rahmen gestellt werden; nur so können vergangene Erziehungs- und Moralvorstellungen der Bildergeschichte für die Gegenwart verständlich werden.

Jens Thiele, Arbeitskreis für Jugendliteratur e.V. München (Hrsg.), „Das Bilderbuch" 1988

Max und Moritz
eine Bubengeschichte in sieben Streichen

Fünfter Streich

Wer im Dorfe oder Stadt
Einen Onkel wohnen hat,
Der sei höflich und bescheiden,
Denn das mag der Onkel leiden. –
Morgens sagt man: „Guten Morgen!
Haben sie was zu besorgen?"
Bringt ihm, was er haben muß:
Zeitung, Pfeife, Fidibus. –
Oder sollt' es wo im Rücken
Drücken, beißen oder zwicken,
Gleich ist man mit Freudigkeit
Dienstbeflissen und bereit. –
Oder sei's nach einer Prise,
Daß der Onkel heftig niese,
Ruft man: „Prosit!" alsogleich,
„Danke, wohl bekomm' es Euch!"
Oder kommt er spät nach Haus,
Zieht man ihm die Stiefel aus,
Holt Pantoffel, Schlafrock, Mütze,
Daß er nicht im Kalten sitze, –
Kurz, man ist darauf bedacht,
Was dem Onkel Freude macht. –

– Max und Moritz ihrerseits
Fanden darin keinen Reiz. –
– Denkt euch nur, welch' schlechten Witz
Machten sie mit Onkel Fritz! –

Jeder weiß, was so ein Mai –
Käfer für ein Vogel sei.
In den Bäumen hin und her
Fliegt und kriecht und krabbelt er.
Max und Moritz immer munter,
Schütteln sie vom Baum herunter.
In die Tüte von Papiere
sperren sie die Krabbeltiere. –
Fort damit, und in die Ecke
Unter Onkel Fritzens Decke!!!
Bald zu Bett geht Onkel Fritze
In der spitzen Zippelmütze;
Seine Augen macht er zu,
Hüllt sich ein und schläft in Ruh.
Doch die Käfer, kritze kratze!
Kommen schnell aus der Matratze.
Schon faßt einer, der voran,
Onkel Fritzens Nase an.
„Bau!!" schreit er – „Was ist das hier?!!"
Und erfaßt das Ungetier.
Und den Onkel, voller Grausen,
Sieht man aus dem Bette sausen.
„Autsch!!" – schon wieder hat er einen
Im Genicke, an den Beinen;
Hin und her und rund herum
Kriecht es, fliegt es mit Gebrumm.
Onkel Fritz, in dieser Not,
Haut und trampelt alles tot.
Guckste wohl! jetzt ist's vorbei
Mit der Käferkrabbelei!!
Onkel Fritz hat wieder Ruh'
Und macht seine Augen zu.

Wilhelm Busch (1832-1908)

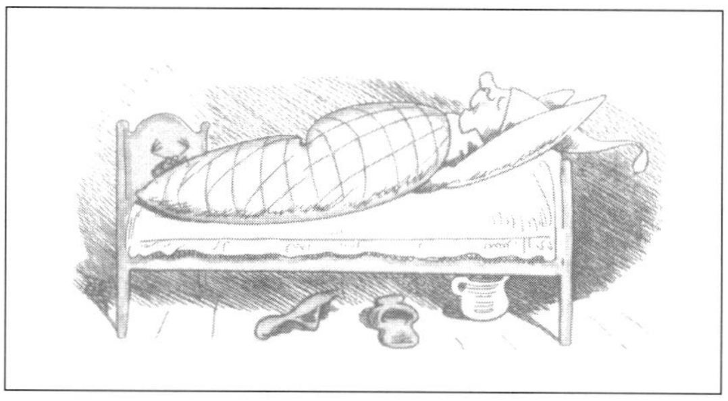

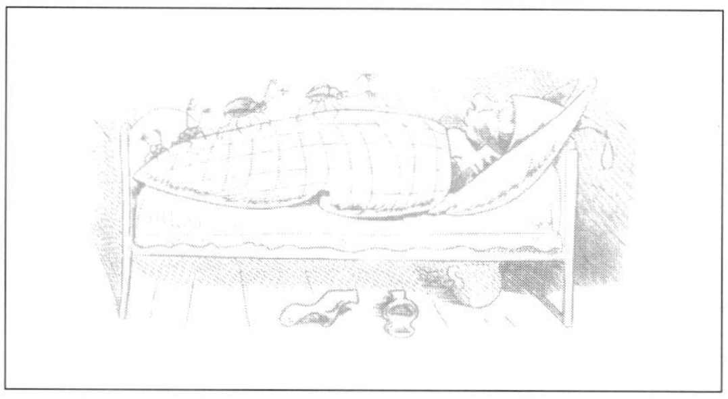

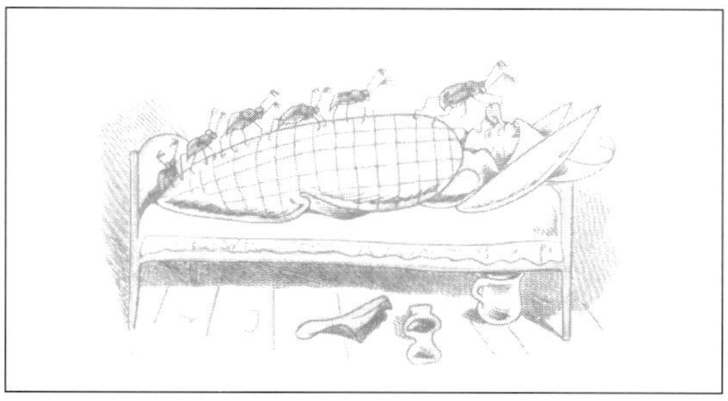

Konferenz der Tiere

Dies wollte eigentlich eine lustige Geschichte werden – über die Tiere des Waldes – mit den Tieren des Waldes, aber es wird nicht lustig. An einem trüben Tag, als es nicht mehr so weiterging, versammelten sich die Tiere des Waldes, die noch übriggeblieben waren, zu einer Konferenz. Das Eichhörnchen sagte: Die Nadelbäume verlieren ihre Nadeln – dort oben. Der Elch sagte: Ich bin der allerletzte. Eigentlich müßte ich schon ausgestopft sein. Ein verhärmtes Reh klagte: Das deutsche Wasser kann man nicht mehr trinken. Es ist sauer. Der Fuchs stand sowieso auf der Abschußliste. Die Wildsau jammerte über Migräne und brennende Augen – neuerdings. Das ging so weiter, bis alle an der Reihe waren – fast alle. Zuletzt meldete sich der Borkenkäfer. Ich weiß gar nicht, was ihr wollt, sagte er, ich fühle mich prächtig. Es geht wieder aufwärts in Deutschland. Ich gehe, sagte die Singdrossel, ich gehe sowieso um diese Jahreszeit, aber ich komme nicht mehr wieder. Ich gehe auch, ich auch, riefen die anderen. Nur der Borkenkäfer wollte bleiben. Er war gerade mit seiner Vermehrung beschäftigt.

Jürgen Spohn
(Rechte beim Autor)

Freundschaft

Da sprechen wir miteinander, und plötzlich spüre ich einen wunderbaren Gleichklang. Eine Gleichgestimmtheit bis in die Wurzeln meiner Existenz. Fast wie eine Verdoppelung meiner eigenen Existenz, wo Miteinander-Sprechen eine Lust wird. Wo unser Leben intensiver wird. Wo einer sich im anderen entdeckt. Wo einer beim anderen zu Hause ist – wo einer beim anderen sein kann der, der er ist, weil es Gleichklang gibt: Übereinstimmung. Da gibt es Stunden, in denen ich die Zeit vergesse. Gespräche, die keiner Worte mehr bedürfen. Wo Miteinander-Schweigen schon unendlich viel ist. Wo Blicke alles sagen und Andeutungen schon genug sind. So etwas ist wie ein Wunder – jedenfalls ist es „wunderbar".

Wilhelm Willms

Erfahrungsfeld der Kinder

Wenn zu Beginn des Kindergartenjahres die Neulinge in die Gruppe kommen, beginnt ein allseitiges Anschauen, Vergleichen und „In-Beziehung-Treten zu anderen".
Eine lebendige, gemeinschaftsbetonte Gestaltung der ersten Tage und das Entgegenkommen der älteren Kinder erleichtern den Neulingen das Heraustreten aus dem familiären Umgangsfeld und setzen Energie frei für ein Sich-Einlassen auf neue Beziehungen.

Jedes Kind steht mit seinem in den ersten Lebensjahren geprägten Ich plötzlich in einer größeren Gruppe von gleichaltrigen oder etwas älteren Mädchen und Jungen. Die Kinder haben schon im Zusammenleben mit ihren Eltern, mit Geschwisterkindern oder Nachbarskindern die Regeln des Zusammenlebens erprobt und ein gutes Maß an Selbstbewußtsein gewonnen. Aber da sind auch die Kinder, die mit einem schwachen Ich-Bewußtsein Soziabilität noch einüben müssen, weil sie vielleicht übermäßig verwöhnt wurden, weil sie vielleicht viel zu viel sich selbst überlassen waren, weil sie zu völliger Zurückhaltung und unbedingtem Gehorsam erzogen wurden, weil sie mit einer Behinderung sich behaupten müssen, oder weil sie ausländisch und anderssprachig sind.

In der Kindergartengruppe stoßen viele Kräfte aufeinander. Kinder sind echt in ihrer Zu- und Abwendung, sie folgen ihren Gefühlen, erwählen nach Sympathie und Antipathie oder stoßen zurück, binden sich und lösen sich wieder. In einer Gruppengemeinschaft, wo Freiheit und Offenheit zugelassen sind, werden Kinder füreinander zu wertvollen Hilfen.

Innerhalb der Gruppengemeinschaft fühlen sich Kinder bald zu diesem oder jenem Kind stärker hingezogen, sie spielen zusammen, sie achten einander, sprechen vertraulich miteinander. Meist sind es gleichberechtigte „Partner", die sich im Ich-Du-Bezug gegenseitig ergänzen. Da gibt es aber auch die Kinder, die sich gerne bemuttern lassen oder die, die andere bemuttern möchten, Kinder, die sich an andere anlehnen oder die, die andere beherrschen wollen, Kinder, die sich ausnutzen lassen, oder die, die andere ausnutzen.

Da die Kinder immer wieder das Bedürfnis haben, innerhalb der Gruppe durch Vergleiche mit anderen zu einer Selbstbewertung zu kommen, unterliegen die Beziehungen einer dauernden Entwicklung, werden manche ichbezogene Verhaltensweisen fast selbstverständlich korrigiert. Mit der Entdeckung der eigenen Individualität begreifen Spielpartner einander immer besser, in ihrer Zuneigung wächst Verständnis und Gespür für die Bedürfnisse auch des anderen. Die Kinder können sich dies alles nicht wie wir Erwachsene bewußt machen, aber sie sagen: „Wir sind Freunde."

Dimension des Themas

Die Aussage „Wir sind Freunde" betrifft zwischenmenschliche Beziehungen, die jeder in seiner Weise in ganz persönlicher Art erfährt. Bei aller Vielschichtigkeit läßt sich Freundschaft vielleicht am ehesten von den Erwartungen her beschreiben:
Ich wünsche mir jemanden,
zu dem ich Du sagen kann, und der Du zu mir sagt,
den ich mag, und der mich mag,
mit dem ich gerne zusammen bin,
mit dem ich lachen und weinen kann,
auf den ich vertrauen kann,
mit dem ich mich ehrlich auseinandersetzen kann,
der mich ernstnimmt und mich zu verstehen sucht,
bei dem ich sein kann, der ich bin, und in dem ich mich entdecke,
der mir hilft, und der sich von mir helfen läßt ...

Diese besonderen zwischenmenschlichen Beziehungen, die wir Freundschaft nennen, entwickeln Kinder erst, wenn sie im sogenannten Trotzalter ihr Ich herauskehren und das Ja und Nein probieren.
Innerhalb der Familie lernen Kleinkinder – mehr oder weniger – sich angenommen zu fühlen, sich streiten, sich durchsetzen, nachgeben, lieben, verzeihen – oder auch stumm zu sein.
Beim Eintritt in den Kindergarten kommt die gewonnene Kontaktfähigkeit zum Tragen. Hier in der Großgruppe bietet sich für alle Kinder die Chance, Beziehungen aufzubauen und weiter zu entwickeln.

Bei einer Atmosphäre in der Gruppe, die ermutigt und Vertrauen und Geborgenheit gibt, ist es für Kinder leichter, positive Erfahrungen zu machen und Anerkennung oder gar Freundschaft zu finden. Wie die Erwachsenen, so fühlen sich auch Kinder in ihrer Gemeinschaft dann wohl, wenn sie einander gelten lassen, die Wünsche der anderen achten und Freude in ihren Tätigkeiten finden und wenn sie merken, daß auch andere Kinder glücklich sind. Vor allem im gemeinsamen Spiel erfahren die Kinder Anerkennung und Sympathie, sie lernen aufeinander zugehen und sich wieder voneinander lösen, sie korrigieren einander in ihren Verhaltensweisen, sie tragen Konflikte miteinander aus. Sie erfahren voneinander Glück und Traurigkeit, Freude und Enttäuschung.

In der Weise, wie innerhalb der Gruppe Gemeinschaft gelebt wird, gestalten sich zwischen den Kindern auch freundschaftliche Beziehungen. Mit der Entdeckung ihrer eigenen Individualität im Trotzalter suchen die Kinder nach Spielkameraden. Selbständig entscheiden sie, wann, wo und was sie zusammen spielen. Im Ich-Du-Bezug geht einer auf den anderen ein. Sie erzählen einander, was sie anderen nicht erzählen. Sie vertrauen einander mehr und mehr. Zusammen erleben sie vieles intensiver. Sie lernen einander ihre Gefühle zu zeigen. Für die gelegentlichen Konflikte finden sie Lösungsstrategien. Freundschaft stärkt das Selbstwertgefühl und gibt Sicherheit. Scheuen, unsicheren Kindern fehlt es oft an Kontakten, sie bedürfen der Hilfe zur Kontaktaufnahme. Freundschaften lassen sich nur selten stiften, sie müssen aus eigener Kraft gefunden werden. Hilfe ist auch da erforderlich, wo ein Kind ein anderes für sich vereinnahmt, ein Kind sich von einem anderen ausnutzen läßt, Eifersucht zerstörend wirkt oder Freundschaften innerhalb der Gruppengemeinschaft sich isolieren. Kinder müssen aber auch damit fertig werden, daß ihre Freundschaften, die ja vielfach noch vordergründig auf Sympathie beruhen und von Situation zu Situation als gegenwärtiges Glück erleben werden, sich auch wieder lösen, daß Umorientierungen stattfinden.

Im Kindergarten bringen Spiele und Tänze Kinder miteinander in Kontakt. Geschichten und Bilderbücher regen sie zum Nachdenken an. Vielleicht kann die Gemeinschaft innerhalb der Gruppe so gut werden, daß isolierte, behinderte oder anderssprachige Kinder sich nicht nur integriert fühlen, sondern sogar Freunde werden.

Modellziel

Fähigkeit entwickeln,

- sich seiner selbst bewußt zu werden;
- die eigenen Kräfte und Vorlieben zu entfalten;
- mit einfühlsamen Sinnen zu hören, zu sehen, zu fühlen;
- sich auf Du hin zu öffnen, persönliche Gefühle für andere Menschen zu entfalten: vielleicht Menschen finden, die im Gleichklang mit einem sind;
- auf den anderen hinzusehen und hinzuhören, ihn zu verstehen suchen;
- eigene Gefühle zu zeigen und die Gefühle anderer zu achten;
- wahrhaftig und aufrichtig zu sein in den eigenen Gefühlen, so anderen das sichere Gefühl zu geben, du kannst dich auf mich – so wie ich bin – verlassen – ohne Angst;
- ein Freundschaftsverhältnis in seinem Geben und Nehmen zu entfalten;
- dem Freund Freiraum zu lassen, ihn nicht vereinnahmen wollen;
- in einer Freundschaft offen zu sein für andere Begegnungen und sich nicht abzugrenzen;
- Zeichen der Freundschaft zu setzen: einander besuchen, sich treffen, etwas miteinander unternehmen, sich umeinander sorgen, einander helfen, miteinander lachen, miteinander streiten, miteinander teilen, miteinander feiern, einander überraschen ...
- bei aller Freundschaft doch Zeiten des Für-sich-Seins als wichtig zu erachten;
- darauf zu setzen, in einer Freundschaft Konflikte zu äußern und gemeinsam auszutragen;
- zu ertragen, wenn eine Freundschaft entzwei geht;
- Begegnungen und Freundschaften – immer wieder neu – als ein Geschenk zu entdecken, das uns auch dabei hilft, wir selbst zu werden.

Elternbrief

Liebe Eltern,

mit dem Eintritt in den Kindergarten haben die Kinder in vorher nie erfahrenem Maße Kontakte untereinander: jüngere, gleichaltrige und ältere Kinder und selbstverständlich Jungen und Mädchen. Als Eltern wünschen Sie sich, daß Ihr Kind sich auch außerhalb der eigenen Familie zurechtfindet, sich in eine Gruppensituation einlebt und neue Beziehungen aufbaut. – Eine Aufgabe, die sich im Leben immer wieder stellt.

Jedes Kind geht auf seine Weise auf die anderen zu und braucht in der Regel Zeit, sich einzuleben und „Freunde" zu finden. Nichts will und darf dabei erzwungen werden, sondern alles muß aus der eigenen Kraft, über den eigenen Weg gefunden werden.
Wie Kinder das machen? Kinder haben eine beneidenswerte Spontaneität im Umgang miteinander. Sie folgen ihren Gefühlen und sind darin einfach ehrlich. Sie wenden sich einander zu oder voneinander ab. Sie lassen sich anziehen von denen, die sie mögen, sie stoßen zurück, wer ihnen unsympathisch ist. In der gesamten Kindergartenzeit wechseln Erwählen, Auseinandergehen, Sichbinden und Sichlösen. Die Kinder kommen dabei auch immer wieder in (heilsame) Konfliktsituationen und lernen dabei Selbstbehauptung und Konfliktlösung. Tagtäglich entwickelt und entspinnt sich etwas, z.B. am Frühstückstisch, in der Puppenecke, auf dem Bauteppich, beim Malen oder Formen am Tisch, beim Freispiel im Garten oder bei einer gemeinsamen Gruppentätigkeit im Kreis. Dabei regen die Kinder einander an in dem, was ihnen der Augenblick eingibt. Wer einen „Freund" hat, erfährt durch ihn Anerkennung, die Sicherheit gibt und alles noch viel froher macht. Kinder werden dann plötzlich unternehmungslustiger und mutiger.
Beziehungen zu anderen Kindern schließen aber keineswegs aus, daß Kinder ganz notwendig immer wieder Zeiten brauchen, in denen sie für sich sind.

Grundvoraussetzungen für beide Bedürnisse – in Gemeinschaftsein und Fürsichsein – ist eine angstfreie Atmosphäre. Nur auf dem Boden des Sichbejahtfühlens läßt sich sicher stehen. Hier wird spürbar, was Erziehung meint.

Mit den Einzelthemen: Neue Kinder in der Gruppe – Ich bin ich und du bist du – Wir spielen und tanzen zusammen – Wir haben denselben Weg – Kommst du mich besuchen? – Wenn es Streit gibt – Von Freundschaften – gehen wir auf die Situation der neuen Kinder und die Beziehungen der „alten Hasen" ein. Dafür sind fröhliche und nachdenkliche Geschichten und Bilderbücher vorgesehen, wir werden miteinander spielen und tanzen, und was sonst noch Freunde macht.

Und vielleicht können Sie über die neuen Beziehungen Ihrer Kinder auch für sich wertvolle Kontakte knüpfen.

Foto: Gebhard und Lorenz/BAVARIA, Gauting

Wann Freunde wichtig sind

Freunde sind wichtig
zum Sandgrubenbauen,
Freunde sind wichtig,
wenn andre dich hauen,
Freunde sind wichtig
zum Schneckenhaussuchen,
Freunde sind wichtig
zum Essen von Kuchen.

Vormittags, abends,
im Freien, im Zimmer ...
Wann Freunde wichtig sind?
Eigentlich immer!

Georg Bydlinski
aus:
Der Mond heißt heute Michel
Verlag Herder, Wien 1981

Sich einleben

Der Schritt in diese neue Welt ist kein Kinderspiel. Eine Spielgruppe wächst nicht natürlich aus dem Zusammenleben einiger Kinder in einer gemeinsamen Umgebung heraus. Sie wird von Erwachsenen für Kinder organisiert. Von einem Tag auf den anderen sieht sich ein drei oder vier Jahre altes Kind zusammen mit einem Haufen unbekannter Kinder und einem fremden Erwachsenen an einem neuen Ort. Neugierde und Aufregung, sowie verschiedenste Ängste begleiten es:

- Wird Mami mich ganz sicher wieder abholen, oder läßt sie mich für immer hier?
- Was macht sie jetzt? Geht sie einkaufen, dort wo immer so viel los ist? Sicher kauft sie mir nichts, wenn ich nicht dabei bin.
- Spielt sie vielleicht mit dem kleinen Bruder? Hat der sie jetzt ganz für sich allein?
- Gibt's da überhaupt etwas Lustiges zum Spielen? Oder nehmen mir die anderen alles weg?
- Wird mich die fremde Frau mögen?
- Sind die Kinder lieb zu mir? Wollen die mich nicht etwa verhauen?

Wir Erwachsenen können uns kaum vorstellen, welche Fragen und Gedanken den Kindern durch den Kopf gehen; wir hegen die Erwartung, daß es allen Kindern sogleich gefallen müsse, daß sie lieb und nett sofort miteinander spielen und sich in alles teilen würden. Einfach so.

Wie geht es denn uns in einer Versammlung oder Gruppe von Unbekannten? Neben dem Austausch von Höflichkeiten – der bei Kindern eh wegfällt – beherrscht Zurückhaltung die Szene. Man beschnuppert sich vorsichtig aus der Entfernung, erschrickt, wenn sich Blicke zufällig kreuzen, hofft auf einen Sympathiebeweis und ist zufrieden, wenn wenigstens mit einem Menschen ein näherer Austausch stattfindet.

In der Familie spielen sich die Rollen aller Beteiligten über lange Zeit hinweg ein, geraten nachhaltig aus dem Gleichgewicht, wenn ein weiteres Geschwister dazukommt oder die Eltern ihre Beziehung verändern. Auch auf dem Spielplatz (sofern vorhanden), auf dem Spielgelände in der Umgebung, wachsen Kinder langsam in ein bereits bestehendes Beziehungsgeflecht hinein. Nur schon der Altersunterschied läßt eine eindeutige Hierarchie entstehen. Größere Kinder lassen die kleinen nachsichtig gewähren, lassen aber auch ihren Frust an ihnen aus. Jüngere sind fasziniert von den älteren, ringen um ihre Aufmerksamkeit und fügen sich willig ein, wenn sie nur dabei sein dürfen. Dort aber, wo ungefähr gleichaltrige, gleich starke Kinder aufeinander treffen, wird's brenzlig. Jetzt gilt es, sich zu behaupten, durchzusetzen.

Ins Werkstättli kommen Kinder im Alter zwischen drei und fünf Jahren. Sie müssen sich ihre Stellung in dieser Gruppe erkämpfen. Dabei werden die verschiedensten Waffen eingesetzt. Einige wenden bulldozerhaft Stärke an, andere zeigen Originalität, manche üben Zurückhaltung und lassen sich erwählen, und wieder andere spielen ihre Schwäche aus und erwarten, daß der Erwachsene ihnen einen Platz schafft. Die Ordnung, die sich unter den Kindern in langen, oft sehr mühsamen und anstrengenden Auseinandersetzungen aufbaut, bleibt meistens ein wackliges Gebilde, dem bei jedem Zu- oder Wegzug eines Kindes Einsturzgefahr droht.

Für die Spielgruppenleiterin kann das Beobachten dieses Dauer-Happenings (wie die Kinder sich in Paaren und Grüppchen finden oder Einzelgänger bleiben) von höchster Faszination sein. Sie gerät allerdings leicht in Versuchung, sich als zentrale Figur zu betrachten und all die verschiedenen Eingewöhnungsprozesse zu beschleunigen. Sozusagen Hefe im Teig zu spielen. Aber wenn der zu schnell aufgetrieben wird, so fällt er beim kleinsten kühlen Hauch wieder zusammen. Erwachsene unter Kindern neigen oft dazu, sich für alles und jedes verantwortlich zu fühlen. In bester Absicht organisieren sie allerlei Aktivitäten, um die Situation in geordnete, feste Bahnen zu lenken; Kreisspiele sollen verbinden, ein Lied verströmt Gemeinschaftsgefühl, und die äußere Nähe der vor einem Bilderbuch versammelten Kinder soll innere Verbundenheit demonstrieren.

Nichts gegen Gruppenerlebnisse. Kommen sie spontan zustande, so bilden sie wirkliche Höhepunkte. Aber sie müssen stimmen, müssen im richtigen Zeitpunkt, aus der Lust und den Bedürfnissen der Kinder heraus entstehen und dürfen nicht als Konfliktvermeidungsstrategie mißbraucht werden.

Wenn in der Spielgruppe den Kindern etwas geboten werden soll, dann dies: Raum und Zeit, um langsam aufeinander zugehen zu können, vorsichtig Fäden zu spinnen, die vielleicht einmal ein tragendes Netz ergeben werden, da und dort Knoten zu schlingen und Verbindungen auch wieder aufzulösen.
Sich an einem neuen Ort einzuleben, ist für jedes Kind eine Aufgabe, die ihm das Leben stellt und um die es nicht herumkommt. Jedes Kind hat seine eigene Art, findet seinen eigenen Weg, mit dieser Herausforderung fertig zu werden. Und die Befriedigung, diese Lebensaufgabe gemeistert zu haben, soll ihm ganz allein gehören.

Marcella Barth
aus:
Unter Kindern oder wenn kleine Hände uns entführen, S.42
Verlag Pro Juventute, Zürich 1987

Spiele zur Kontaktaufnahme
Am ersten Kindergartentag

Mit dem Eintritt in den Kindergarten beginnt für unsere Kinder ein wichtiger Lebensabschnitt auf dem Wege zur Selbständigkeit.

Manche Kinder tauchen bereits am ersten Kindergartentag in die neue Umgebung ein; unbekümmert und interessiert untersuchen sie alles. Anderen fällt die Trennung von zu Hause schwer; sie sind scheu und möchten Mutters Hand nicht loslassen.
Mit einfachen Kontaktspielen, bei denen die älteren Kinder den Neuen entgegenkommen, kann die Erzieherin behutsam versuchen, die „Schwellenangst" solcher Kinder abzubauen.

Die Gruppenkinder empfangen die „Neuen" an ihrem ersten Kindergartentag mit dem Lied „Aufgepaßt! Die Neuen kommen"; die Erzieherin begrüßt sie mit netten Worten, sie stellt sich vor und alle Kinder sagen ebenfalls – unter Mithilfe der Erzieherin – ihren Namen.

Melodie und Text: Christel Neubäuser

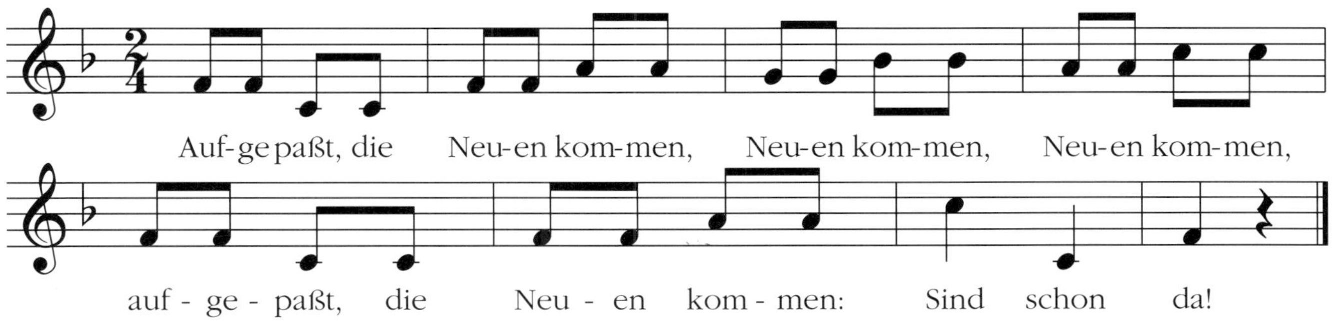

Um Kontakt aufzunehmen und sich leichter einzufühlen, können am ersten und in den nächsten Tagen folgende Spiele dienen:

- Geht herum und seht euch alles genau an, klopft daran, beriecht, befühlt es, streicht mit den Händen über die Wände, den Boden, die Stühle, die Schränke ... Wenn ich ganz laut „Huuu" rufe, klebt ihr an irgend etwas fest! Ihr faßt es an und laßt es nicht los, bis ich „Haaa" sage. Könnt ihr, wenn ich „Huuu" sage, irgendwo ankleben?
- Probiert doch mal mit Fuß, Knie, Po oder Ellenbogen an irgend etwas festzukleben!
- Jetzt spielen wir: Ankleben an ein anderes Kind! – An mich!
- Die neuen Kinder setzen sich im Kreis auf Stühle. Die älteren Kinder sitzen in der Mitte auf dem Boden; sie fragen einzeln: Ich möchte gerne mal auf dem Stuhl sitzen, wer tauscht mit mir seinen Platz? Beim Platztausch sagen sich die Kinder ihren Namen.
- Die Kinder setzen sich im Kreis dicht zusammen: Nun faßt euch gegenseitig an; könnt ihr nun aufstehen, aber bitte nicht loslassen, bitte! Und könnt ihr euch wieder hinsetzen?
  Vielleicht probiert ihr das mal auf dem Boden aus!
  Versucht einmal, euch zu zweit auf einen Stuhl zu setzen.

- Jedes Kind bekommt eine farbige Baumwollkordel oder ein Bleiband. Heute brauchen wir keine Stühle, setzt euch alle auf den Boden, aber laßt ein wenig Platz um euch herum, so daß ich euch besuchen kann, ohne irgendwo anzustoßen.
  Kennzeichnet euren Platz; legt mit der Schnur „euer Haus" oder eine andere Figur. Die Abstände werden verglichen und notfalls korrigiert, so daß eine gute Raumaufteilung entsteht.

- Sitzen alle Kinder auf ihrem markierten Platz, fragt die Erzieherin: Wer traut sich, seinen Platz mit einem anderen Kind zu tauschen? (Spielidee: „Bäumchen, wechsle dich")
  Am Ende des Spiels fragt die Erzieherin: Wißt ihr noch, wo euer erster Platz war? Nehmt ihn wieder ein.

Am ersten Kindergartentag

Text und Melodie: Christel Neuhäuser

- Nach einiger Zeit finden die Kinder ihren Platz auch ohne Markierung und können das Lied „Am ersten Kindergartentag" – nicht wörtlich zu nehmen – etwa folgendermaßen spielen:
  - Während der ersten Strophe sitzen alle auf ihrem Platz und zeigen, während gesungen wird, in der Luft einen Weg, ein Haus, dann auf die Erzieherin und auf Gegenstände im Raum.
  - Bei der zweiten Strophe stehen sie von ihrem Platz auf, gehen auf ein anderes Kind zu und spielen „Abzählen", dann kehren sie auf ihren Platz zurück.
  - Bei der dritten Strophe bewegen sie sich von ihrem Platz weg und durch den Raum.
    Sie beginnen ihren Weg beim ersten Ton und beenden ihn beim letzten Ton.

- Die Kinder sitzen im Kreis. Es wird ganz ruhig. Die Augen sind geschlossen. Die Erzieherin fordert die Kinder auf:
  Zeigt mit der Hand (Fuß, Kopf) auf das Fenster, die Tür, den Frühstückstisch, die Bauecke, die Spüle, auf das Bild mit den drei lachenden Jungen ...
  Die Augen sind geöffnet. Wo sitzt der Peter? Die Monika? ...
  Die Hinweise der Kinder lassen erkennen, wieweit sie mit dem Raum vertraut sind und die Namen der anderen Kinder kennen.

Christel Neuhäuser

Geschichte: Sein größter Wunsch

Oft kommen auch Kinder aus einem anderen Land in unseren Kindergarten. Sie kennen unsere Sprache nicht, unsere Welt ist ihnen fremdartig. Ängstlich erwarten sie unser Entgegenkommen und unser Verständnis. Die Geschichte vom kleinen Soner kann uns nachdenklich machen.
Weil die Großmutter gestorben ist, muß Soner seine türkische Heimat verlassen und zu seinen Eltern und Brüdern nach Deutschland ziehen. Herausgerissen aus seiner vertrauten Welt und der geborgenen Beziehung zu seiner Großmutter, beginnt für ihn die Zeit der Angst und Unsicherheit, der Verwirrung und Not, der verlachten Tränen und der Sprachlosigkeit, die Zeit ohne Freunde.
Wenn wir die Geschichte von Soner mit unseren Kindern lesen, werden sie sicherlich anders reagieren als die Kinder in der Geschichte, sie werden versuchen, „fremde" Kinder in ihre Mitte hineinzunehmen.

gG

- Vielleicht gehören schon ausländische Kinder zur Kindergartengruppe und können von ihren Erfahrungen berichten, vielleicht kommt aber auch eines neu hinzu. Hier ergeben sich Anknüpfungspunkte für ein einleitendes Gespräch.
- Die Geschichte von Soner ankündigen, der nun, weil seine Großmutter gestorben ist, nach Deutschland zu seinen Eltern und Brüdern kommt. Die Geschichte langsam und nachdenklich vorlesen.
- Mit den Kindern über den Inhalt der Geschichte sprechen:
  - Hier in Deutschland denkt Soner an sein Zuhause: Großmutters vertraute, gewohnte Umgebung. Tiere, Felder, gewohnte Gesichter. Kein Schnee und keine bittere Kälte.
  - Soner fürchtet sich, er hat Angst, vieles verwirrt ihn: Allein unter fremden Menschen im großen Flugzeug. Im fremden Deutschland, im fremden Haus, das unbekannte Bett, das Telefon ... Im „Kinderhaus" die fremde Frau, die vielen Blicke, sein lautes Weinen, die unverständlichen Worte, die Angst vor dem Fahrradfahren und das Hinterherlachen der anderen. Und wieder ein fremdes Haus, das Krankenhaus.
  - Erst nach Monaten geht es Soner besser, und er ist nicht mehr so traurig: Der Frühling macht die Erde der türkischen Heimat gleich. Er bekommt ein Fahrrad geschenkt und lernt es fahren.
  - Hätten die anderen Kinder ihm gegenüber sich nicht anders verhalten können, als ihn auszulachen und hinter ihm her zu lachen? Gibt es denn nur die Sprache der gesprochenen Worte? Gibt es nicht auch andere Zeichen der Annäherung, der Freundschaft? Welches ist wohl Soners größter Wunsch?

Sein größter Wunsch

Er kam im Winter an, es lag Schnee und war bitterkalt.
Vom Onkel, der in der Türkei lebte, wurde er zum großen Flugzeug gebracht, einer fremden Frau übergeben und fliegend in das Land geschickt, wo die Eltern wohnten.
Soner fürchtete sich, hatte Angst, denn der Umstand seiner Reise verwirrte ihn sehr. Von Eltern und Brüdern wurde er erwartet, die er zuvor nur in den Ferien gesehen hatte und nicht wußte, wo sie wohnten. – Er, der Jüngste in der Familie, sollte nachkommen, weil die Großmutter gestorben war, und niemand für ihn sorgen konnte. – Der Junge wurde still, bald sprach er

kein Wort, hatte er doch nur den einen Wunsch, daß es so bliebe, wie es war, niemand sollte ihn fortbringen.
Eines Tages mußte er sich vom Onkel trennen und bei fremden Menschen im Flugzeug sitzen. Er mußte dringend zur Toilette, aber aus Furcht konnte er seinen Platz nicht verlassen, so daß seine Hose naß wurde.

In Deutschland angekommen, wurde er von seiner Familie in Empfang genommen. Im neuen Haus aß er nichts, im unbekannten Bett wollte er nicht liegen und schlief dann erschöpft auf seinem Stuhl ein.
Am anderen Morgen sprachen die Eltern von der Arbeit, die Brüder von der Schule, und ehe Soner sich versah, war er alleine. Als das Telephon, von dem er nicht wußte, was es war, zu läuten begann, wieder und wieder, verkroch er sich ins Bett, zog die Decke über den Kopf, blieb liegen, bis ihn die Brüder lächelnd aus seiner Lage befreiten.
Das neue Zuhause verwirrte ihn, vieles erschreckte sein Gemüt. Großmutters vertraute, gewohnte Umgebung war verloren. Wo waren die Tiere, wo die Felder, wo die gewohnten Gesichter?

Keiner hatte Zeit, keiner konnte auf Soner aufpassen, daher wurde er am zweiten Tag nach seiner Ankunft vom Vater in ein Kinderhaus gebracht. Versteckt hinter dessen Beine sah er, daß viele Blicke auf ihn gerichtet waren. Er fühlte sich in großer Not.
Der Vater sprach mit einer fremden Frau unverständliche Worte und verließ danach sein Kind. Erschrocken begann Soner zu weinen.
Als die Fremde den Jungen trösten wollte, ertönte ein lautes Gebrüll, das erst wieder verstummte, als er abgeholt wurde. Die übrigen Kinder im Kinderhaus schauten verwundert auf den Neuling.

Trotz der traurigen Erfahrung wurde Soner wieder und wieder in das Kinderhaus gebracht, obwohl jede Ankunft viele Tränen bedeutete.
Als aber der Frühling kam, ging es ihm gleich viel besser, allmählich wurden sogar die Tränen vergessen. Die Erde begann der türkischen Heimat zu gleichen. Eine Riesenfreude war es, als die Kinderfrau die Kinder zum Spielen in den Garten schickte. Dort entdeckte er ein Fahrzeug, das er noch nicht kannte.

Aus einer geschützten Ecke beobachtete Soner die fahrenden Kinder, bis er eines Tages von der Frau angesprochen wurde. Obwohl er nichts verstand, begriff er die Einladung zum Fahrradfahren. Wie lange schon hegte er den heimlichen Wunsch, auch einmal fahren zu dürfen? Er faßte Mut und ging auf die Kinderfrau zu, doch, als er vor dem Fahrzeug stand, bekam er Angst und lief weg. Die Kinder lachten hinterher.

Das Erlebnis ging ihm nicht mehr aus dem Sinn. Ständig sprach er mit den Brüdern über ein Fahrrad und konnte nicht genug darüber erfahren. Und dann geschah das Unglaubliche – er bekam von seinen Eltern ein eigenes Fahrrad geschenkt. In der ersten Nacht schlief der Junge neben seinem Geschenk. Die Freude war grenzenlos.

So oft sich die Brüder Zeit nahmen, wurde geübt, denn es war ihm verboten worden, ohne Begleitung zu fahren. Als aber mehrere Tage hintereinander niemand Zeit für ihn fand, wagte er einen kleinen Versuch. Ohne sonderliche Mühe fuhr er plötzlich alleine, ohne Hilfe eines Bruders. Soner war sichtlich verwirrt, vergaß nach vorne zu blicken, prallte gegen die Mauer und blieb bewußtlos am Boden liegen.

Wieder mußte er weinen, denn wieder war er in einem fremden Haus. Mehrere Tage mußte er zur Beobachtung im Krankenhaus bleiben. Aber die Freude, endlich Radfahren zu können, ging nicht verloren.
Als die Kinderfrau und ein paar Kinder den kleinen Patienten besuchten, konnte er endlich berichten, was ihm so sehr auf dem Herzen lag. In gebrochenem, schwer verständlichem Deutsch erklärte er, daß er auch ein richtiges Kinderhauskind sei, denn keiner brauche mehr über ihn lachen, jetzt sei er wie sie – ein echter Fahrradfahrer.

Maria Theresia Ruf

Geschichte: Murmelbär

Murmelbär ist ein lieber und guter Bär. Er möchte Geige spielen und träumen, aber die anderen lassen ihm Tag und Nacht keine Ruhe. Immer wollen sie was von ihm und machen mit ihm, was sie wollen. Murmelbär murmelt nur und ist unglücklich. Er ist so, wie die anderen ihn wollen, nur was er selbst will, tut er nicht. Er träumt, daß er immer kleiner wird, daß er schrumpft ..., daß er gemein und böse ist ... Schließlich macht er nicht mehr mit; jetzt spielt er Geige und findet seine Träume. Nun machen die anderen selber, was zu tun ist ... Und Murmelbär ist ihr Freund.

In dieser Geschichte wird den Kindern gleichsam ein Spiegel vorgehalten: Da sind die, die gutmütig sind, anderen beistehen und helfen und nicht das verwirklichen, wovon sie träumen ... Und da sind die Kinder, die andere für sich einspannen oder sie sogar bedrängen ...
Wird die Geschichte behutsam mit den Kinder angesprochen, werden sie bestärkt im Mut zur Selbstverwirklichung und in der Achtung anderer Kinder.

gGg
- Den Kindern die Geschichte vom Murmelbär ankündigen, der immer nur murmelt, wenn er tut, was die anderen von ihm wollen: der Franz-Leo Pard mit seinem weichen Fell, die Vollmondeule, die nur nachts munter wird, die Zwickzwackaffen, die gerne zwicken und spielen, das Baumnashorn, das nur in Bäumen nistet, die kleine Brausemaus, die so gerne Brause maust, das Trampelhampeltier, das so gerne trampelt und anderen auf die Füße tritt ...
- Die Geschichte langsam vorlesen, dabei die Wiederholungen deutlich machen und die wörtlichen Reden voneinander gut absetzen.
- Die Kinder äußern sich zur Geschichte. Im Gespräch können behutsam Verhaltensstrukturen in der Gemeinschaft angesprochen werden.

gG
- Die schönen Bilder zur Geschichte im Bilderbuch anschauen.

gGg
- Die Geschichte als Rollenspiel vorbereiten: Wiederholen, was die einzelnen Tiere vom Murmelbär wollen. Überlegen, wie die Geschichte mit verteilten Rollen gespielt werden kann.
- Die Geschichte mit verteilten Rollen spielen.

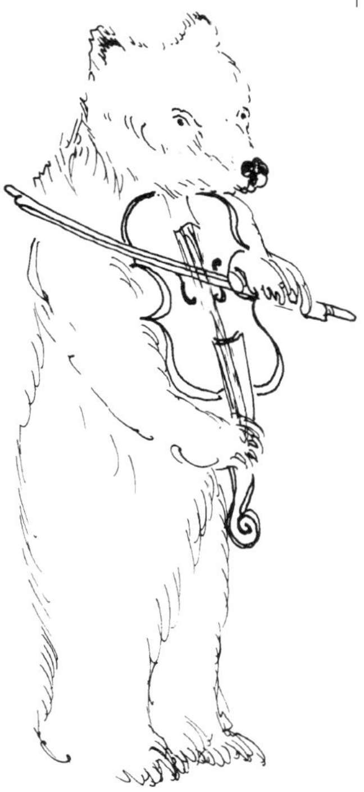

Rollenspiel

Murmelbär sitzt in der Mitte, die anderen sitzen im Kreis um ihn herum.

Murmelbär: *(murmelnd)* Ich möchte gerne Geige spielen ... und träumen ...

Franz-Leo Pard: Murmelbär ist ein lieber Bär.
Vollmondeule: Murmelbär ist ein guter Bär.
Zwickzwackaffen: Murmelbär tut alles, was man sagt.
Baumnashorn: Ja, Murmelbär ist ein lieber Bär.
Brausemaus: Ja, Murmelbär ist ein guter Bär.
Trampelhampeltier: Ja, Murmelbär tut alles, was man sagt.

Murmelbär: Ich möchte so gerne Geige spielen und träumen, aber die anderen lassen mir keine Ruhe ...

Franz-Leo Pard: Murmelbär, bürste mir mein Fell!
(Murmelbär geht zu ihm hin und tut es)

Vollmondeule: Murmelbär, hüte meine Kinder!
(Murmelbär geht zu ihr hin und wiegt die Eulenkinder)

Zwickzwackaffen: Murmelbär, lauf!
(sie zwicken und zwacken ihn)
Murmelbär, lauf, wir wollen auf dir reiten!
(Murmelbär tut es)

Baumnashorn: Murmelbär, bau mir ein Nest!
(Murmelbär bereitet ihm ein Nest aus Decken)

Brausemaus: Murmelbär, sing mir ein Schlummerlied, ich will in deinem Fell schlafen!
(Murmelbär nimmt sie in die Arme und brummt ein Schlummerlied)

Trampelhampeltier: Murmelbär, tanz mit mir!
(sie tanzen zusammen, und Trampelhampeltier tritt Murmelbär „versehentlich" auf die Füße)

Murmelbär: Ich möchte so gerne Geige spielen und träumen …

Franz-Leo Pard: Murmelbär, bürste mir mein Fell!
Vollmondeule: Murmelbär, hüte meine Kinder!
Zwickzwackaffen: Murmelbär, lauf, wir wollen auf dir reiten!
Baumnashorn: Murmelbär, bau mir ein Nest!
Brausemaus: Murmelbär, sing mir ein Schlummerlied!
Trampelhampeltier: Murmelbär, tanz mit mir!

Murmelbär: *(brummt vor sich hin und rührt sich nicht)*

Alle: *(rufen)* Komm, Murmelbär, komm!
Franz-Leo Pard: Wer soll mein Fell bürsten?
Vollmondeule: Wer soll meine Kinder hüten?
Zwickzwackaffen: Wen sollen wir zwicken und zwacken?
Baumnashorn: Wer soll mein Nest bauen?
Brausemaus: Wer soll mir ein Schlummerlied singen?
Trampelhampeltier: Wem soll ich auf die Füße treten?

Murmelbär: *(schüttelt nur den Kopf, er greift zur Geige (Gitarre) und zupft …)*

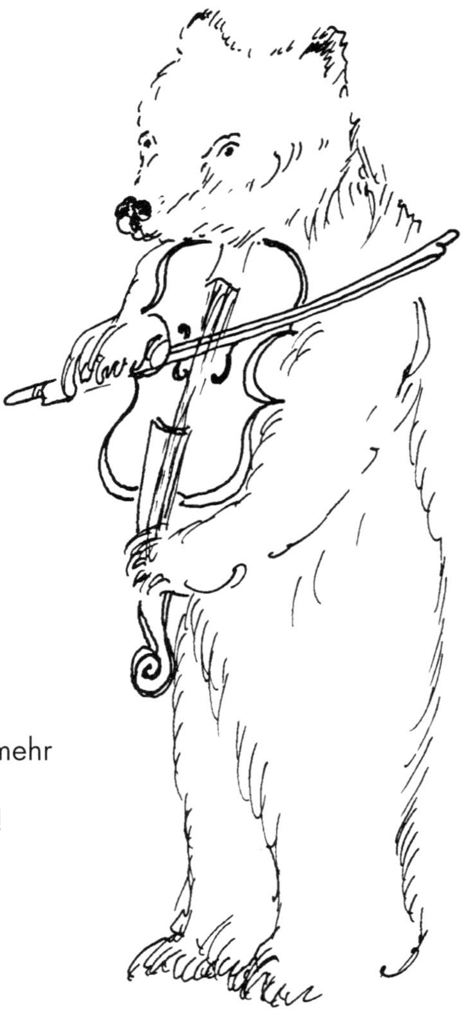

Alle: *(flüsternd)* Wie schön er spielt! …!
Murmelbär ist ein großartiger Bär!
Franz-Leo Pard: Nun bürste ich mir selber mein Fell!
Vollmondeule: Nun hüte ich selber meine Kinder!
Zwickzwackaffen: Nun spielen wir miteinander!
Baumnashorn: Nun baue ich mir selber mein Nest!
Brausemaus: Murmelbär muß mir kein Schlummerlied mehr singen!
Trampelhampeltier: Ich will dir nicht mehr auf die Füße treten!

Alle: *(drängen sich an Murmelbär)*
Du bist unser Freund.

Die Geschichte „Murmelbär" ist entnommen dem gleichnamigen Bilderbuch mit Bildern von Erika Dietsch-Capelle, Annette Betz Verlag Carl Ueberreuter, Wien 1979

Murmelbär

„Murmelbär ist ein lieber Bär", sagen die Tiere.
„Murmelbär ist ein guter Bär."
„Murmelbär tut alles, was man sagt."
Murmelbär ist ein leiser Bär.
Er murmelt immer nur.
Murmelbär möchte gern Geige spielen. Und träumen.
Aber die anderen lassen ihm keine Ruhe.
Immer wollen sie was von ihm.
„Murmelbär, bürste mir mein Fell", sagt Franz-Leo Pard.
Franz-Leo Pard hat zwei Vornamen. Die anderen Parden heißen ja vorn nur Leo.
Murmelbär bürstet Franz-Leo Pard das Fell.
„Murmelbär, hüte meine Kinder", sagt die Vollmondeule.
Die Vollmondeule ist nur bei Vollmond munter.
Sonst schläft sie Tag und Nacht.
Murmelbär hütet die Eulenkinder.
„Murmelbär, lauf!" sagen die Zwickzwackaffen.
„Wir wollen auf dir reiten."
Und sie zwicken und zwacken Murmelbär.
Murmelbär läuft.
„Murmelbär, bau mir ein Nest", sagt das Baumnashorn.
Es ist ein besonderes Nashorn, denn es schläft nur auf Bäumen.
Murmelbär baut ihm ein Nest und deckt es zu.
„Murmelbär, sing mir ein Schlummerlied. Ich will in deinem Fell schlafen", sagt die Brausemaus.
Die Brausemaus heißt Brausemaus, weil sie gern Brause maust.
Murmelbär brummt ein Schlummerlied.
„Murmelbär, tanz mit mir", sagt Trampelhampeltier.
Und es schwingt Murmelbär im Trampelhampeltanz und tritt ihm auf die Füße.
Murmelbär ist ein lieber Bär. Alle Tage ist er so, wie die andern ihn wollen.
Er tut, was Franz-Leo Pard will.
Er tut, was die Vollmondeule will.
Er tut, was die Zwickzwackaffen wollen.
Er tut, was das Baumnashorn will.
Er tut, was Brausemaus will.
Er tut, was Trampelhampeltier will.
Nur was er selber will, tut Murmelbär nicht.
Murmelbär ist unglücklich.
In der Nacht träumt er, daß er immer kleiner wird. So sehr schrumpft Murmelbär zusammen, daß Brausemaus größer ist als er.
Doch zum Glück ist es nur ein Traum.
Am anderen Tag nimmt Murmelbär seine Geige und versteckt sich in einer Höhle. Aber seine Geige ist stumm. Und als er träumen will, sind alle seine Träume fort.
„Komm raus!" rufen die Tiere.
„Wen sollen wir zwicken?" rufen die Zwickzwackaffen.
„Wem soll ich auf die Füße treten?" ruft Trampelhampeltier.
„Wer soll mein Fell bürsten?" ruft Franz-Leo Pard.
„Wer soll mir ein Schlummerlied singen?" ruft Brausemaus.
„Wer soll meine Kinder hüten?" ruft die Vollmondeule.
„Wer soll mein Nest bauen?" ruft das Baumnashorn.
Murmelbär ist ein lieber Bär.
Nachts im Traum aber ist Murmelbär gemein und böse. Er ist groß und schwarz und fletscht die Zähne. Die Vollmondeule hat er schon verschluckt. Doch zum Glück ist es nur ein Traum.
Murmelbär ist ein lieber Bär.
Alle Tiere machen mit ihm, was sie wollen.
Bis Murmelbär nicht mehr mitmacht!
Murmelbär ist kein lieber Bär.
Murmelbär ist kein böser Bär.
Murmelbär ist Murmelbär.
Murmelbär holt seine Geige und spielt.
Er findet seine Träume und träumt.
„Wie schön er spielt!" flüstern die Tiere.
„Murmelbär ist ein großartiger Bär!"
Sie bürsten ihr Fell.
Spielen ihre Spiele.
Singen ihr Schlummerlied.
Hüten ihre Kinder.
Bauen ihr Nest.
Tanzen ihr Tänze
SELBER.
Und Murmelbär ist ihr Freund.

Gina Ruck-Pauquèt

Spielvorschläge und Anregungen zur Entwicklung und Stärkung der kindlichen Persönlichkeit

Seht euch mal die Ute an,
was sie alles machen kann.
Ja – ja – das ist gut,
alle tun, was Ute tut.

Text nach Gerda Bächli

Zunächst wird der Text langsam und deutlich vor- und nachgesprochen und dann kann der Name jeweils bei Wiederholungen ausgetauscht werden. Wenn der Text sitzt, so „sagen" wir ihn mit unseren Füßen, indem wir im Raum gehen und schreiten. Es wird deutlich, daß mit den Füßen zwei unterschiedliche Tempi ausgeführt werden.

Wenn alle Kinder im Sprechrhythmus gehen können, versuchen wir, auf einem großen Bogen Papier (Tapete) Zeichen entsprechend aufzuschreiben:

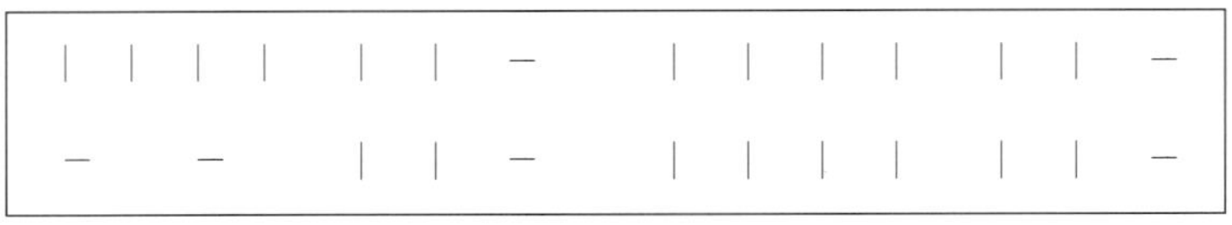

In „richtigen" Notenwerten sieht das so aus:

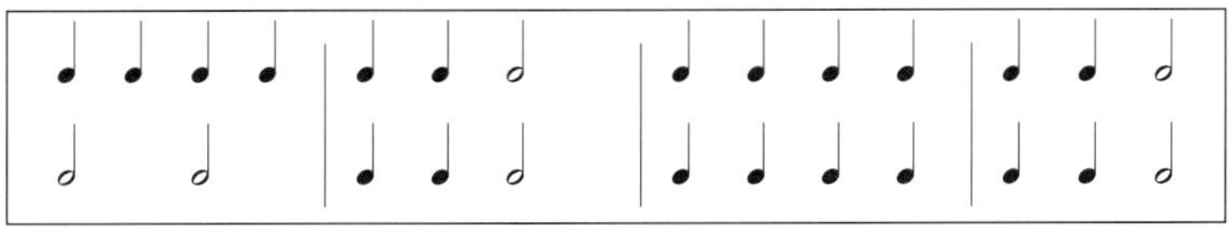

Nun macht das mit seinem Namen angesprochene Kind eine Bewegung oder ein Kunststück, das alle anderen nachmachen.

Allmählich kann man dazu übergehen, eine passende Melodie zu finden, dabei werden die Kinder aufgefordert, die erste Zeile „Seht euch mal die Ute an" zu singen – „wer traut sich?" Läßt man sich beim Ausprobieren von Melodien genügend Zeit, so ist es unvermeidlich, daß die Kinder aus ihrer Hörerfahrung schöpfen und etwa das Folgende erklingen kann:

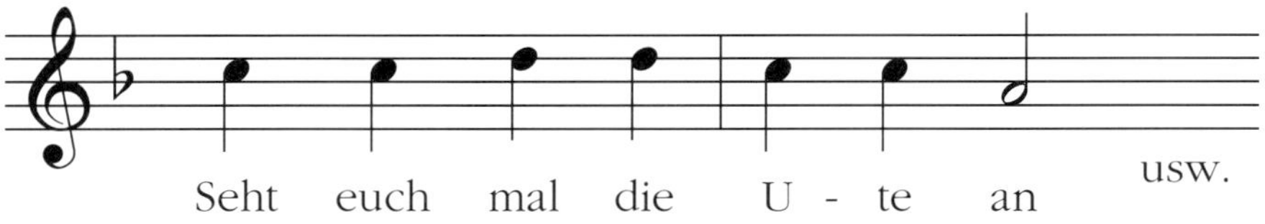

Bei einer Erzieherinnen-AG entstand folgende Melodie:

Wenn die einzelnen Kinder etwas mit Körperinstrumenten vorgemacht haben, erschwert man das Spiel durch Hinzunahme eines Rhythmikgerätes.
Es können dabei verschiedene Spielmöglichkeiten mit Bohnensäckchen, Bällen oder Stäben ausprobiert werden.
In diesem Fall bekommt jedes Kind ein Paar Schlagstäbe, die an den Enden ausgekehlt sind (sie stehen besser als nur abgeflachte Stäbe, und man kann damit tragen, balancieren etc.).

Nun machen die einzelnen Kinder etwas mit ihren Schlaghölzern vor, während das Lied gesungen wird. Dabei soll die Geschicklichkeit herausgefordert werden. Was alles kann man machen, ohne daß die Schlaghölzer geschlagen werden? Man kann sie waagerecht oder senkrecht balancieren, sie auf die ausgestreckten Handrücken, auf die Füße oder auf die Schultern legen; man kann sie gleichzeitig rollen oder sie auf dem Boden interessant hinlegen oder -stellen.

Bei einer Gruppe von etwa 8 – 10 Kindern sollte man auch das Gedächtnis der Kinder trainieren, indem man beispielsweise Ute fragt: Weißt du noch, was Peter gemacht hat? Kannst du es zeigen? Peter macht dann selbstverständlich seine „Erfindung" nicht noch einmal!
Wieviele unterschiedliche Bewegungen kann das Gedächtnis speichern?

Wir steigern die Geschicklichkeit noch einmal, indem wir den vorhandenen Raum durch Seile oder Ähnliches verkleinern und alle vorhandenen Schlaghölzer so verteilt auf den Boden stellen, daß genügend Platz zum Umhergehen bleibt.
Nun zeigt Ute, wie man sich durch diese Hindernisse hindurchbewegen kann, die übrigen Kinder schauen vom Rand aus zu und wiederholen, was Ute vorgemacht hat. Man kann gehen, hüpfen, springen, schleichen, kriechen, tänzeln, vor- und rückwärtsgehen usw.

Wenn nun der Raum noch weiter eingeengt wird, müssen die aufgestellten Hölzer näher zusammenrücken, die Bewegungen müssen behutsamer ausgeführt werden. Ändert die Erzieherin dann noch beim Singen das Tempo von mäßig nach schnell, kann es unter Umständen chaotisch, aber sehr lustig werden.

Christel Neuhäuser

Foto: Reinhardt Scholz, Düren

Geschichte:
Mama macht einen Spaß

Sofie und Julia spielen „Du bist ich, und ich bin du". Die Mutter von Julia spielt dieses Spiel mit. Lange hält Julia diesen Rollentausch nicht aus, da bricht es aus ihr hervor: „Ich bin ich!" und „Mama, hast du mich wirklich nicht erkannt?" Die Geschichte gibt Gelegenheit, mit den Kindern über eigene ähnliche Erlebnisse und Erfahrungen zu sprechen.

Mama macht einen Spaß

Einmal spielten Sofie und Julia „Kleider tauschen". Sofie zog den blauen Rock und die Blümchenbluse von Julia an. Und Julia zog Sofies lange Hosen und den gestreiften Pulli an.

„Jetzt müssen wir noch die Frisuren tauschen", sagte Julia.

Sie machte ihre Zöpfe auf und schüttelte sich, daß ihre Haare lang herunterfielen wie bei Sofie. Dann flocht sie Sofie zwei Zöpfe und band rote Schleifen hinein.

Nun sah Sofie aus wie Julia.

Und Julia sah aus wie Sofie.

Sie faßten sich an den Händen, tanzten durchs Zimmer und sangen übermütig: „Ene, dene, meme, mu, du bist ich, und ich bin du."

„Weißt du was", sagte Sofie plötzlich, „jetzt gehe ich hinauf zu euch und klingle bei deiner Mama. Mal sehen, ob sie es merkt."

Sie schlichen hinaus ins Treppenhaus, und Sofie lief schnell in den dritten Stock zu Julias Wohnung. Sie klingelte zweimal kurz und einmal lang, wie Julia es immer tat.

Julias Mama kam an die Tür.

„Hallo, Mama", sagte Sofie keck. Sie verstellte ihre Stimme, daß sie klang wie die Stimme von Julia. „Ich hab' solchen Hunger. Kann ich etwas zu essen haben?"

Julias Mama stutzte einen Augenblick. Dann sagte sie laut: „Da kommst du ja gerade recht, Julia-Schätzchen. Ich habe eben frische Waffeln gebacken."

Julia stand unten an der Treppe und hörte alles. Oh, Mama merkte nichts! Sie sagte Julia-Schätzchen zu Sofie und nahm sie mit hinein. Und jetzt aß Sofie ihr auch noch die Waffeln weg!

Julia rannte die Treppe hinauf, daß ihre losen Haare flogen, und klingelte Sturm.

Mama kam eilig angelaufen und öffnete.

„Nanu, Sofie, du?" fragte sie erstaunt. „Was ist denn los? Du bist ja ganz aufgeregt!"

„Ich bin nicht Sofie! Ich bin Julia!" rief Julia.

„Was? Aber das ist doch nicht möglich", erwiderte die Mama. „Julia ist gerade eben nach Hause gekommen."

„Aber das war nicht Julia! Das war Sofie!" rief Julia. „Ich bin Julia!"

Mama schüttelte den Kopf.

„Nun verstehe ich gar nichts mehr! Du hast einen gestreiften Pullover wie Sofie, lange Hosen wie Sofie und lose Haare wie Sofie. Also bist du doch Sofie!"

„Ja, nein!" stotterte Julia und holte tief Luft, um Mama alles zu erklären.

Aber Mama schob die Tür zu und sagte: „Geh nur einstweilen hinunter, Sofie. Julia wird gleich kommen. Sie muß erst ihre Waffeln aufessen."

„Aber Mama!" schrie Julia ganz verzweifelt und stellte den Fuß zwischen die Tür. „Wir haben doch nur die Kleider getauscht. Erkennst du mich denn nicht?"

Da schlug Mama die Hände zusammen und rief: „Nein, so was! Nun habe ich euch doch tatsächlich verwechselt!"

Sie ließ Julia herein. Und da saß Sofie in der Küche, aß Waffeln und platzte fast vor Lachen.

Mama sah zwischen Julia und Sofie hin und her und sagte: „Ihr seid mir aber auch mal zwei Lausemädchen! Mich so hereinzulegen!"

Am Abend, als Mama wie gewöhnlich an Julias Bett kam, um ihr gute Nacht zu sagen, schlang Julia ihre Arme um Mamas Hals und flüsterte: „Hast du mich wirklich nicht erkannt, Mama?"

Mama lachte: „Natürlich, Julia-Schätzchen! Ich hab' nur einen Spaß gemacht. Das wäre ja noch schöner, wenn ich meine einzige kleine Julia nicht mehr erkennen würde!"

Und sie drückte Julia ganz fest an sich und gab ihr einen Kuß.

Renate Schupp

Du und ich

Du bist anders als ich, ich bin anders als Du.
Gehen wir aufeinander zu,
schauen uns an, erzählen uns dann,
was Du gut kannst, was ich nicht kann,
was ich so treibe, was Du so machst,
worüber Du weinst, worüber Du lachst,
ob Du Angst spürst bei Nacht, welche Sorgen ich trag',
welche Wünsche Du hast, welche Farben ich mag,
was traurig mich stimmt, was Freude mir bringt,
wie wer was bei Euch kocht, wer was wie bei uns singt ...
Und plötzlich erkennen wir – waren wir blind? –
daß wir innen uns äußerst ähnlich sind.

Karlhans Frank

Kinder haben Freude an gemeinsamen Spielen. Sie singen, tanzen und bewegen sich gern. Da finden sie leichter Kontakt zueinander, ordnen sich gerne den Spielregeln unter und fühlen sich sicher. Spielerisch wachsen sie in die Gemeinschaft hinein, die gelingt, wenn dabei alle ein bißchen Humor und Verständnis zeigen, Verantwortung und Unterordnung üben und Selbständigkeit und Hilfsbereitschaft entwickeln.

Erfahrung zu zweit

Nur immer zwei sollen zusammen in den Reifen gehen. So hieß die Aufgabe. Es kommt dabei nicht auf Schnelligkeit an, hier gewinnt keiner, gibt es keine Verlierer. Wichtig ist nur die Erfahrung, die die Kinder dabei machen: daß sich für jeden ein zweiter findet, der mit ihm in einem Reifen sitzt.

gefunden in: Kindergarten heute, Heft 3/79, Verlag Herder, Freiburg

Spiellied: Der Katzentatzentanz

Der Katzentatzentanz von Fredrik Vahle strahlt Lebensfreude aus, die ansteckt. Er eignet sich großartig – ohne moralischen Zeigefinger – die Ablehnung oder Annahme von Freundschaftsangeboten spielerisch zu erleben. Das Selbstbewußtsein eines jeden Kindes wird gestärkt; erfährt es doch, daß es selbst es ist, das zurückweisen oder annehmen kann. Die Kinder verlieren bei diesem Spiel mögliche Ängste vor Berührungen und davor, zurückgewiesen zu werden. Die Solidarität mit denen, die auch Ablehnung erfahren (Igel, Hase, Hamster, Hofhund), erleichtert selbst den Kleinsten solches Erleben. Jedes Kind sollte bei diesem Spiel aber auch freundschaftliche, liebevolle Annahme erfahren.

Spielvorschlag:

Der Katzentatzentanz läßt sich leicht spielen.
Ein Kind spielt die Katze, die anderen Tiere kommen nacheinander dazu.
Die Katze kann aber auch von Strophe zu Strophe von einem anderen Kind gespielt werden, damit möglichst viele Kinder drankommen.
Der Kehrreim kann auch verändert werden.
Wenn die Katze abgelehnt hat zu tanzen, z.B. „Mit dem Igel tanz ich nicht, ist mir viel zu stachelig!", wird folgende Zeile gesprochen und gespielt:
„Und der Igel (oder Hase, Hamster, Hund) neigt sich vor, sagt der Katze was ins Ohr."
Dann folgt der neue Kehrreim:

„Und dann tanzen sie zu zwein
über Stock und über Stein.
Und dann gingen beide heim."

Bei der nächsten Strophe kommen dann wieder zwei andere Kinder dran. Und am Schluß sollen alle Kinder mittanzen, die Lust dazu haben. (Fredrik Vahle)

Rollenspielrequisiten:

Katze:	Katzenohren aus Karton oder Filz an einem Gummiband befestigen, Schwanz aus Kordel (Sisal), Draht durchziehen
Igel:	Papierstreifen in Grobtüll festbinden
Hase:	Hasenohren aus Karton oder Filz an einem Gummiband befestigen
Hamster:	Kissen (als Bauch)
Hofhund:	Kette

Ein weiterer Spielvorschlag:

Wenn die Kinder ihre eigenen Stofftiere von zu Hause mitbringen, können sie auch in kleiner Gruppe am Tisch den Katzentatzentanz spielen und zur Schallplatte mitsingen.

„Der Katzentatzentanz" von Fredrik Vahle ist als Bilderbuch erschienen, illustriert von Helme Heine, Verlag G.Middelhauve.

„Der Katzentatzentanz" ist enthalten auch in dem Buch von Fredrik Vahle „Mäusepfiff und Himmelsblau" – Geschichten, Lieder, Spiele, Gedichte, Bilder von Helme Heine, mit Schallplatte, Verlag G.Middelhauve.

Der Katzentatzentanz

Text und Melodie: Fredrik Vahle

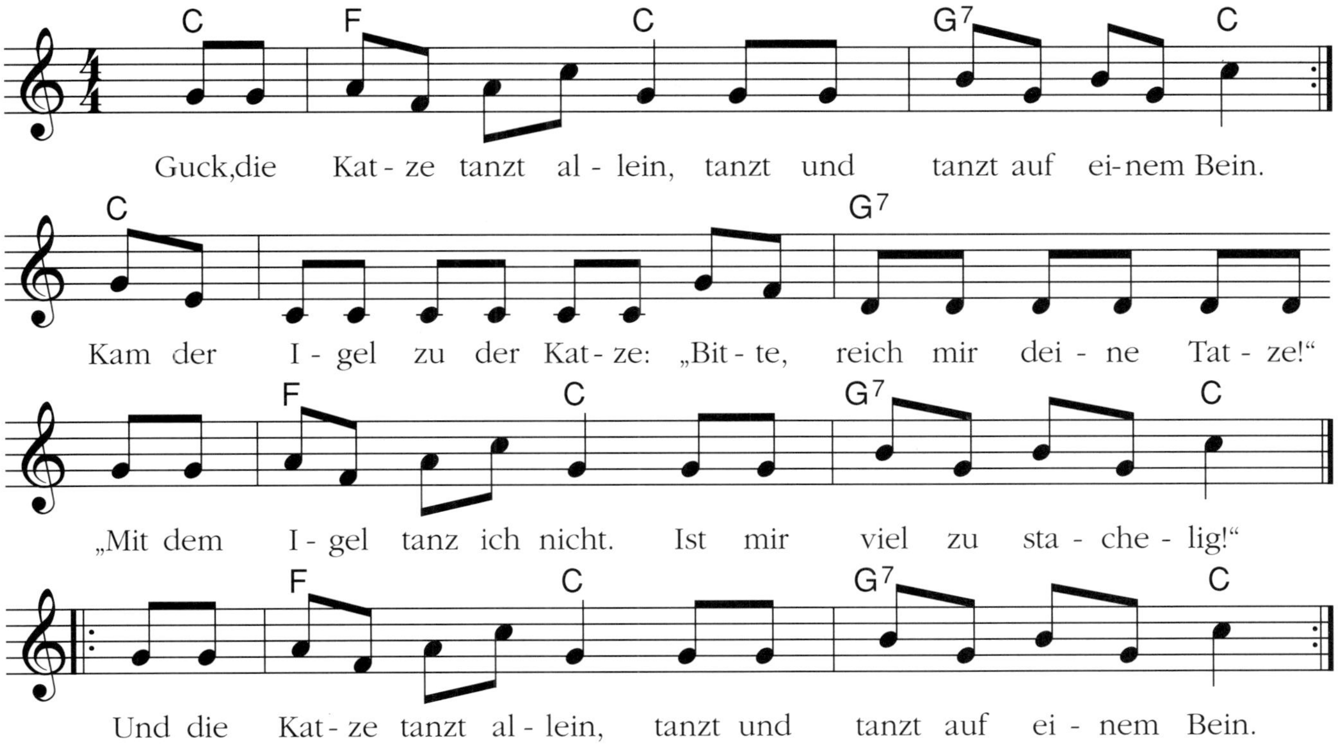

Hase: Kam der Hase zu der Katze:
„Bitte, reich mir deine Tatze!“

Katze: „Mit dem Hasen tanz ich nicht.
Ist mir viel zu zappelig!“

Alle: Und die Katze tanzt allein,
tanzt und tanzt auf einem Bein.

Hamster: Kam der Hamster zu der Katze:
„Bitte, reich mir deine Tatze!“

Katze: „Mit dem Hamster tanz ich nicht.
Ist mir viel zu pummelig!“

Alle: Und die Katze tanzt allein,
tanzt und tanzt auf einem Bein.

Hofhund: Kam der Hofhund zu der Katze:
„Bitte, reich mir deine Tatze!“

Katze: „Mit dem Hofhund tanz ich nicht,
denn der bellt so fürchterlich!“

Alle: Und die Katze tanzt allein,
tanzt und tanzt auf einem Bein.

Kater: Kam der Kater zu der Katze,
leckte ihr ganz lieb die Tatze.

Streichelt sie und küßt sie sacht,
und schon hat sie mitgemacht.

Und dann tanzen sie zu zwein
über Stock und über Stein.

Jede Maus im Mauseloch
ruft: „Ein Glück, sie tanzen noch.“

aus:
F. Vahle, Mäusepfiff und Himmelsblau, Bilder von H. Heine
Verlag Gertraud Middelhauve, Köln 1983

Händeklatschspiel

Material: -

G ***Spielanregung:***

Jeweils zwei Kinder stehen einander mit erhobenen Händen gegenüber. Sie beginnen, erst ganz langsam, dann schneller:
- die eigenen Hände zusammenschlagen
- die rechte Handfläche gegen die linke Handfläche des Gegenübers schlagen
- die eigenen Hände zusammenschlagen
- die linke Handfläche gegen die rechte Handfläche des Gegenübers schlagen
- die eigenen Hände zusammenschlagen
- die rechte Handfläche gegen die rechte Handfläche des Gegenübers drücken, die linken Handflächen kommen hinzu; sich anschauen und einen Moment bei den Händen halten
- von vorne

Dabei können die Kinder Reime sprechen, z.B.:

Wenn du willst, dann spiel ich dir
ein kleines Lied auf dem Klavier.
Ich kann dir auch was geigen.
Dann werd ich mich verneigen.
Vor dir.

Ringelspiel

Material: -

G ***Spielanregung:***

Zwei Kinder fassen sich kreuzweise an den Händen, strecken die Arme und lehnen sich ein wenig zurück.

Sie sprechen langsam:	Sie bewegen sich langsam:
Ich zähle bis zehn,	sie drehen sich im Kreis
die Mühle bleibt stehn.	sie bleiben stehen
Ich zähle bis hundert,	sie drehen sich im Kreis
die Mühle geht unter.	sie hocken hinunter
Ich zähle bis tausend,	sie drehen sich im Kreis
die Mühle geht sausen.	sie werfen die Arme hoch und lassen los

Fadenspiel

Material:

dicker Faden (etwa so lang, wie die Kinder groß sind)

G ***Spielanregung:***

Der Faden wird zu einem Ring geknotet. Ein Kind beginnt, den Faden zu spannen (Zeichnung 1-3), das zweite Kind nimmt ab (Zeichnung 4).
Beim wechselseitigen Abnehmen können weitere Formen entwickelt werden. Zunächst aber sollten die Ausgangsstellung und das wechselseitige Abnehmen eingeübt werden.

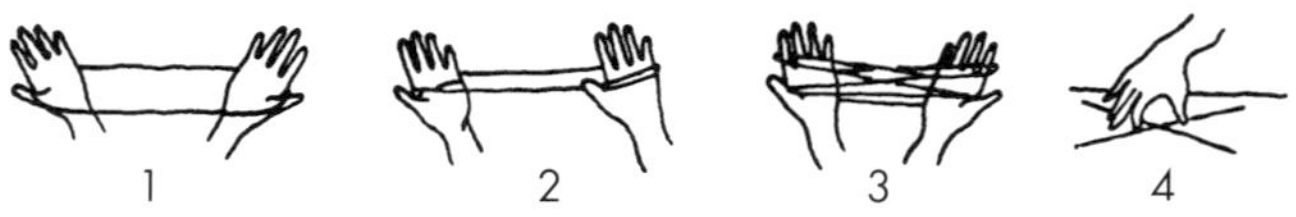

Spiellied:
Es geht eine Zipfelmütz

Text und Melodie: volkstümlich

Spielvorschlag:
Die Kinder gehen singend mit Handfassung im Kreis. Ein Kind geht innerhalb des Kreises in Gegenrichtung. Es bildet mit seinen Händen auf dem Kopf eine „Zipfelmütze". Der Liedtext gibt weitere Bewegungsformen vor:

- Alle halten an, das Zipfelmützenkind bleibt vor einem Kind stehen.
- Die beiden schauen sich an, verbeugen sich voreinander und schütteln sich kräftig die Hände.
- Sie stemmen ihre Arme in die Seite und hüpfen im Wechselschritt, wobei sie die Beine hinten möglichst hoch werfen.
- Alle klatschen in die Hände.
- Die beiden Kinder haken einander rechts – rechts unter und hüpfen einmal im Kreis umeinander.

Ist der Kreis klein, spielt das zweite Kind nun die „Zipfelmütze", dann das nächste, bis alle Kinder „Zipfelmütze" sein durften.
Wenn viele Kinder mitspielen, bleiben die „Zipfelmützen-Kinder" im Kreis; es wird dann gesungen: Es gehn zwei, vier, acht ... viele Zipfelmützen in unserm Kreis herum ...
Beim letzten Durchsingen dürfen immer alle Kinder „Zipfelmützen" sein.

Wir finden neue Freunde beim Tanz

Mit den beiden folgenden Tanzliedern können wir die Kinder, die neu in die Gruppe gekommen sind, auf spielerische und fröhliche Weise in unsere Gemeinschaft aufnehmen, damit sie sich bei uns wohlfühlen. Die beiden Tanzlieder werden aber auch im Laufe des Jahres gerne von den Kindern gesungen und getanzt werden.
Der erste Tanz ist ein gemeinsamer Kreistanz, der zweite eher ein Partnertanz.

Kommt in unsern Kreis hinein

Text: Jenny Neuhäuser Melodie: volkstümlich

2. Und nun fassen wir die Händ,
tanzen Schritt für Schritt behend,
1 und 2, 3 und 4,
immer weiter, folge mir.

3. Einmal woll'n wir stille stehn,
dann zur andern Seite gehn.
1 und 2, 3 und 4,
immer weiter, folge mir.

4. Gib nun beide Hände dein,
wollen gute Freunde sein.
Einmal hin, einmal her,
rundherum, das ist nicht schwer.

5. Noch einmal das schöne Spiel,
weil es uns so gut gefiel!
Einmal hin, einmal her,
rundherum, das ist nicht schwer.

Tanzbeschreibung

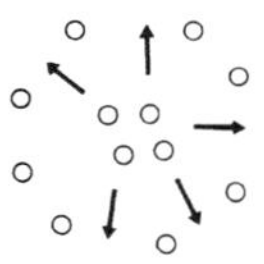

Strophe 1: Die älteren Kinder stehen locker ohne Handfassung in einem großen Kreis. Die jüngeren Kinder stehen in der Mitte beieinander.
Die älteren Kinder winken den jüngeren zu und singen: „Kommt in unsern Kreis hinein ..."
Diese ordnen sich bei „1 und 2, 3 und 4" in den Kreis ein.

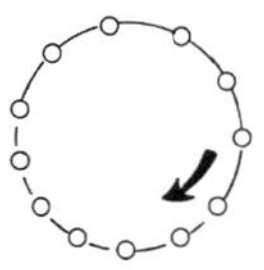

Strophe 2: Alle fassen sich an den Händen und singen. Sie bewegen sich erst zum „1 und 2, 3 und 4" in 4 Nachstellschritten nach links. (1 Nachstellschritt = 1 Schritt und Beistellen des anderen Fußes mit Gewichtsübertragung)

Strophe 3: Die Hände bleiben gefaßt. Alle bewegen sich jetzt zum „1 und 2, 3 und 4" in 4 Nachstellschritten nach rechts.

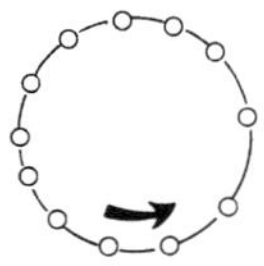

Strophe 4: Während die ersten beiden Zeilen der 4. Strophe gesungen werden, stellen sich die Kinder im Kreis zu Paaren gegenüber und reichen sich die Hände. Zur 3. Zeile gehen sie einmal im Uhrzeigersinn nach links, dann nach rechts.
Für die Kinder im äußeren Kreis gilt also:
links-rechts-links-tip, rechts-links-rechts-tip.

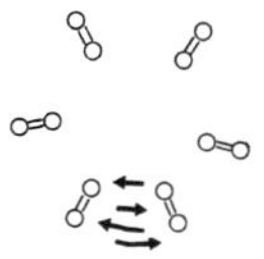

Für die Kinder im inneren Kreis gilt:
rechts-links-rechts-tip, links-rechts-links-tip.
Zur letzten Zeile drehen sich die Paare in 8 Schritten so im Kreis, daß sie am Ende die Ausgangsstellung wieder einnehmen.

Strophe 5: Sie wird wie die 4.Strophe getanzt.

Komm, wir wollen tanzen

Text: volkstümlich Melodie: Jenny Neuhäuser

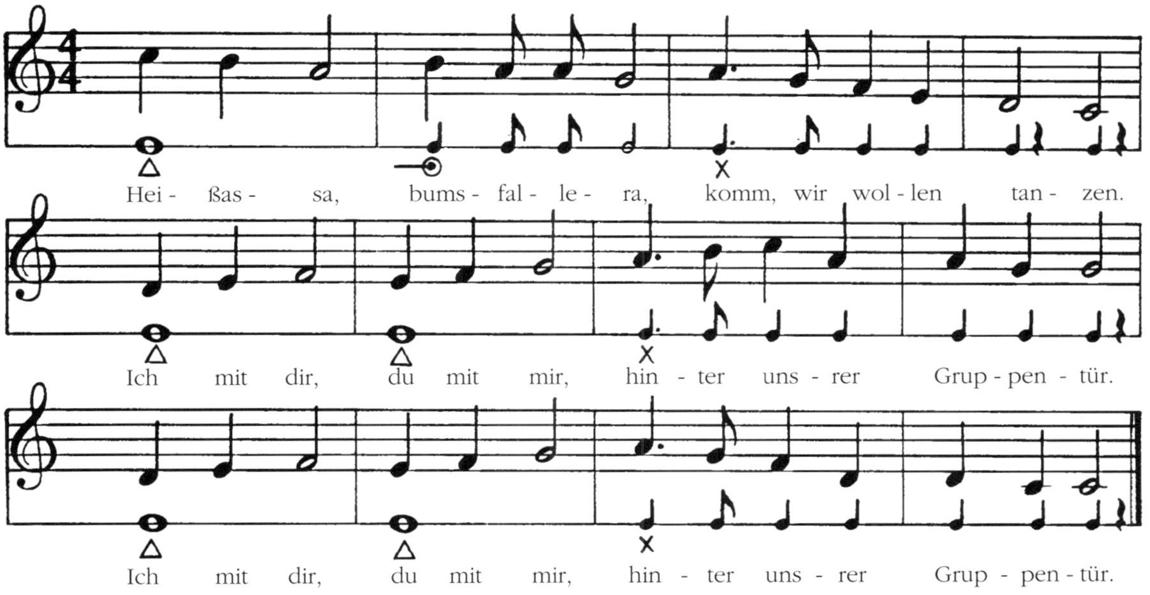

Tanzbeschreibung

Die Kinder stehen zu Paaren gegenüber im Raum, fassen sich an den Händen und singen.

Takt 1: Auf „Heißassa" in 2 Nachstellschritten nach links (zur Wand- oder Fensterseite, darüber muß man sich mit den Kindern einig werden)

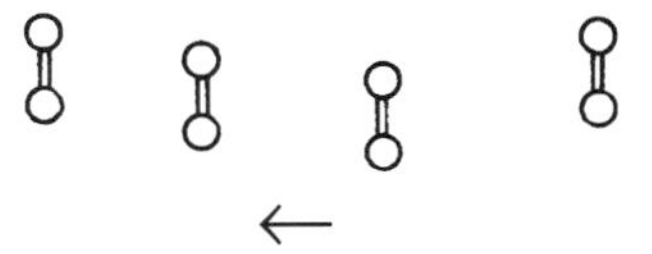

links-rechts-links-tip
(der Partner umgekehrt)

Takt 2: Auf „bumsfallera" in 2 Nachstellschritten nach rechts

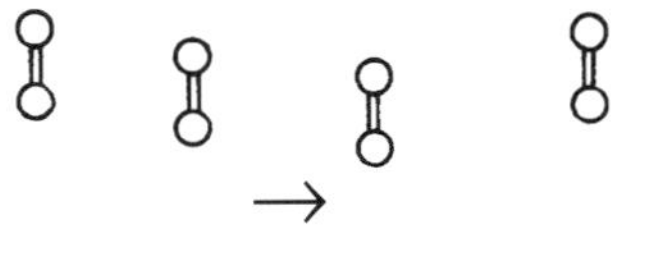

rechts-links-rechts-tip
(der Partner umgekehrt)

Takte 3 und 4: „komm, wir wollen tanzen"
Die Paare drehen sich in 8 Schritten im Kreis herum, mit links beginnend.

Takte 5 und 6: „Ich mit dir, du mit mir"
Die Kinder stehen ohne Handfassung voreinander und zeigen aufeinander.

Takte 7 und 8: „hinter unsrer Gruppentür"
Die Paare drehen sich wiederum in 8 Schritten im Kreis herum.

Takte 9 bis 12 werden als Wiederholung wie die Takte 5 bis 8 getanzt.

Das Tanzlied kann zusätzlich von einer Gruppe von Kindern begleitet werden, und zwar wie angegeben mit Triangel, Handtrommel und Klangstäben.

Jenny Neuhäuser

Wir finden neue Freunde in rhythmischen Spielen

Auch rhythmische Spiele geben wieder Gelegenheit, musikalische Partnerschaften zu pflegen. Dazu setzen wir unsere körpereigenen Instrumente ein, nämlich die Hände, die Finger und die Füße.

Die Erzieherin klatscht zunächst einfache Rhythmen vor, ohne sich an ein Grundmetrum zu halten. Die Kinder müssen genau hinhören und nachklatschen,
z.B.

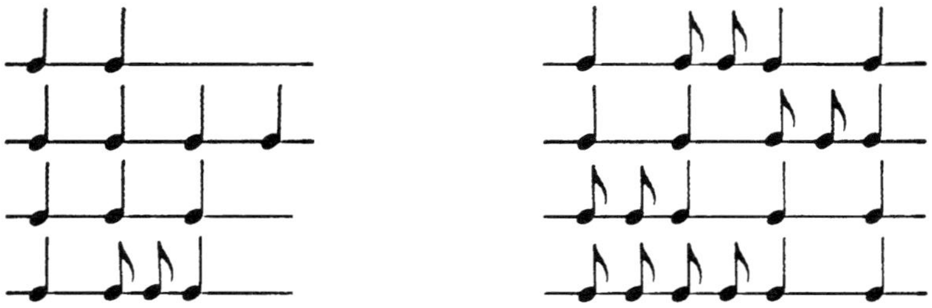

Die Rhythmen können auch mit den Fingern (knipsen), mit den Händen auf den Oberschenkeln (platschen) und mit den Füßen (stampfen) dargestellt werden. Statt der Körperinstrumente sollen ebenfalls kleine Rhythmusinstrumente zum Vor- oder Nachspielen verwendet werden, z.B. Handtrommeln, Klangstäbe, Röhrenholztrommel.

Wenn die Kinder bereits einige Fertigkeiten erlangt haben, können sie zu zweit dieses Spiel miteinander üben. Dabei kommt es darauf an, daß sie den vorgegebenen Rhythmus des Partners genau beobachten, anhören und im gleichen Rhythmus antworten. Gute Freunde verstehen es, sich auf den Partner einzustellen, sie sind mit ihm im Gleichklang.

An diesen Partnerübungen könnte sich ebenfalls die ganze Gruppe beobachtend und nachvollziehend beteiligen. Alle Kinder sitzen bei dieser Übung in einem Kreis. „Zwei Freunde" stellen sich in die Mitte und beginnen das Spiel. Das erste Kind „fragt", d.h. es klatscht, stampft, knipst oder schlägt auf einem Instrument einen Rhythmus, das zweite Kind antwortet auf die gleiche Weise mit dem gleichen oder einem anderen Instrument. Anschließend könnte die Gruppe im Kreis die „Antwort" geben. Auf diese Weise werden immer alle Kinder angeregt, genau hinzuhören und „nachzuspielen".

Auch Sprechverse und einfache Kinderreime eignen sich gut für eine rhythmische Gestaltung. Sie müssen zunächst textlich genau erfaßt werden, ehe sie in Gruppen oder von einzelnen Kindern auswendig gesprochen, rhythmisch begleitet oder rein instrumental musiziert werden, z.B. so:

Gruppe A:
sprechen
oder stampfen
oder

Gruppe B:
sprechen
oder klatschen
oder X

Gruppe A:
sprechen
oder stampfen
oder

Gruppe B:
sprechen
oder klatschen
oder X

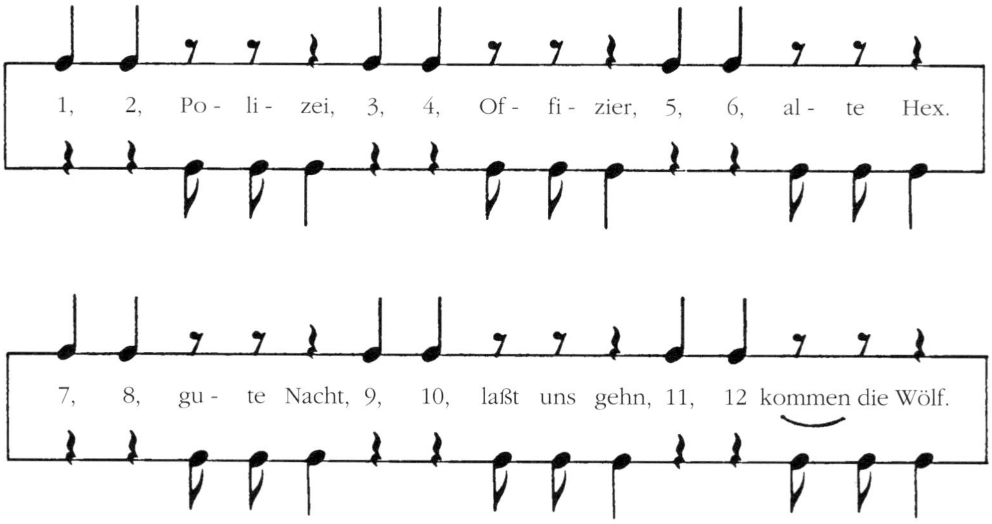

Die Gruppe A spricht zunächst immer den Text, der unter den Noten mit den Hälsen nach oben steht: 1, 2 ... 3, 4 ... 5, 6 ...
Die Gruppe B antwortet mit dem Text, der den Noten mit den Hälsen nach unten zugeordnet ist: Polizei ... Offizier ... alte Hex ...
So muß also jede Gruppe genau verfolgen, wann sie wieder an der Reihe ist. Wenn der Text von den Kindern sicher beherrscht wird, könnten die Körperinstrumente zur Begleitung mit eingesetzt werden: die Gruppe A stampft, die Gruppe B klatscht.

Die Handtrommel und die Klangstäbe könnten ebenfalls als Begleitung oder aber auch ausschließlich als Soloinstrumente eingesetzt werden, indem zwei Kinder den Vers im Wechsel spielen, wobei der Text zunächst noch leise mitgesprochen, dann aber nur noch mitgedacht wird, so daß am Ende die Aufgabe bleibt, den Sprechvers rein instrumental zu gestalten. Andere Reime können ähnlich behandelt werden, z.B. folgender Reitervers:

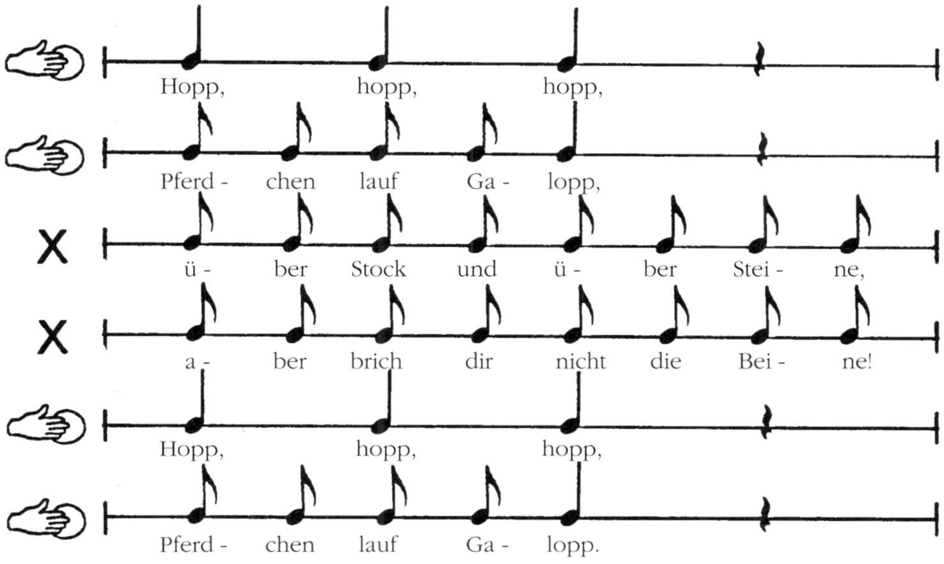

Der nächste Vers wird im gleichen Rhythmus gestaltet:

Hopp, hopp, ho,
Pferdchen frißt kein Stroh,

X muß dem Pferdchen Hafer kaufen,
daß es kann im Trabe laufen.

Hopp, hopp, ho,
Pferdchen frißt kein Stroh.

Statt der hier angegebenen Schlaginstrumente können natürlich vorher auch die Körperinstrumente versucht werden, z.B. klatschen die Kinder zu 1 und 2 in die Hände, 3 und 4 werden mit den Fingern geknipst bzw. von einer Gruppe mit dem Mund geschnalzt (das Schnalzgeräusch entspricht klanglich dem Pferdegetrappel), und 5 und 6 werden wieder wie 1 und 2 gestaltet.

Jenny Neuhäuser

Bilderbuch: Der kleine Bär und seine Freundin

„Emotionale Bindungen zwischen Kind und Bezugspersonen der Familie sowie das „Geborgenheitsmotiv" treten fast nur noch in Tierverkleidung in Erscheinung, oft in biedermeierlich-altertümelndem Stil." 1)

Der Text von Else Holmelund Minarik zeichnet die kindliche Psyche nach. Eine Freundschaft wird vorgestellt, wie sie so nur Kindern zu eigen ist. Viele Zeichen, die ihre Freundschaften ausmachen, kommen in der Geschichte vor: leicht zueinander finden, einander erzählen, als Freunde auch mit anderen zusammen sein und feiern, einander trösten und helfen, zu Mutter und Vater nach Hause einladen, traurig sein beim Abschied, einander zum Erinnern etwas schenken, aneinander denken, sich schreiben, sich auf das Wiedersehen freuen.
Zu Beginn der Geschichte sieht der Kleine Bär von oben in die weite Welt hinaus. Er sieht sein kleines Haus und seine Mutter. Als er sich auf den Weg macht, begegnet er Linda: Ein Bild der Wirklichkeit, wie sich Freundschaft ereignet, sie kommt plötzlich – wie zufällig – sie ist immer wieder überall möglich, eine Freundschaft auf dem Weg in die Welt in der für Kinder notwendigen elterlichen Geborgenheit. Sie beansprucht neben der familiären Beziehung ihren Platz. Das Zuhause der Freunde spielt in der Geschichte eine wichtige Rolle. Mutter und Vater erwarten zum Essen, hören an, laden ein, trösten.

Die beiden mittleren Kapitel der Originalausgabe „Am Ententeich" und „Das Fest bei der Eule" sind hier in einer sehr verkürzten Form dargeboten. Sie geben aber so den Kindern die Möglichkeit, von ihren eigenen kleinen Erlebnissen mit ihrem Freund oder der Freundin zu erzählen.
Das Bilderbuch mit seinen „lieben" Bildern von Maurice Sendak sollte aber nicht vorenthalten werden. Die Kinder werden es nach einer ausführlichen textlichen Darbietung gerne selber „lesen".

Durch die voraufgegangenen Übungen und Spiele und durch die Situation am Anfang des Kindergartenjahres ist bei den Kindern der Boden bereitet, um die Geschichte aufzunehmen.
Die Geschichte (das Bilderbuch) eignet sich besonders für die jüngeren Kinder.

gG

- Die Kinder sitzen im Kreis. Die Erzieherin spricht besonders die Kinder an, die neu in die Gruppe gekommen sind und nun schon Kinder gefunden haben, mit denen sie besonders gern zusammen sind.
- Die Geschichte vom Kleinen Bär und dem Mädchen Linda ankündigen. Wie beide zufällig aufeinandertreffen und Freunde werden.
- Den ersten Teil der Geschichte vortragen und später den gekürzten Mittelteil und den letzten Teil.
- Auf die Äußerungen der Kinder eingehen: zum Ablauf der Geschichte, zu den Zeichen der Freundschaft und auf eigene Erlebnisse.
- Den Inhalt der Geschichte mit den Kindern wiederholen und im Gespräch ausdeuten:
  - Der Kleine Bär sitzt auf einem Baum, er schaut und sieht ... er hört ... er spürt ...
  - Tiere bitten den Kleinen Bären: spiel mit uns ... der Kleine Bär aber will nicht ...
  - Der Kleine Bär klettert vom Baum herunter; er begegnet einem Mädchen ... was trägt es bei sich ...
  - Der Kleine Bär und Linda machen einander bekannt ... gehen miteinander, sie essen miteinander und plaudern, sie verabreden und verabschieden sich ...
  - Wo wohnt Linda? (Mit ihren Eltern in einem Zelt am Fluß; sie machen dort Urlaub.)
  - Der Kleine Bär erzählt seiner Mutter, was er erlebt hat ...

1) Arbeitskreis für Jugendliteratur e.V. (Hrsg.), Das Bilderbuch, S.73, München 1978

- Alternativ könnte der Inhalt der Geschichte auch illustrativ entwickelt werden: Die Erzieherin entwirft schon vorher eine Planskizze auf einem größeren Bogen Papier. Sie erzählt nun die Geschichte und illustriert sie farbig, wobei sie die Kinder miteinbezieht: „Hoch oben auf dem Baum ..." Der Kleine Bär wird eingezeichnet, als er auf Linda trifft. Beim letzten Satz „Linda und ich sind jetzt Freunde" könnten die beiden mit einer besonderen Farbe eingekreist werden.
- Vielleicht berichten die Kinder von ihren Freunden, wie sie sich kennengelernt haben und wo sie wohnen.
- Mit den Kindern ansprechen, wie sie denn einen Freund oder eine Freundin gewinnen können und daß man selbst auch ein bißchen Mut haben soll, z.B. ein anderes Kind fragen, ob es mitspielt ... etwas miteinander teilen, sich einander mit Namen vorstellen ... erzählen, womit man am liebsten spielt ... wo man wohnt ...

gG

- Vielleicht am nächsten Tag die Geschichte fortführen. Werden die beiden mittleren Geschichten „Am Ententeich" und „Das Fest bei der Eule" zunächst überschlagen, erzählt die Erzieherin in Kurzform, wie der Kleine Bär und Linda am Fluß spielen und das Gartenfest der Eule besuchen ... und daß der Sommer nun vorbei ist, Linda muß Abschied nehmen.
- Die Erzieherin trägt die Abschlußgeschichte vor.
- Mit den Kindern auf den Inhalt der Geschichte eingehen: – Der Kleine Bär und Linda müssen voneinander Abschied nehmen ... – Sie schenken einander zum Abschied etwas von sich ... – Der Kleine Bär ist beim Abschied sehr traurig ... aber dann wird er wieder froh ... mit dem Federhalter schreibt er Linda einen Brief ...
- Mit den Kindern überlegen, wann sie sich über einen Brief freuen würden, z.B. von einem Freund oder einer Freundin aus dem Urlaub, oder von einem Freund oder einer Freundin, die fortgezogen sind.

EPG

- Das Bilderbuch „Der Kleine Bär und seine Freundin" anschauen und zu den Bildern die Geschichten erzählen.

Der Kleine Bär und Linda

Hoch oben auf dem Baum
sitzt der Kleine Bär.
Er schaut ringsherum
in die weite Welt hinaus.

Er sieht die hohen Berge.
Er sieht den Fluß.
Und weit, weit weg
sieht er das blaue Meer.
Er sieht die Wipfel der Bäume.
Er sieht sein kleines Haus.
Dort sieht er auch Mutter Bär.

Er hört den Wind singen.
Er spürt den Wind in seinem Pelz,
er spürt ihn in seinen Augen
und auf der kleinen schwarzen Nase.
Der Kleine Bär macht die Augen zu
und läßt den Wind
an seinen Haaren zausen.

Er macht die Augen wieder auf
und sieht zwei Eichhörnchen.
„Bitte, spiel mit uns“, sagen sie.

„Ich habe keine Zeit“,
sagt der Kleine Bär,
„ich muß jetzt essen gehen.“

Langsam klettert er hinunter
und sieht vier kleine Vögel.
„Schau, was wir machen“, sagen sie,
„wir fliegen.“

„Das kann ich auch“,
sagt der Kleine Bär.
„Aber ich fliege immer hinunter.
Aufwärts oder geradeaus fliegen
kann ich nicht.“

Er klettert weiter hinab
und sieht eine kleine grüne Raupe.
„Guten Tag“, sagt die Raupe.
„Bitte, erzähl mir etwas!“

„Ein anderes Mal“, sagt der Kleine Bär,
„ich muß nach Hause zum Essen.“

Er klettert ganz hinunter,
und da sieht er ein kleines Mädchen.

„Ich glaube, ich habe mich verirrt“,
sagt das kleine Mädchen.
„Hast du da oben auf dem Baum
vielleicht den Fluß gesehen?“

„O ja“, sagt der Kleine Bär,
„den Fluß habe ich gesehen.
Wohnst du denn dort?“

„Ja“, sagt das kleine Mädchen.
„Ich heiße Linda.
Und das ist meine Puppe Pippi.“

„Und ich bin der Kleine Bär.
Ich kann mit dir zum Fluß gehen. -
Was ist denn in dem Korb?“

„Kuchen“, sagt Linda. Möchtest du?“

„Ja, danke, ich habe Kuchen gern.“

„Ich auch“, sagt Linda.

Sie gehen weiter und essen Kuchen
und plaudern miteinander.
Und bald sind sie am Fluß.

„Dort ist unser Zelt“, sagt Linda.
„Da sind meine Mutter und mein Vater.“

„Ich höre meine Mutter rufen“,
sagt der Kleine Bär.
„Ich muß heim zum Essen.
Auf Wiedersehen, Linda.“

„Auf Wiedersehen, Kleiner Bär!
Komm bald wieder,
dann spielen wir miteinander.“

„Ja, gern“, sagt der Kleine Bär.

Der Kleine Bär läuft nach Hause.
„Weißt du was?“ sagt er zu Mutter Bär.
„Weißt du, was ich gemacht habe?“

„Was hast du denn gemacht, Kleiner Bär?“

„Ich bin auf einen Baum gestiegen,
und dort habe ich die ganze Welt gesehen.
Dann bin ich hinunter geklettert
und habe zwei Eichhörnchen gesehen
und vier Vögel und eine kleine grüne Raupe.
Dann bin ich ganz hinunter geklettert,

und was meinst du, was ich gesehen habe?“

„Was hast du denn gesehen?“

„Ein kleines Mädchen! Es heißt Linda.
Es hat sich verirrt,
und ich habe es nach Hause gebracht.
Und jetzt habe ich eine neue Freundin.
Rat einmal, wer ist es?“

„Die kleine grüne Raupe“,
sagt Mutter Bär.

Da lacht der Kleine Bär.

„Nein“, sagt er, „es ist Linda.
Linda und ich sind jetzt Freunde.“

Der Kleine Bär und Linda und die Puppe Pippi haben einen schönen Sommer am Fluß. Sie spielen miteinander. Sie besuchen die Enten am Ententeich. Linda und der Kleine Bär haben die kleinen Enten und alle Tierkinder besonders gern. Der Kleine Bär und Linda und Pippi gehen zum Gartenfest der Eule. Der Kater, der Enterich, die Henne, alle sind zum Gartenfest gekommen. Sie setzen Festmützen auf, das ist lustig. Doch da fällt Pippi vom Baum herunter. Sie hat sich den Arm gebrochen. Der Kleine Bär tröstet Linda. Mit einem Pflaster flickt er die Puppe. Da sind alle wieder froh. Es ist noch ein feines Fest. Und dann. –

Der Sommer ist vorbei,
und Linda kommt Abschied nehmen.
Es ist Zeit, nach Hause zu fahren.
Die Schule fängt wieder an.

Mutter Bär bäckt einen Kuchen.
Der Kleine Bär macht Himbeersaft.

Mutter Bär sagt:
„Wir wollen den Kuchen ganz aufessen.
Wenn wir nichts auf dem Teller lassen,
dann regnet es morgen sicher nicht.“

„Laß es doch regnen“, sagt der Kleine Bär.
„Linda ist ja morgen nicht mehr hier.“

„Das macht nichts“, sagt Linda,
„wir können den Kuchen trotzdem aufessen.
Und dazu trinken wir den Himbeersaft.“

So essen sie den Kuchen
und trinken den Himbeersaft
und plaudern und plaudern.

Aber dann
muß Linda nach Hause gehen.

Vater Bär sagt:
„Paß aber auf, daß Pippi
nicht noch einmal den Arm bricht.“

Linda nimmt die Puppe und sagt:
„Pippi will jetzt auch ade sagen.
Sag schön: Auf Wiedersehen, Kleiner Bär!“

Linda gibt dem Kleinen Bären
die Puppe auf den Arm.

Dann sagt sie zu ihm:
„Kleiner Bär,
du kannst Pippi behalten.
Du darfst sie ganz für dich haben.“

„Aha ...“ sagt der Kleine Bär.

Aber er kann nicht einmal danke sagen,
da nimmt ihm Linda die Puppe wieder weg.

„O je!“ ruft sie.
„Fast hätte ich es vergessen.
Pippi muß ja mit mir in die Schule.“

Linda macht ihre Tasche auf und
nimmt einen schönen Federhalter heraus.
„Den kannst du behalten“, sagt sie.
„Ich schenke ihn dir.“

Der Kleine Bär nimmt den Federhalter.
„Ich danke dir, Linda“, sagt er.

Er läuft in sein Schlafzimmer
und bringt ein prächtiges Segelschiff.

„Das ist für dich“, sagt er.
„Du darfst es behalten. Du kannst es
in der Badewanne schwimmen lassen.“

„Danke“, sagt Linda, „das will ich tun.
Auf Wiedersehen, Kleiner Bär,
auf Wiedersehen im nächsten Sommer.“

Der Kleine Bär steht bei der Türe,

bis Linda verschwunden ist.
Zwei dicke Tränen laufen ihm herunter.

Mutter Bär hat es gesehen. Sie nimmt den Kleinen Bären auf den Schoß.

„Ach je, Kleiner Bär", sagt sie.
„Du kommst ja auch in die Schule,
und dort lernst du schreiben. Dann
kannst du Linda einen Brief schicken."

„Der Kleine Bär kann schon jetzt anfangen", sagt Vater Bär. Er holt Papier und sagt: „Versuch es einmal, Kleiner Bär. Du kannst doch schon deinen Namen schreiben."

„Ja", sagt Mutter Bär,
„mit deinem schönen neuen Federhalter."

Sie nimmt sein Händchen
in ihre große Hand und hilft ihm.

Da ist der Kleine Bär wieder froh.

„Wann kann ich Linda schreiben?" fragt er.

„Bald, bald", sagt Mutter Bär.

Und bald schreibt er Linda einen Brief:

Liebe Linda!

Es schneit.
Ich habe gern Schnee.
Ich möchte dir gern ein wenig schicken.
Die Eule, der Enterich, die Henne
und der Kater lassen dich grüßen.
Auch die kleinen Entlein.
Hoffentlich kommt bald der Sommer.

Dein Freund
der Kleine Bär

aus:
E. Holmelund Minarik/M.Sendak, Der Kleine Bär und seine Freundin
Verlag Sauerländer, Aarau 1960

Sie sind Freunde

Lukas ist auf dem Weg
zum Kindergarten.
Unterwegs
begegnet ihm eine Katze,
ein Auto,
ein Schmetterling,
ein Tankwagen,
ein Traktor.

Unterwegs begegnet ihm auch
der Briefträger,
der Milchmann,
Frau Morelli aus dem Nachbarhaus,
der Elektriker,
der Kaminfeger.

Am Ende der Straße
wartet Daniela.
„Guten Tag", sagt Lukas.
„Guten Tag", sagt Daniela.
Zusammen gehen sie weiter.
Sie sind Freunde.

Max Bolliger
aus:
Weißt du, warum wir lachen und weinen?
Verlag E.Kaufmann, Lahr 1977

Den Weg zum Kindergarten gehen Lukas und Daniela gemeinsam; die beiden wohnen in einer Straße und die beiden sind Freunde.
In dem schlicht beschreibenden Text von M. Bolliger und auf der folgenden Seite, aber auch in der vorausgegangenen Geschichte „Der Kleine Bär und seine Freundin" werden die Kinder unbewußt das Bild vom Weg aufnehmen, den Freunde gemeinsam gehen: Auf-dem-Weg-sein ist ein Sinn-bild für das Leben.
Die Kinder werden an eigene ähnliche Situationen erinnert, wo auch sie ein Stück Weg mit Freunden gegangen sind oder auch den Weg zum Kindergarten täglich mit dem Freund gemeinsam machen. Aber oft ist das gar nicht so selbstverständlich, wie es hier beschrieben wird: vielleicht ist der Weg zum Kindergarten viel zu weit, oder er ist viel zu gefährlich.
Die Texte können die Kinder zur bildnerischen Umsetzung anregen, vielleicht auch zur Gestaltung eines Bilderbuchs.

Es ist früh am Morgen.

Dort ist ein Kind.
Es geht durch eine Tür.
Es geht durch die Tür von seinem Haus.
Ein Weg ist zu sehen.
Wo beginnt der Weg?
Wohin führt er?
Das Kind geht den Weg.

Es trägt eine Tasche.
Sein Brot ist darin.

Es sagt:
Ich kenne den Weg.
Ich bin schon groß.
Ich kann allein gehen.

Da kommt noch ein Kind.
Sie gehen den Weg gemeinsam.
Sie sind Freunde.

Wohin gehen sie?

In der Ferne sind Häuser.
Dort ist der Kindergarten.
Sie gehen zum Kindergarten.
Viele Kinder sind hier.

Es ist schön, zusammen zu sein.

Es ist Mittag.

Die Kinder gehen auseinander.
Auch die Freunde.
Es ist Zeit zum Essen.

Es ist schön zu Hause.

Der Nachmittag ist da.

Es ist Zeit zum Spielen.
Die Kinder spielen miteinander.

Es ist Abend.

Es kommt ein neuer Tag.

Und das Kind geht wieder durch die Tür
auf den Weg.

Legespiel: Wege

mit Naturmaterial

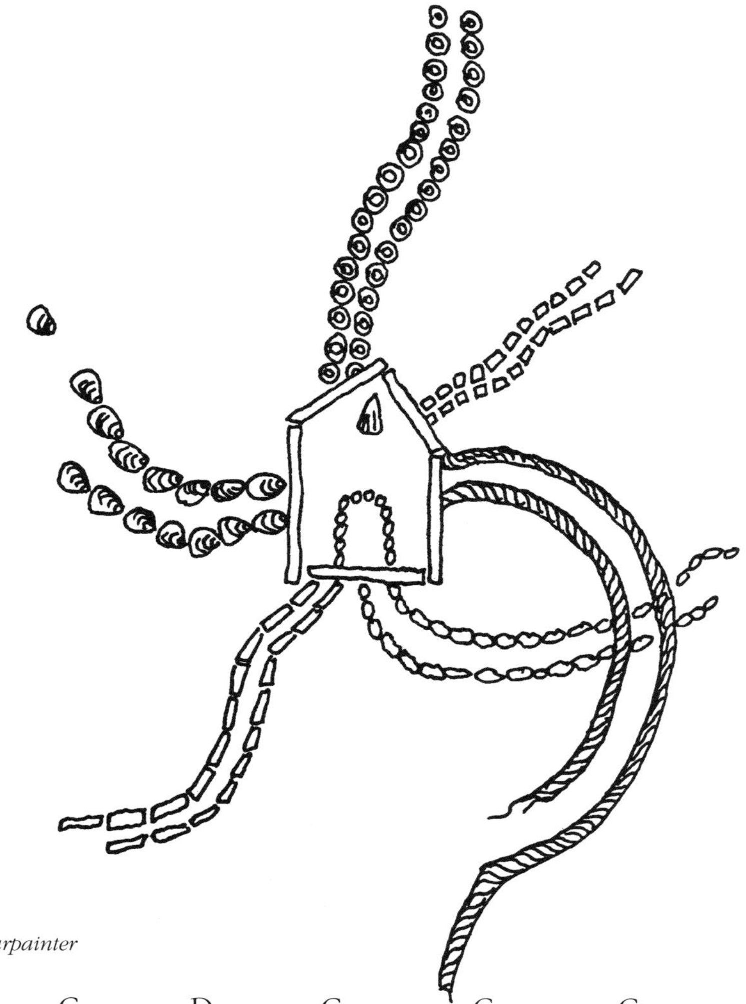

Text und Melodie: Christine Haarpainter

2. Komm, wir gehen miteinander,
denn zusammen ist es schön.
Komm, wir gehen miteinander
über Wiesen, Täler, Höhn.

3. Komm, wir gehen miteinander,
froh bin ich, daß ich dich hab.
Ja, zusammen geht es leichter.
Ja, zusammen macht es Spaß.

aus:
Franz Kett (Hrsg.), Religionspädagogische Praxis, Heft 3/79
Verlag RPA, Landshut

Meine Freundin und ich.
Wir haben uns bunt angemalt.
Mein Haus und das Haus von Stefanie.
Zwischen uns ist ein Gartenzaun.
Wenn wir zusammen spielen wollen,
heben uns Mama oder Papa rüber.

Hanna, 3 Jahre

Laß uns Freunde sein:
mal komme ich zu dir,
mal holst du mich ab.

Vom gemeinsamen Spiel

Text: Barbara Cratzius Melodie: Paul G. Walter

2. Sieh, die Schaufel ist für dich,
   du und ich, du und ich.
   Denn es gibt so viele Sachen,
   die wollen wir gemeinsam machen.
   /: Komm doch her!:/

3. Du reichst mir das Seil nun zu,
   wir und du, wir und du.
   Und wir schwingen, schwingen, schwingen,
   du kannst springen, springen, springen
   /: immerzu!:/

Spiellied:
Komm doch mal zu Besuch

Text: Marina Palmen Melodie: Hubertus Vorbolt

Spielanregung:
Alle Kinder im Kreis singen. Zwei Kinder führen Bewegungen zum Gesungenen aus. Ein Kind tritt in die Kreismitte und beginnt.

Lieber Christian,
komm doch mal zu Besuch. ——— *Es winkt den Christian herbei.*
Reich mir deine Hand. ——— *Sie geben sich die rechte Hand und drücken sie.*
Bau mit mir im Sand. ——— *Sie zeigen mit den Händen, wie sie Sand anhäufen.*
Spiel mit mir Versteck. ——— *Sie halten sich (gegenseitig) die Augen zu.*
Schick deine Sorgen weg. ——— *Sie machen wegwerfende Bewegungen mit den Händen.*
Lauf mit mir im Kreis. ——— *Sie fassen sich bei den Händen und laufen im Kreis herum.*
Kauf bei mir ein Eis. ——— *Sie zeigen, wie sie Eis kaufen bzw. verkaufen und daran lecken.*
Ist das Spiel dann aus,
bring ich dich nach Haus. ——— *Christian bringt das andere Kind an der Hand zu seinem Platz zurück und winkt ein anderes Kind herbei.*

Hinweis:
„Christian" steht stellvertretend für die Namen der Kindergartenkinder in der Gruppe. Durch eine leichte Textveränderung ist jeder Name einsetzbar, z.B.: Lieber blonder Sven ... Alexandra ... Lieber Markus Schmitz ... Du, Veronika ... Du, Bettina ...

Ich weiß nicht, was ich tun soll.
Ich habe mein Bett gemacht.
Ich habe Flöte geübt.
Ich habe alle meine Bücher gelesen.
Ich kann Puzzles nicht mehr ausstehen.
Mir ist langweilig,
langweilig,
LANGWEILIG.
Ich glaube, sie ist einsam.
MEMORY
MEMORY
MALEFIZ
PUZZLE
MÜHLE
MALBLOCK
ALADINS PUPPEN THEATER
KLAMOTTEN
MASKEN

Aliki
aus:
Gefühle sind wie Farben
Verlag Beltz, Weinheim und Basel 1987
Programm Beltz & Gelberg, Weinheim

Habe ich Kummer,
kommt ein lieber Mensch,
ein Freund, eine Freundin.
Der Kummer fliegt weg,
und die Freude kommt zurück. (gekürzt)

Dietrich Steinwede
(nach einem Gedicht von Natascha und Sascha)
aus:
So weit der Himmel ist – Kindergebete für Tag und Jahr
Verlag Patmos, Düsseldorf 1989

Gastfreundschaft

Text: Marina Palmen Melodie: Hubertus Vorbolt

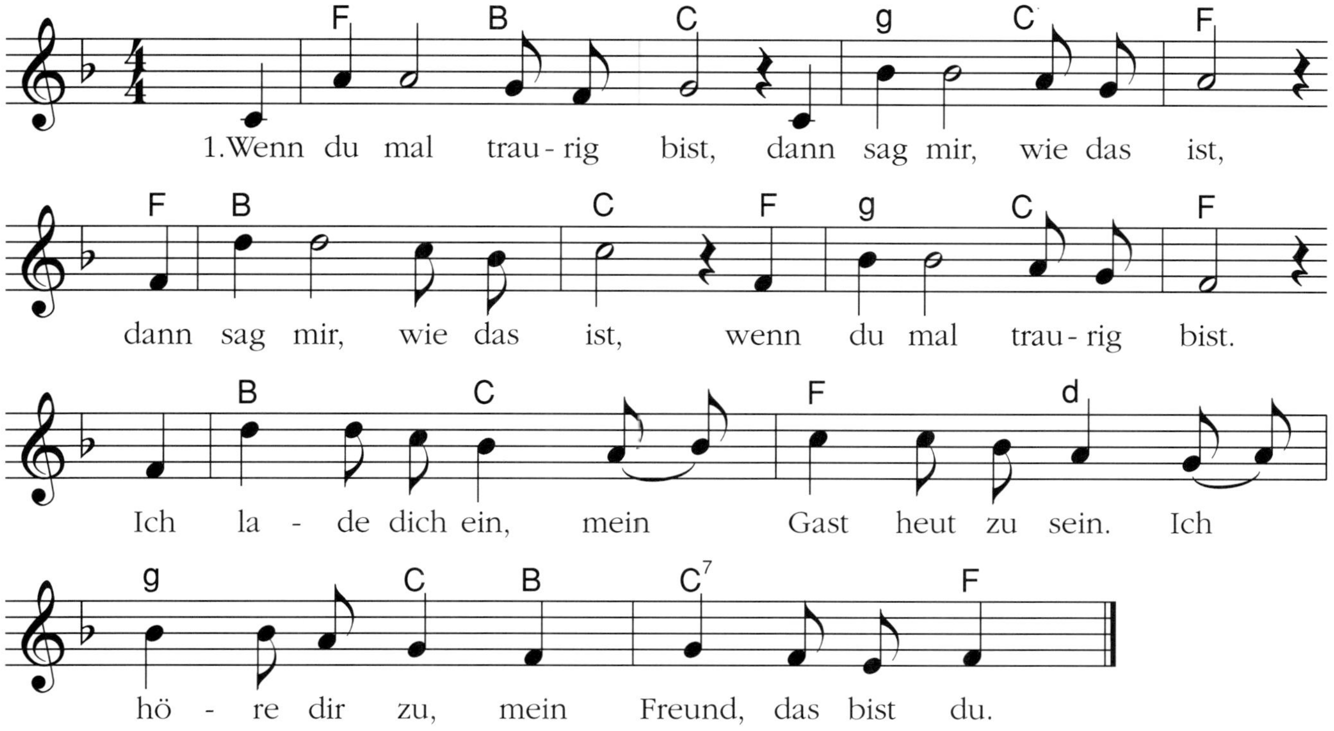

2. Wenn du mal wütend bist,
dann sag mir, wie das ist,
dann sag mir, wie das ist,
wenn du mal wütend bist.

Ich lade dich ein,
mein Gast heut zu sein.
Ich höre dir zu,
mein Freund, das bist du.

3. Wenn du mal hungrig bist,
dann sag mir, wie das ist,
dann sag mir, wie das ist,
wenn du mal hungrig bist.

Ich lade dich ein,
mein Gast heut zu sein.
Ich teile mit dir,
zwei Freunde sind wir.

4. Wenn du mal fröhlich bist,
dann sag mir, wie das ist,
dann sag mir, wie das ist,
wenn du mal fröhlich bist.

Ich lade dich ein,
mein Gast heut zu sein.
Ich freu mich mit dir,
zwei Freunde sind wir.

5. Wenn ich mal traurig bin,
dann geh ich zu dir hin,
dann geh ich zu dir hin,
wenn ich mal traurig bin.

Und du lädst mich ein,
dein Gast dann zu sein!
Du hörest mir zu,
mein Freund, das bist du.

Streit, Streit, Streit ...

Text: Rolf Krenzer Musik: Ludger Edelkötter

2. Streit, Streit, Streit.
Es ist sehr schnell soweit.
Wenn zwei sich nicht vertragen,
wenn sie sich Böses sagen
und endlich gar noch schlagen ...
Ja, dann ist es soweit:
Nichts als Streit, Streit, Streit!

3. Streit, Streit, Streit.
Es ist sehr schnell soweit.
Keiner will unterliegen,
den andern nur besiegen.
Und so kommt es zu den Kriegen ...
Ja, dann ist es soweit:
Nichts als Streit, Streit, Streit!

4. Seid euch gut!
Bezwingt doch eure Wut!
Laßt es damit bewenden.
Laßt uns den Streit beenden,
faßt fest euch an den Händen,
bezwingt doch eure Wut!
Seid euch wieder gut!

aus:
Biblische Spiellieder zum Misereor-Hungertuch aus Haiti
IMPULSE-Musikverlag, Drensteinfurt

Streitigkeiten untereinander gibt es immer. Wichtig ist aber, daß danach ein Weg zur Versöhnung gefunden wird. Die Kinder können von Streitigkeiten erzählen, die sie selbst erlebt haben, aber auch dàvon, wie es wieder zu einer Versöhnung gekommen ist.

Im Rollenspiel lassen sich Situationen, die zu Streitigkeiten führen, darstellen, aber auch Lösungen finden.

Streit mit Cornelia

Sandra will nie mehr mit Cornelia spielen. Nie mehr! Das hat sie sich fest vorgenommen. Heute morgen im Kindergarten hat Cornelia laut gelacht, als Sandra das mit dem Kakao passiert ist. Daß man nach dem Trinken die Tasse nicht mehr richtig auf den Tisch stellt, daß die Tasse umkippt und der Kakao, der noch drin war, über das neue weiße Kleid schwappt, das kann jedem einmal passieren.
Frau Buchmüller hat das auch gesagt und das Kleid so gut es ging ausgewaschen. Alle haben Sandra getröstet, weil sie sich so erschreckt hatte. Alle. Nur Cornelia nicht!
Cornelia hat laut gelacht, als Sandra in ihrem weißen Kleid mit dem großen braunen Fleck dastand. Richtig ausgelacht hat sie Sandra. Und Cornelia ist Sandras beste Freundin.
Das ist jetzt aus.
Sandra hat den ganzen Tag kein Wort mehr mit Cornelia gesprochen.
Cornelia hat ihr später ein Bonbon schenken wollen und noch später sogar das neue Puppenkleid, das sie erst seit gestern besitzt. Aber Sandra hat sich abgewendet, ist einfach davongegangen. Nein, Cornelia ist nicht mehr ihre Freundin. Sie will nie mehr mit Cornelia spielen. Nie mehr!
Am Nachmittag klingelt es. Cornelias Mutter ist gekommen.
Ob Sandra vielleicht mit Cornelias Mutter sprechen würde, fragt Mutti.
Cornelias Mutter ist immer sehr lieb zu Sandra gewesen. Sie kann nichts dafür, daß sie eine so scheußliche Tochter hat. Deshalb ist Sandra schließlich bereit, mit Cornelias Mutter zu sprechen.
„Sandra ist sehr traurig!", sagt die Mutter. „Sie weint und hat mich so lange gebettelt, bis ich zu dir gekommen bin!"
„Warum ist sie nicht selbst gekommen?", fragt Sandra.
„Sie getraut sich nicht mehr, weil du im Kindergarten nichts mehr von ihr wissen wolltest. Aber ihr seid doch Freundinnen!"
„Wir waren Freundinnen!", sagt Sandra leise und merkt, daß es ihr innendrin sehr weh tut.
„Sie hat dich ausgelacht!", sagt Cornelias Mutter. Sandra nickt und kämpft mit den Tränen.
„Du weißt doch, daß sie über alles lachen muß!", versucht die Mutter zu erklären. „Sie ist so albern. Und hinterher tut es ihr manchmal leid. Sie sagte, es sei so lustig gewesen."
„Für mich war das nicht lustig!", sagt Sandra.
„Jetzt ist es für Cornelia auch nicht mehr lustig!", meint die Mutter.
„Jetzt ist sie so traurig, daß sie nur noch weint, seit sie aus dem Kindergarten nach Hause gekommen ist. Sie will auch gar nichts essen."
Da hat Sandra plötzlich Mitleid mit Cornelia. Sie weiß ja auch, wie schlimm es ist, wenn man plötzlich lachen muß und andere sich darüber ärgern.
„Sag ihr ...", beginnt sie zögernd, „wenn sie Lust hat, kann sie noch ein bißchen zu mir kommen!"
Als dann Cornelias Mutter geht, nimmt sich Sandra vor, zuerst noch ein bißchen böse zu sein, aber nur ein bißchen. Aber dann will sie versuchen, alles zu vergessen. Schließlich ist Cornelia ihre beste Freundin.

Rolf Krenzer
aus:
Glauben erlebbar machen – Spielgeschichten und Lieder zur religiösen Erziehung
Verlag Herder, Freiburg 1985

Gedicht: Das böse Wort

In dem Gedicht von Max Bolliger denkt ein Kind „laut" nach über das böse Wort, das plötzlich gesagt wurde. Auf die Frage, wie es zum Streit kam, gibt auch dieser Text keine Antwort. Die Frage nach dem Grund von Streit wird nur bewußtgemacht. Wesentlich ist dann: Sei wieder gut! Alles sei wieder gut. Ich möchte wiedergutmachen, mit all den schönen Dingen, die ich habe. Du bist ganz wichtig für mich.

Die Kinder erzählen, spielen – verarbeiten ihre persönlichen Erlebnisse. Die Kinder nennen mögliche Streitursachen. Es kann zusammen überlegt werden, wie Kinder, die sich gestritten haben, versuchen können, wieder zueinander gut zu sein.

Das Gedicht bietet sich an im Anschluß an die Geschichte „Streit mit Cornelia" oder anläßlich eines Konfliktes zwischen den Kindern in der Gruppe.

Für die Darbietung im Kindergarten könnte ein Schulkind das Gedicht auf Kassette sprechen und es in die einleitenden und ausklingenden Sätze einbinden.

Gestern war es schlimm.
Zank und Streit hatte ich mit meinem Freund.
Böse Wörter haben wir gesagt.
Und dann waren wir ganz traurig.
Warum?
Weil wir doch Freunde sind,
darum waren wir traurig.
Alles sollte wieder gut sein.
Das wollte ich.
Wir waren beide traurig.

C.V.

Das böse Wort

Wie fing es an?
Wer ist schuld daran?
Du oder ich oder das böse Wort?
Aber bitte, geh nicht fort!
Willst du die Marke aus Portugal
oder lieber den blauen Ball?
Laß mich nicht allein!
Ich geb dir auch den bunten Stein,
den Zauberkasten
oder die goldenen Quasten,
sogar meinen Indianerhut,
aber bitte, sei wieder gut.

Max Bolliger
aus:
Weißt du, warum wir lachen und weinen?
Verlag E. Kaufmann, Lahr 1977

Foto: Hendricks/present, Essen

Alles ist wieder gut.
Das ist schön.
Wir sind Freunde.
Wir haben uns wieder vertragen.

C.V.

Freundschaft ist nicht an das Alter gebunden.
Sie ist immer dort, wo Menschen etwas verbindet.
Im Alter und in der Kindheit macht sie die Tage heller.

Foto: Douglas Blackwood Sewell, Manly/Australia

Die alten Männer haben Zeit für lange Gespräche.
Ihre Freundschaft hat sie viele Jahre zusammengehalten. Nun schauen sie auf gute und schlechte Tage zurück. Gelassener als früher betrachten sie den Lauf der Welt. Ihre Erinnerungen tragen sie mit sich wie reife Früchte.

aus:
Peter Helbich, Douglas Blackwood, Freunde haben
Verlag Oncken, Wuppertal 1989

Foto: Reinhardt Scholz, Düren

Den Jungen ist die Freude in ihre Gesichter geschrieben, ja, sie springt auf uns über ...
Man spürt, daß die Drei Freunde sind und schon so manches gemeinsam unternommen haben. Die Drei halten zusammen.
Da hocken sie an der Mauer so fröhlich zusammen und stecken voller abenteuerlicher Einfälle.

Richtige Freunde

Richtige Freunde helfen einander
sie unternehmen vieles gemeinsam
sie treffen sich schon früh am Morgen
sie reden über alles
sie planen gemeinsam
sie suchen gemeinsam nach Lösungen
sie beschließen alles zusammen
sie planen Abenteuer
sie gehen gemeinsam auf Schatzsuche
sie hecken gemeinsam Späße aus
sie haben tolle Ideen
sie spielen zusammen
sie teilen miteinander
sie essen zusammen
sie müssen mal zusammen
sie gehen gemeinsam auf Entdeckungsreise
sie „erobern" gemeinsam „die Welt":
kein Weg ist ihnen zu steinig,
kein Abhang zu steil,
keine Kurve zu scharf und
keine Pfütze zu tief
sie machen meist vergnügte Gesichter
sie johlen laut zusammen
sie sind gemeinsam stark und schnell
sie helfen einander in der Not
sie sorgen sich umeinander
sie lassen den anderen nicht im Stich
sie schlagen Feinde in die Flucht
sie helfen einander mit Rat und Tat
sie sagen sich, was sie denken
sie sind nicht böse aufeinander
sie lachen auch übereinander
sie machen sich mit dem anderen einen kleinen Spaß
sie können sich auch mal trennen
sie sind aufeinander auch mal eifersüchtig
sie sind stolz aufeinander
sie vermissen einander
sie finden sich zusammen „besser"
sie entschuldigen sich beim anderen
sie akzeptieren auch die Freunde des anderen
sie haben ihre Geheimnisse und Träume
sie verabschieden sich abends
sie begegnen sich in ihren Träumen
sie geistern manchmal nachts herum
sie schwören sich ewige Freundschaft
sie halten zusammen
sie sind jeder der, der sie sind

Es gibt viele Bauernhöfe in der Welt,
aber keiner ist so wie Mullewapp.

Mullewapp ist groß.
So groß, daß er Platz hat für alle.

Mullewapp ist klein.
So klein, daß er selbst im kleinsten Herzen
Platz findet.

Mullewapp gehört niemandem.
So wie Sonne und Luft niemandem gehören.

Mullewapp gehört jedem.
So wie die Welt uns allen gehört.

Helme Heine
Einleitungstext zu den Bilderbüchern „Drei kleine Freunde“: Der Rennwagen, Der Wecker, Der Besuch
Verlag G.Middelhauve, Köln 1983

In diesem Mullewapp leben die inzwischen so berühmt gewordenen Freunde Johnny Mauser, Franz von Hahn und der dicke Waldemar.

In den Freunde-Büchern von Helme Heine wird uns von Seite zu Seite sehr liebenswert und humorvoll vor Augen geführt, was Freundschaft ausmacht und wie Freundschaft aussehen kann.
Eine eher nüchterne Aufstellung von direkten und indirekten Aussagen über die Freundschaft in den Freunde-Büchern findet sich auf der gegenüberliegenden Seite.

Die ansteckenden Freundschaftserlebnisse von Johnny Mauser, Franz von Hahn und dem dicken Waldemar hängen nicht vom Verschieden- oder Gleichsein ab – in ihrer Verschiedenheit ist jeder der, der er ist – sondern von der Fähigkeit, einander gelten zu lassen, miteinander zu teilen, gemeinsam nach Lösungen zu suchen, zu sagen, was man denkt, einander zu helfen ... und natürlich von den gemeinsamen Spielen, Abenteuern und Träumen.

Über die Bücher wird die Phantasie der Kinder in ihrem Umgang miteinander angeregt und bekommt Nahrung. Sie werden hingelenkt zu den kleinen täglichen Glücksmomenten.
In den zarten Aquarellbildern wartet eine ganze Menge zum Entdecken und Vergleichen, zum Nachdenken und Miteinanderreden und natürlich zum Schmunzeln und Lachen. Und zwischen den Zeilen und Bildern ist immer auch ein Stück Lebensweisheit zu entdecken.
Wohl alle Kinder – und nicht nur sie! – haben ihre helle Freunde an den drei Freunden!

auch in Englisch, Französisch, Italienisch, Türkisch und Schwyzerdütsch

Freund oder Freundin

Mein Freund, Gott,
ich bin froh,
daß ich ihn habe.

Meine Freundin, Gott,
ich bin froh,
daß ich sie habe.

Freund und Freundin,
die habe ich gern.
Die haben mich gern.
Denen kann ich alles erzählen.
Niemals verraten sie ein Geheimnis.

Wir können plaudern.
Wir können spielen
und lachen und singen.

Wir können gemeinsam etwas unternehmen.

Freund und Freundin,
Gott,
ich bitte dich,
laß sie mich lange behalten.

Amen.

Dietrich Steinwede
aus:
So weit der Himmel ist – Kindergebete für Tag und Jahr
Verlag Patmos, Düsseldorf 1989

Metapher-Meditation

Einen Freund oder eine Freundin haben
ist wie ...

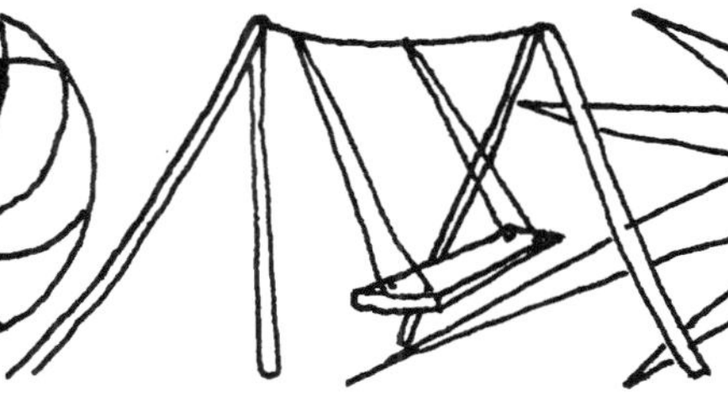

- eine Katze und ein Kater
  nicht wie eine Katze und ein Igel
- ein weiches Fell
- ein lustiger Tanz
- ein langes Spiel
- ein bunter Ball
- ein Wippe
- ein Spielzelt
- ein Abenteuer
- ein Setzkasten
- eine große Freude
- die warme Sonne
- eine Blume, die schön blüht
- ein Springbrunnen
- eine gute Hand
- eine warme Hand
- ein Streicheln über mein Gesicht
- ein schönes Lied
- ganz viel Lachen
  manchmal auch ein bißchen Weinen
- ein Weg, auf dem ich nicht allein bin

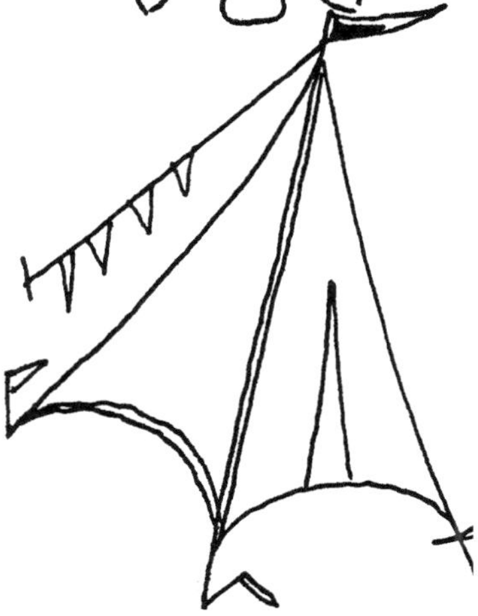

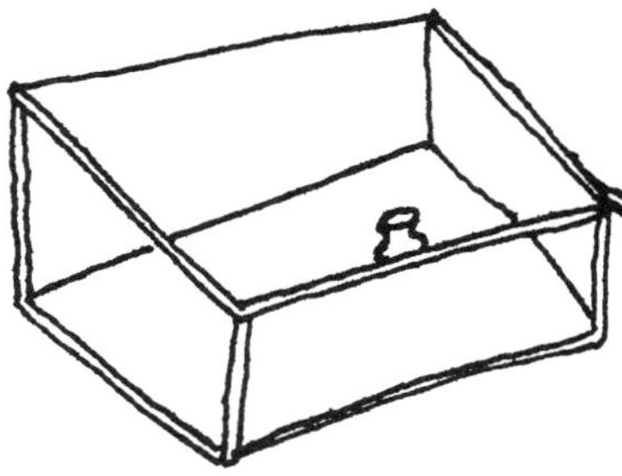
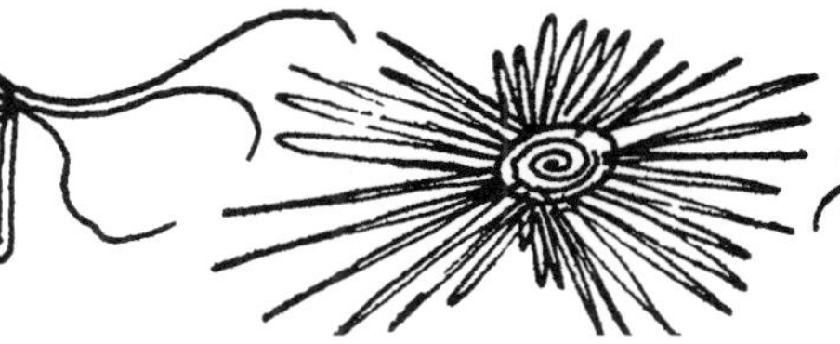
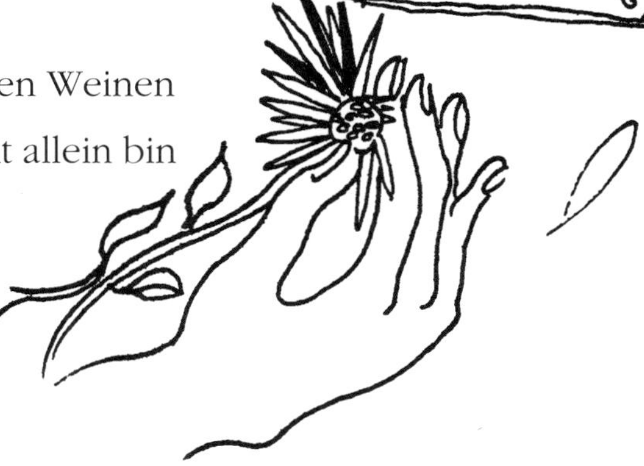

mit Metaphern von einer Kindergruppe

Mein Freund, der Fuchs oder
Was nicht zu kaufen ist

Der Fuchs verstummte und schaute den kleinen Prinzen lange an:
„Bitte ... zähme mich!" sagte er.
„Ich möchte wohl", antwortete der kleine Prinz. „Aber ich habe nicht viel Zeit. Ich muß Freunde finden und viele Dinge kennenlernen."
„Man kennt nur die Dinge, die man zähmt", sagt der Fuchs. „Die Menschen haben keine Zeit mehr, irgend etwas kennenzulernen. Sie kaufen sich alles fertig in den Geschäften. Aber da es keine Kaufläden für Freunde gibt, haben die Leute keine Freunde mehr. Wenn du einen Freund willst, so zähme mich!"

Antoine de Saint-Exupéry
aus:
Der Kleine Prinz
Karl Rauch Verlag, Düsseldorf 1956

Ich wünsche mir, daß meine Eltern mehr Zeit für mich haben. Sie arbeiten beide, und ich bekomme fast alles von ihnen, was ich will. Sie sagen, sie könnten mir viel weniger kaufen, wenn sie nicht soviel arbeiten würden. Trotzdem wäre es mir lieber, wenn sie öfter zu Hause wären und manchmal auch etwas mit mir zusammen unternehmen würden.
Am liebsten möchte ich mit meiner Familie auf einem Bauernhof leben und viele Geschwister haben: dazu Schweine, Hühner, Pferde, Katzen, Gänse und eine Großmutter, die uns Kindern schöne Märchen erzählt.

Per, 9 Jahre (Schweden)
gefunden in:
Ich möcht' auf einer Wolke segeln – Kinderwünsche aus 48 Ländern der Welt
Verlag F.Schneider, München 1978

Erfahrungsfeld der Kinder

Ganz selbstverständlich gebrauchen Kinder die Redeweise: ich wünsche mir, ich will aber, ich möchte gerne, hoffentlich bekomme ich das, es wäre schön, wenn ..., ich habe Wünsche ...

Kinder leben in einem sehr vielschichtigen Beziehungsverhältnis zu ihren Eltern, Großeltern und anderen Bezugspersonen. In diesem Beziehungsgeflecht steht auf der einen Seite das Kind mit seinen Bedürfnissen, Wünschen und Ansprüchen, und ihm gegenüber stehen Personen, von denen es Erfüllung erwartet. Erfüllung bzw. Nichterfüllung von Wünschen weckt neue Wünsche, entscheidet über die Art der Erziehung und über die Selbstverwirklichung des Kindes.

Die Erfahrungen, die Kinder mit ihren ausgesprochenen oder auch unausgesprochenen Wünschen machen, sind so vielfältig, daß hier nur verkürzt ausgeführt werden kann, welche Wünsche Kinder häufig haben und wie darauf reagiert wird.

Die Wünsche der Kinder werden durch aktuelle Anlässe und Situationen ausgelöst: sie möchten etwas Bestimmtes haben, besitzen, erleben, fühlen ...
Kinder erfahren, daß ihnen bestimmte Wünsche erfüllt werden, die Wünsche, deren Erfüllung eigentlich doch nicht befriedigt, und die Wünsche, deren Erfüllung glücklich macht.
Oft werden materielle Wünsche durch Kauf rasch und leicht erfüllt, andere Wünsche führen erst über eigene Mitwirkung und nach größeren Anstrengungen zum Ziel.

Kinder machen die Erfahrung, daß nicht alles machbar oder erfüllbar ist, daß auch die Eltern sich nicht alle Wünsche erfüllen. Sie erleben, daß andere Kinder selbstverständlich besitzen, worüber sie auch gerne verfügten, oder, daß sie selber von anderen beneidet werden.
So leben Kinder in der Spannung zwischen Wünschen, Wunscherfüllung und Enttäuschungen. Und manche Wünsche erwarten gar keine Erfüllung, sie wollen nur geträumt werden.

Kinder, die sich mit ihren Wünschen allein gelassen fühlen, neigen dazu, das tun zu dürfen, was andere Kinder tun, das haben zu wollen, was andere Kinder haben; in einem bereits gestörten Ich-Verhältnis werden sie sich nicht klar darüber, was sie selbst eigentlich brauchen oder sein möchten.

Durch unsere Aufmerksamkeit und durch unsere kluge Entscheidung finden Kinder zu sich selbst, d.h. sie erfahren Sicherheit und Stärkung ihrer Persönlichkeit, auch auf die Wünsche anderer zu achten.

Zur Advents- und Weihnachtszeit spielt das Wünschen im Bewußtsein der Kinder eine besondere Rolle. Welche Erfahrungen machen die Kinder mit ihren verborgenen Wünschen nach Zuwendung, Zeit-haben für sie, Freude und nach heimlicher Atmosphäre?

Dimension des Themas

Es fällt uns schwer, den Wünschen unserer Kinder gegenüber hellhörig zu sein und nach den eigentlichen Wunschzielen und versteckten Bedürfnissen zu fragen.

Kinder bedürfen zur vollen und harmonischen Entwicklung ihrer Person der Liebe und des Verständnisses und des Gefühls der Sicherheit und des Geborgenseins. Die Nichterfüllung dieser Grundbedürfnisse bedingt jetzt und später Süchte (Sehnsüchte) oder Abhängigkeiten, ein krankhaftes Wunschdenken, aus dem Befreiung kaum noch gelingt.
Auf der Seite 193 sind viele berechtigte Wünsche der Kinder aufgeführt: Was sich Kinder von ihren Eltern wünschen – als Halt für das eigene Leben
Was Kinder gerne möchten – zur besseren Selbstfindung
Was Kinder gerne haben möchten – zur allseitigen Entwicklung der eigenen Fähigkeiten
Wovon Kinder träumen – zur Überschreitung des Alltags in eine phantastischere Welt
Wie Kinder sich die Erwachsenen wünschen – um Kind sein zu dürfen

In den Gedichten, Liedern, Geschichten und Märchen dieser Einheit geht es immer wieder um erfüllbare und unerfüllbare Wünsche und Sehnsüchte. Die Kinder werden sich immer wieder angesprochen fühlen, wenn sie sich darin selbst wiederfinden. Und da Kinder urteilsfähig sind, erfahren sie hier viel Orientierung.

Unser Miteinander ist geprägt von ausgesprochenen und unausgesprochenen Wünschen: Was wünsche ich mir? Was wünscht sich der andere? Was wünsche ich mir vom anderen? Was wünscht sich der andere von mir?
Unser persönliches Leben ist der ständige Versuch, zwischen unseren Wünschen und dem tatsächlich Erreichten fortzuexistieren, auf Zukunft hin zu leben. Freud- und leidvolle Erfahrungen motivieren unser Handeln, Erwartungen und Hoffnungen geben uns Mut.
Hier erwächst uns für unsere Kinder ein Stück Erziehungsauftrag: Die Kinder in ihrem Wollen und Wünschen ernstzunehmen, echte Defizite zu erkennen, ihnen Vertrauen und Sicherheit zu schenken, ihnen durch unser Leben gute Ziele vorzugeben. So tragen wir dazu bei, Fehlentwicklungen zu vermeiden: Verwöhntsein, überzogenes Nehmen- und Habenwollen, ständiges Fordern und Ansprüchestellen, sich abhängig machen und so unfrei werden.
Wenn wir uns die Wünsche der Kinder genauer anschauen, dann können Kinder für Erwachsene in Sachen Leben oft genug so etwas wie wahre Lehrmeister sein. Wir sind gefordert in unserer Phantasie und in unserem schöpferischen Tun, die Kinder freizusetzen und ihnen Freiraum zu geben zu ihrer Selbstfindung, bereit, sie zu halten und zu tragen.

Unser Thema erfährt in der Weihnachtszeit seine besondere didaktische Herausforderung. Diese Zeit prägt die kindlichen Gedanken, Wünsche und Sehnsüchte. Vielfach gerät aus dem Blick, weshalb wir Weihnachten feiern. Wünsche wie Füreinander-Zeit-haben, gegenseitige Aufmerksamkeit und weniger Zwang und Konsum können uns die eigentliche Botschaft des Weihnachtsfestes deutlicher machen.

„Alle Verwicklungen der Welt haben nur eine einzige Ursache, nämlich die, daß die Menschen nicht zwischen dem Nötigen und Unnötigen unterscheiden können, daß sie das, was ihnen not ist, übersehen und sich fortwährend mit dem Unnötigen beschäftigen, sich darin verstricken und verwickeln." 1)

1) Johann Amos Comenius (1592-1670), Das einzig Notwendige, S.28ff, Agentur des Rauhen Hauses

Modellziel

Fähigkeit entwickeln,

- eigene Wünsche aussprechen zu lernen, anderen damit sagen, was ich brauche, was ich möchte;
- zu träumen von einer Welt des Geborgenseins und des Frohseins; sich mit dem, wie es ist, nicht zufrieden geben;
- Dinge selbst zu verwirklichen und nicht alles von anderen erwarten;
- schöpferisch zu sein, Phantasie zu entwickeln und nicht nur zu konsumieren;
- das eigene Ich zu entfalten, nicht wie andere sein wollen, nicht immer das andere haben wollen und immer mehr haben wollen;
- sich in andere hineinzuversetzen und Verständnis für ihre Wünsche zu haben;
- die eigenen Wünsche nicht zu Lasten der Wünsche anderer durchsetzen zu wollen;
- geben zu können, nicht nur haben zu wollen;
- manche Dinge mit großer Intensität zu wünschen, dann werden sie Wirklichkeit – wie im Märchen;
- auszuhalten, daß es Wünsche gibt, die unerfüllbar sind;
- Enttäuschungen zu ertragen, weil nicht alle Wünsche erfüllbar sind;
- die eigenen Wünsche auf das Naheliegende auszurichten, um mit allen Sinnen das Schöne der Stunde wahrzunehmen, – manchmal ein bißchen „wunschlos glücklich" zu sein;
- dankbar anzunehmen, daß uns manches als ein Geschenk zufällt;
- die Vorfreude mancher Wunscherfüllung bewußt zu entdecken, – Freude, die uns „Flügel" gibt;
- das Wünschen und Schenken an Weihnachten mit der Botschaft von Jesus im Heute zu verbinden.

Elterbrief

Liebe Eltern,

nur zu gut kennen Sie die folgenden Redeweisen ihres Kindes:

ich wünschte
ich wünsche mir
ich will auch
ich möchte
ich hätte gerne
ach, wäre das schön!
hoffentlich ...

Und nicht nur in der Welt der Kinder nehmen Wünsche einen bedeutenden Raum ein ... Später heißt es vielleicht sogar: ich will aber – und zwar sofort! Über die Hintergründe einer solchen Redeweise mag jeder für sich nachdenken ...

Das Thema „Ich habe Wünsche" beschäftigt uns in den Wochen vor Weihnachten im Kindergarten. Unsere Wünsche verraten etwas über uns. Immer aber sprechen sie davon, daß es etwas gibt, wonach wir uns sehnen, was uns fehlt oder scheinbar fehlt, denn wir möchten glücklich sein.

Zur Entwicklung der eigenen Persönlichkeit hilft den Kindern eine Stärkung ihres Ich. In bezug auf das Wünschen bedeutet das: nicht auf das schauen und das begehren, was der andere möchte, sondern frei werden und selber finden, was man eigentlich möchte. Nicht immer mehr und nicht immer das andere haben wollen.
Geschichten, Märchen, Lieder und Spiele helfen uns dabei, die Kinder auf diesen wichtigen Weg zu führen und sie dort zu unterstützen. Dabei entdecken wir auch, daß sich nicht alle Wünsche erfüllen lassen, daß wir von manchem auch träumen möchten, daß längst nicht alles durch Geld zu haben ist und daß uns so vieles, was uns Freude macht, geschenkt wird.

Die Zeit vor Weihnachten kennt ganz spezifische Wünsche: nach Behaglichkeit und Aneinanderrücken, nach Kerzenschein und Weihnachtsduft und nach Geheimnissen. In unserem Rahmen möchten wir durch eine schöne Atmosphäre den Kindern diese Wünsche zu erfüllen versuchen.

Die Wirklichkeit vieler Kinder an Weihnachten heißt oftmals, daß alle großen und kleinen Wünsche durch Geschenke erfüllt werden, aber der eigentliche Wunsch des Kindes – wirklich miteinander dieses Christfest zu feiern – vielfach auf der Strecke bleibt.

P.S.:
Wir laden Sie herzlich ein zu unserer Spielzeug- und Buchausstellung, die dabei helfen möchte, den einen oder anderen Herzenswunsch Ihres Kindes für den Gabentisch herauszufinden; dabei läßt sich immer wieder feststellen, daß der materielle Wert gar nicht ausschlaggebend ist, um ein Kind glücklich zu machen.

Manche Kinderwünsche erfüllt man gerne, auf einige fällt es schwer einzugehen. „Spielen und lernen"- Autorinnen erzählen, wie sie mit unterschiedlichen Kinderwünschen umgegangen sind und welche sie besonders gefreut haben.

Weihnachten und Wünschen – es ist wohl bezeichnend, daß mir zunächst nichts dazu einfällt. Trotz einer langen Weihnachtserfahrung mit vielen – nicht nur den drei eigenen – Kindern. Für uns hatte und hat nämlich die Adventszeit im Grunde immer mehr Gewicht als die eigentlichen Feiertage mit der Bescherung und den erfüllten oder nicht erfüllten Wünschen. Die Adventszeit aber, mit ihren (oft mühsam gewahrten!) Geheimnissen und der unmerklich wachsenden Sehnsucht nach dem Licht, sollte als eine Kette von kleinen Vorfreuden auf die große Freude Weihnachten hinführen, so hatte ich es als Kind erlebt, so wollte ich es an meine Kinder weitergeben. Und als es dann mit unserer kleinen Tochter unversehens gelungen war, bekam ich einen freudigen Schreck, den ich noch zwei Jahrzehnte später nicht vergessen habe. Eine freundliche Nachbarin beugte sich einen Tag vor Heiligabend innig zu der vielleicht Vierjährigen hinunter: „Ja, was wünschst du dir denn alles so?" Keine Antwort. „Aber du wirst dir doch eine Menge Sachen wünschen?!" Noch immer nichts. Die Nachbarin hat beim dritten Fragen eine Spur weniger Innigkeit in der Stimme: „Du wirst doch wohl wissen, was morgen ist??"
Das kleine Mädchen strahlt: „Da machen wir das letzte Türchen auf ..."
Ein Kinderwunsch, eine kindliche Erwartung, die für mich niemals übertroffen wurde.

Katrin Arnold

Die Wünsche meiner Kinder? – Klar, da gibt's welche, die habe ich mit dem größten Vergnügen erfüllt. Angefangen vom Puppenhaus, das uns Eltern beim gemeinsamen Bauen so viele Adventsabendgespräche mitschenkte. Bis zu jenem feuerroten Mini-Schlagzeug. Ich weiß noch genau, wie ich heimlich in den Tagen vor Weihnachten im Keller drauflostrommelte. Solche Wünsche machten es mir leicht. Habe ich dabei nicht auch mir selbst etwas erfüllt? Natürlich gab es auch Wünsche, die mich zur Verzweiflung brachten. Dabei fällt mir jener Heilige Abend ein, an dem ich kurz vor Ladenschluß vor dem Spielzeuggeschäft stand. Ratlos, unsicher und ein bißchen wütend. Wie konnte sich mein Kind nur dieses grellbunte Schmuseungeheuer aus Plüsch wünschen? – Dieser Wunsch fiel aus der Rolle. Ein Wunsch nicht nach meinem Wunsch? – Daß ich so lange brauchte, um ihn zu akzeptieren, hat mich damals sehr nachdenklich gemacht. Und deshalb habe ich ihn bis heute nicht vergessen.

Dorothee Kreusch-Jacob

Ein Dutzend oder mehr Jahre habe ich mich gedrückt, meiner Tochter den Wunsch nach einem Schaukelpferd zu erfüllen. Ich habe zwar jedes Jahr zur Weihnachtszeit die Läden abgesucht, aber wir wurden nicht handelseinig, die Schaukelpferde und ich.
Und mit den Jahren dachte ich auch, daß alles seine Zeit hat, auch die Schaukelpferde. Es war aber nicht so. Der Schaukelpferdwunsch erwies sich als eher zeitlos.
Eines Tages fand ich dann doch noch ein wunderschönes Schaukelpferd, nicht größer als ein Wanderschuh, mit Sattel, Schwanz und Ohren. Meine Tochter, mittlerweile ein ausgereifter Teenager, war selig. Aber trotz aller Seligkeit kam die Frage, die schließlich längst schon fällig war: „Warum hab' ich erst heute ein Schaukelpferd gekriegt?" So schlug die Stunde der Wahrheit! Unerbittlich und ausgerechnet unterm Weihnachtsbaum holte mich meine Vergangenheit ein: „Also", sagte ich, „ich hatte als Kind ein Schaukelpferd, ein heißgeliebtes, großes, sogar mit echtem Fell. Als mir das Christkind einmal eine Puppe brachte, ließ ich sie zur Begrüßung erst einmal kräftig reiten. Sie hat es nicht überlebt. Ihr Kopf war nämlich aus Porzellan. Das Christkind hat es danach nicht mehr geschafft, mir eine neue Puppe zu besorgen. Puppen waren im Krieg rar. Und das Schaukelpferd, tja, das verbrannte später bei einem Luftangriff."
Meine Tochter drückte ihr kleines Schaukelpferd an sich, ging und kam nach einer Weile mit Puppe Sabine unterm Arm zurück. Sabine war, insgeheim, immer mein Puppenideal gewesen: dickbackig, blond und ringsum gut geraten. „Da", sagte sie, „unzerbrechlich!"
Geduld, so viel steht fest, kann Berge versetzen, sogar die Berge der Wünsche, die in die Jahre gekommen sind ...

Christel Hofmann
aus: spielen und lernen 12/85, Verlag Velber, Seelze

Erklärung der Vereinten Nationen vom 20. November 1959

Da die Menschheit dem Kinde ihr Bestes zu geben schuldig ist, verkündet die Generalversammlung der Vereinten Nationen

Grundsatz 1 Das Kind erfreut sich aller in dieser Erklärung enthaltenen Rechte. Ohne jede Ausnahme und ohne Unterscheidung oder Benachteiligung durch Rasse, Hautfarbe, Geschlecht, Sprache, Religion, politische oder sonstige Überzeugung, nationale oder soziale Herkunft, Eigentum, Geburt oder sonstige Umstände, sowohl hinsichtlich seiner selbst wie seiner Familie, hat das Kind auf diese Rechte Anspruch.

Grundsatz 2 Das Kind genießt besonderen Schutz; ihm werden Gelegenheiten und Erleichterungen durch Gesetz und auf andere Weise gegeben, sich gesund und natürlich in Freiheit und Würde körperlich, geistig, moralisch, seelisch und sozial zu entwickeln. Das Beste des Kindes ist für diese Gesetzgebung bestimmend.

Grundsatz 3 Das Kind hat Anspruch auf einen Namen und eine Staatsangehörigkeit von Geburt an.

Grundsatz 4 Das Kind erfreut sich der Wohltaten der sozialen Sicherheit. Es ist berechtigt, in Gesundheit heranzuwachsen und zu reifen; deshalb werden ihm und seiner Mutter besondere Fürsorge und Schutz gewährt, einschließlich angemessener Pflege vor und nach der Geburt. Das Kind hat das Recht auf ausreichende Ernährung, Wohnung, Erholung und ärztliche Betreuung.

Grundsatz 5 Das Kind, das körperlich, geistig oder sozial behindert ist, erhält diejenige besondere Behandlung, Erziehung und Fürsorge, die sein Zustand und seine Lage erfordern.

Grundsatz 6 Das Kind bedarf zur vollen und harmonischen Entwicklung seiner Person der Liebe und des Verständnisses. Es wächst, soweit irgend möglich, in der Obhut und der Verantwortung seiner Eltern, immer aber in einer Umgebung der Zuneigung und moralischer und materieller Sicherheit auf; in zartem Alter wird das Kind nicht von seiner Mutter getrennt, außer durch ungewöhnliche Umstände. Gesellschaft und öffentliche Stellen haben die Pflicht, alleinstehenden und mittellosen Kindern verstärkte Fürsorge angedeihen zu lassen. Staatliche und anderweitige finanzielle Unterstützung kinderreicher Familien ist wünschenswert.

Grundsatz 7 Das Kind hat Anspruch auf unentgeltlichen Pflichtunterricht, wenigstens in der Volksschule. Ihm wird eine Erziehung zuteil, die seine allgemeine Bildung fördert und es auf der Grundlage gleicher Möglichkeiten in den Stand setzt, seine Anlagen, seine Urteilskraft, sein Verständnis für moralische und soziale Verantwortung zu entwickeln und zu einem nützlichen Glied der menschlichen Gemeinschaft zu werden. Das Beste des Kindes ist der Leitgedanke für alle, die für seine Erziehung und Führung Verantwortung tragen; dies liegt zuallererst bei den Eltern. Das Kind hat volle Gelegenheit zu Spiel und Erholung, die den gleichen Erziehungszielen dienen sollen; Gesellschaft und Behörden fördern die Durchsetzung dieses Rechtes.

Grundsatz 8 Das Kind ist in allen Notlagen bei den Ersten, die Schutz und Hilfe erhalten.

Grundsatz 9 Das Kind wird vor Vernachlässigung, Grausamkeit und Ausnutzung jeder Art geschützt. Es ist in keinem Fall Gegenstand eines Handels. Das Kind wird erst nach Erreichung eines geeigneten Mindestalters zur Arbeit zugelassen; nie wird es gezwungen oder wird ihm erlaubt, einen Beruf oder eine Tätigkeit auszuüben, die seiner Gesundheit oder Erziehung schaden oder seine körperliche, geistige oder moralische Entwicklung hemmen.

Grundsatz 10 Das Kind wird vor Handlungen bewahrt, die rassische, religiöse oder andere Herabsetzung fördern. Es wird erzogen in einem Geist des Verstehens, der Duldsamkeit, der Freundschaft zwischen den Völkern, des Friedens, weltumspannender Brüderlichkeit und in der Vorstellung, daß seine Kraft und Fähigkeit dem Dienst an seinen Mitmenschen zu widmen sind.

Was sich Kinder von ihren Eltern wünschen – als Halt für das eigene Leben
Die Nähe von Vater und Mutter, Liebe und Geborgenheit
Daß die Eltern auch Zeit haben
Fröhliche Eltern, Mutter und Vater sollen öfter lachen
Sich ankuscheln dürfen, wenn man mag
Nicht allein gelassen werden und manchmal doch für sich sein dürfen
Das Gefühl der Sicherheit, dazu zu gehören
Daß es zu Hause gemütlich ist
Daß das Essen gut schmeckt

Was Kinder gerne möchten – zur besseren Selbstfindung
Daß man mit ihnen spricht, ihnen zuhört
Daß man sie ernst nimmt, sie zu verstehen sucht
Daß sie so sein dürfen, wie sie sind
Auch Gefühle von Traurigkeit, Angst und Wut ehrlich zeigen dürfen
Daß sie zu bestimmten Dingen nicht einfach gezwungen werden
Spielen dürfen, was sie möchten, nicht was „die Jungen" oder „die Mädchen" spielen
Mittun dürfen, wenn Erwachsene tätig sind
Neugierig sein dürfen, Neues erfahren
Vieles selber tun dürfen
Selbst ausprobieren dürfen
Sich schmutzig machen dürfen
Eigene Ideen umsetzen dürfen
Mal verrückte Sachen machen
Herumtollen dürfen
Mal nichts tun und träumen

Was Kinder gerne haben möchten – zur allseitigen Entwicklung der eigenen Fähigkeiten
Eigene Sachen, nicht alles teilen müssen
Platz zum Spielen drinnen und draußen
Spielgefährten und Freunde
Mit Lebendigem umgehen, mit Tieren und Pflanzen
Möglichkeiten zum Entdecken
Möglichkeiten für das Schöpferische: Malen, Formen, Basteln, Musizieren, Tanzen, Erzählen
Gute Bücher und ein paar Spiele

Wovon Kinder träumen – zur Überschreitung des Alltags in eine phantastischere Welt
Von einem Zauberstab, mit dem man „Wunder" vollbringen kann
Von einer Tarnkappe, um sich manchmal unsichtbar zu machen
Fliegen zu können
Vom Großsein
Mutig zu sein
Stark zu sein
Reich zu sein
Von einem „Märchenprinz" oder einer „Märchenprinzessin"
Von einem „Traum"-Beruf
Von einer schönen neuen Welt

Wie Kinder sich die Erwachsenen wünschen – um Kindsein zu dürfen
Daß sie ehrlich sind
Daß sie gütig sind
Daß sie ein Herz haben für Kinder
Daß sie Kindern etwas zutrauen
Daß sie sich erinnern, wie es war, als sie Kinder waren
Daß sie für Kinder eintreten, wenn ihnen Unrecht geschieht

Christine Vorholt

Anregungen für ein Gespräch

gG Die Erzieherin überlegt mit den Kindern Situationen, in denen Menschen besondere Wünsche haben, z.B.:

- Ein Kind liegt im Krankenhaus; was könnte es sich wünschen?
- Draußen schneit es in dicken Flocken. Ein Kind steht am Fenster; wovon träumt es?
- Ein Kind wird zu den Großeltern eingeladen; was wünscht es sich dort?
- Die älteren Kinder in der Gruppe kommen im Sommer in die Schule; sie haben sicherlich bestimmte Wünsche!
- Wenn Kinder abends ins Bett müssen, haben sie noch ihre besonderen Wünsche!
- Die Mutter hat Geburtstag; was könnte sie sich wünschen?
- Menschen haben Hunger, ihre Ernte war nicht gut; was wünschen sie sich wohl?

Die Erzieherin kann hier und da die Gelegenheit zu kleinen Gesprächen nutzen.

Ich wünsche mir

Material:
24 Einzelkarten, siehe auch im Anhang

gG ***Spielanregung:***
Eine kleine Gruppe Kinder sitzt mit der Erzieherin um einen Tisch. Die Karten werden gemischt und auf den Tisch gelegt. Alle Kinder, auch die Erzieherin, nehmen sich eine Karte und schauen sie sich an. Die Erzieherin beginnt, z.B.: Auf meiner Karte ist eine Sonne – Sonnenschein wünsche ich mir, wenn ich am Sonntag wandern gehe. Das erste Kind in der Runde sagt z.B.: Auf meiner Karte ist eine Kerze; ich wünsche mir, daß auf dem Frühstückstisch eine Kerze brennt.

Mit der Formulierung „Ich wünsche mir" lernen die Kinder, ihre Gedanken und Wünsche auszusprechen. Bei diesem Spiel ergeben sich Anhaltspunkte für kleine Gespräche mit sonst vielleicht eher schweigsamen Kindern.

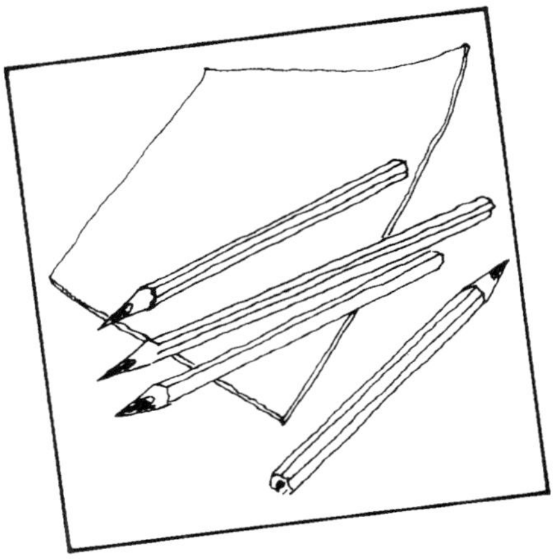

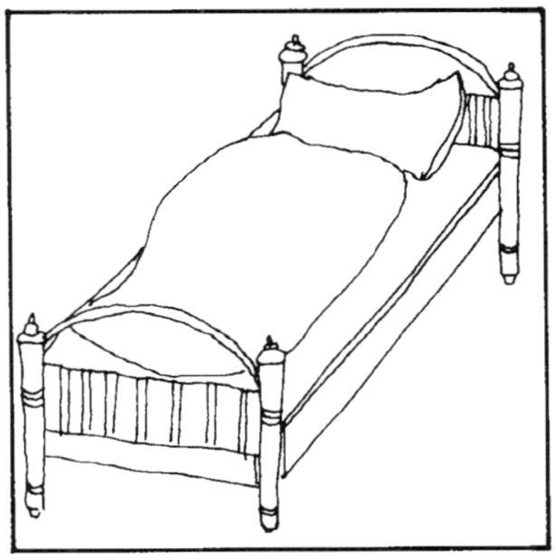

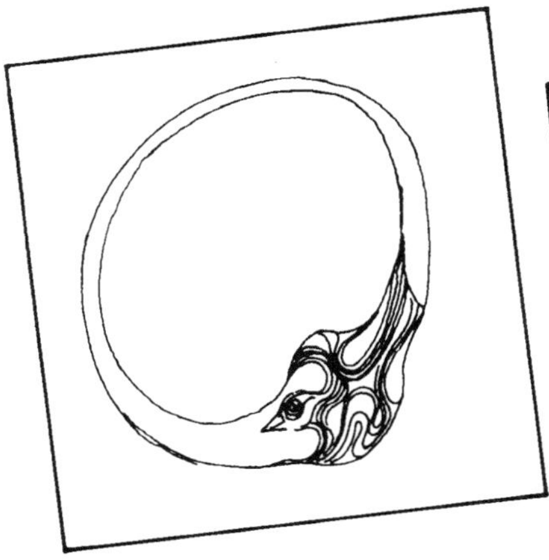

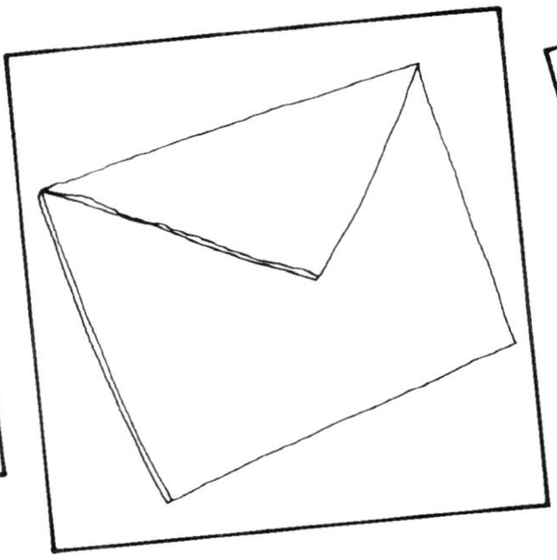

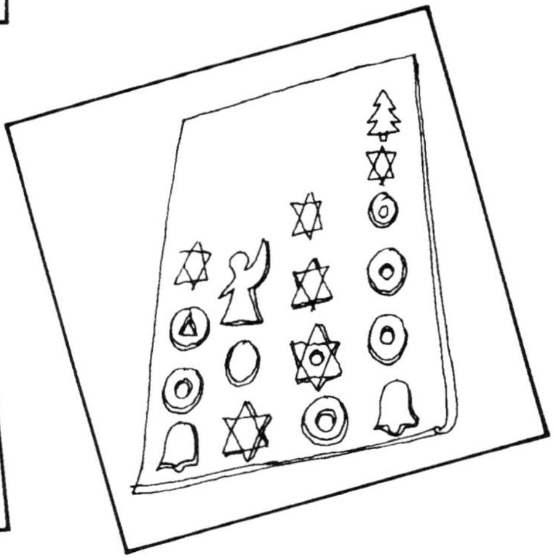

Franziska Becker, © Kindermuseum Kunsthalle Karlsruhe

Bumfidel äußert einen Wunsch, der nicht zum traditionellen geschlechtsspezifischen Rollenverhalten eines Jungen paßt. Gegen alle Widerstände erfüllt er sich selbst seinen Wunsch.
Diese Geschichte kann zu einem Gespräch über das Rollenverhalten anregen, sie kann aber die Kinder auch ermutigen, nach ihren Interessen und Fähigkeiten sich so zu beschäftigen oder miteinander zu spielen, wie es ihnen entspricht. Die Erzieherin kann die Kinder dabei unterstützen, ihre Geschlechtsidentität zu festigen und partnerschaftliches Verhalten zu üben.

Bumfidel wünscht sich eine Puppe

Bumfidel wünscht sich was. Er wünscht sich eine Puppe zum Spielen. Die Mutter sagt: „Das ist doch nicht dein Ernst?“

Die Kinder johlen: „Bumfidel wünscht sich eine Puppe! Habt ihr's gehört?“

Die Nachbarn schütteln den Kopf. „Du bist doch kein Mädchen“, sagen sie.

Bumfidel stört das Gerede nicht. „Ich wünsche mir eine Puppe“, sagt er. „Zu Weihnachten, wenn's nicht eher sein kann.“

Doch er kriegt keine. Die Mutter kauft sie ihm einfach nicht.

Bumfidel spart wieder einmal. Und Botengänge macht er jetzt auch.

Dann geht er selber in das Geschäft.

„Ich möchte eine Puppe“, sagt er.

„Für deine Schwester?“ fragt die Verkäuferin.

„Nein“, sagt Bumfidel. „Für mich. Zum Spielen. Die mit den Zöpfen, die draußen in der Auslage steht.“

Die Verkäuferin lacht. Sie holt die Chefin, und die lacht auch. „Möchtest du nicht lieber einen Teddy?“ fragt sie.

Bumfidel legt das Geld auf den Tisch.

Alle im Laden gucken ihm nach. Und auf der Straße bleiben die Menschen stehen.

Bumfidel hält seine Puppe im Arm. Offen. Nicht etwa eingepackt.

Dann spricht er sie das erste Mal an. „Was sind das nur für Leute?“ sagt er. „Die wollen nicht, daß du einen Vater hast.“

Marieluise Bernhard-von Luttitz
aus:
Bumfidel lacht sich krank
Rowohlt Taschenbuch Verlag, Reinbek bei Hamburg 1975

Wünschelbaum

Schenk mir einen kleinen Hasen
und drei grüne Zaubernasen,
einen weißen Luftballon,
einen Eisenbahnwaggon,
schenk mir eine Maus aus Zucker
oder einen Sternespucker.

Schenk mir einen Malerpinsel,
einen Bach mit einer Insel,
ein Geheimnis zum Bewahren,
eine Puppe mit richtigen Haaren,
eine Trommel, die niemand stört,
und ein Indianerpferd.

Schenk mir einen Zebrastreifen,
einen alten Autoreifen,
einen Schirm – am besten rot –,
ein Ruder und ein Ruderboot,
schenke mir für alle Leute
und zum Weiterschenken Freude.

Wünschelbaum,
sei kein Traum!

Georg Friedl
aus:
G.Bydlinski (Hrsg.)
Der Wünschelbaum
Verlag Herder, Wien 1984

Jedes Kind kennt von sich Zeiten mit ausgemalten Träumen; ganz besonders, wenn es sich z.B. fragt: „Was werde ich zum Geburtstag bekommen?" Der Ausdruck des Kindes in der Zeichnung von Bettina Wölfel gehört zu solchen Tagträumen. Das Kind ist ganz bei sich und geht mit seinem Traum auf eine phantastische „weite" Reise ... Denn Wünsche sprengen alle Realität.

Bald habe ich Geburtstag.
Ich wünsche mir ein Boot,
ein richtiges Paddelboot
zum Aufblasen,
und einen Hund wünsche ich mir,
dem will ich einen Namen geben.

Wir machen eine Geburtstagsreise
zu Großmutter und Großvater,
und wenn ich ein Boot habe,
fahre ich über den Teich,
und wenn ich einen Hund habe,
nehme ich ihn mit.
Er muß in meinem Boot
ganz still sitzen.

Und wenn ich kein Boot bekomme
und keinen Hund?
Weißt du vielleicht schon,
was ich zum Geburtstag bekomme?

Ursula Wölfel
aus:
Winzige Geschichten
Verlag Hoch, Stuttgart 1986

Bettina Wölfel

Julia hat wie alle Kinder so ihre Wünsche, erwartet aber nicht von ihrem Vater, daß er sie ihr alle erfüllt. So malt sie sich aus, wie praktisch doch ein Zauberhut wäre, mit dem man sich schöne Sachen herbeizaubern könnte, denn Julia hat ein paar dringende Wünsche: Rollschuhe und Boxhandschuhe; süße Sachen natürlich auch ...
Der Vater spielt das Phantasiespiel mit seiner Tochter weiter, indem er ihr einen der großen Wünsche erfüllt, verpackt in eine phantastische Zauberhutgeschichte, – denn er ist „der beste Geschichtenerzähler der Welt."

Ich wünsch mir einen Zauberhut

„Weißt du", sagte Julia beim Abendessen zu ihrem Vater, „so ein Zauberhut ist doch etwas Praktisches."
„Das habe ich mir auch schon oft gedacht", antwortete der Vater.
„Wenn ich einen Zauberhut hätte", überlegte Julia, „dann könnte ich mir alles herzaubern, was ich haben will. Dann brauchtest du mir überhaupt nichts mehr zu kaufen."
„Sehr praktisch, in der Tat", sagte Vater. „Was würdest du dir denn so alles zaubern?"
„Zuerst mal Rollschuhe", sagte Julia. „Rollschuhe ganz dringend. Und dann Boxhandschuhe. Auch ganz dringend. Und Lutscher und Gummibärli und all so was."
Von diesem Abend an war der Zauberhut ihr Hauptgespräch. Immer wieder fingen sie davon an und malten sich aus, wie es sein würde mit einem Zauberhut.
Dann, eines Morgens, kam der Vater an Julias Bett, und sie sah gleich, daß er ein geheimnisvolles Gesicht machte. Sie sah auch, daß er eine Plastiktüte hinter seinem Rücken verbarg.
„Stell dir vor", sagte der Vater, „gestern abend – und du warst gerade eingeschlafen – klingelte es an der Tür. Als ich aufmachte, stand ein winzigkleiner Mann auf der Schwelle."
„Wie winzigklein?" wollte Julia wissen.
„Ungefähr bierflaschenklein", erklärte der Vater. „Das Größte an dem Mann war sein Hut. Er hatte einen hohen roten Zylinder auf dem Kopf. Außerdem trug er einen weiten schwarzen Umhang. 'Haben Sie geklingelt?' fragte ich den kleinen Mann.
Er machte eine höfliche Verbeugung und sagte: 'Ich habe gehört, Sie suchen einen Zauberer.'"
„Hat er das wirklich gesagt?" rief Julia.
„Genau das hat er gesagt", bestätigte der Vater. „Ich habe ihm geantwortet, 'eigentlich dachten wir mehr an einen Zauberhut.'"
„Stimmt", sagte Julia. „Eigentlich brauchen wir nur den Hut."
„Aber", fuhr der Vater fort, „der kleine Mann erwiderte mir: 'Ein Hut allein würde ihnen nichts nützen. Ohne Zauberformel könnten Sie ihm nicht das Geringste entlocken. Und die Zauberformel, mein Herr, kennt natürlich nur ein echter Zauberer.' Dabei hat er auf sich selbst gedeutet."
„War das wirklich ein Zauberer?" fragte Julia.
Der Vater nickte. „Man erkannte es auch gleich an seiner ganzen Aufmachung."
„Aber so winzigklein?" wunderte sich Julia.
„Er war halt so", sagte der Vater.
„Erzähl weiter", verlangte Julia, und der Vater fuhr fort: „Natürlich wollte ich ihm zuerst mal auf den Zahn fühlen. Man darf ja nicht alles glauben, was einem die Leute an der Türe erzählen. Deshalb sagte ich: 'Sie haben meine Frage nicht beantwortet: Waren Sie das, der soeben geklingelt hat?'
'Gewiß', sagte der kleine Mann.
Das kann ich mir nicht vorstellen', sagte ich. 'Bei ihrer Größe reichen Sie doch gar nicht bis hinauf zum Klingelknopf.'
'Dies, mein Herr', antwortete er, 'ist bei mir nicht nötig. Ich habe die Fähigkeit, alles durch Zauber in Betrieb zu setzen. Wenn ich will, läutet die Hausglocke, wenn ich will, klingelt der Wecker, wenn ich will, pfeift der Kochtopf ...'
Ich unterbrach ihn. 'Läutet's und klingelt's bei Ihnen nur, oder können Sie auch was anderes zaubern?'
'Ich stehe in jeder Weise zu Ihren Diensten', sagte er.
Daraufhin habe ich ihn natürlich hereingebeten.
'Ich werde mit dem Einfachsten beginnen', schlug er vor. Er nahm seinen Zylinderhut vom Kopf, griff hinein und zog Seidentücher heraus, lauter

bunte Seidentücher, eins ans andere geknüpft. Er zog und zog ohne Ende. In kürzester Zeit war das ganze Zimmer angefüllt davon. Ich watete in bunten Seidentüchern. Von allen Möbeln wehten sie, und dem winzigkleinen Zauberer reichten sie bis zur Nasenspitze. Ich überlegte angestrengt, wie wir das Zeug wieder loswerden könnten.
'Was Sie da treiben', sagte ich zu dem Zauberer, 'ist sinnlose Zauberkraftvergeudung. Was sollen wir mit kilometerlangen Schlangen bunter Seidentücher? Sie verstopfen uns die Mülltonne. Können Sie nichts Nützliches zaubern?'
'O bitte, mein Herr', rief der Zauberer. 'Es war ja nur eine erste Probe.'
Er strich über den Rand seines Zylinders und murmelte dabei etwas."
„Simsalabim!" rief Julia dazwischen.
„Nein, Julia", sagte der Vater, „Simsalabim murmelte er nicht. Es klang anders, viel geheimnisvoller. Jedenfalls schnurrte die Seidentücherschlange mit irrsinniger Geschwindigkeit wieder in den Zylinderhut zurück.
Der Zauberer sagte: 'Vielleicht sind Sie mehr für etwas Lebendiges?'
Er strich wieder über den Hutrand und murmelte sein Zaubergebrabbel. Da sprang ein Kaninchen aus dem Zylinder.
Zuerst, als es herauskam, war es natürlich winzigklein, sonst hätte es ja nicht in den Hut des kleinen Zauberers gepaßt. Kaum aber war es auf den Fußboden gehüpft, da wurde es so groß wie ein normales Kaninchen."
„Wie süß!" rief Julia. „Wo hast du es denn?"
„Wart nur ab!" sagte der Vater. „Der Zauberer meinte offenbar, mit einem einzigen Kaninchen könnte er mir nicht imponieren. Deshalb strich er weiter über seinen Hutrand, und jedesmal sprang ein neues Kaninchen aus dem Zylinder. Überall im Zimmer hopsten sie herum: auf dem Tisch, auf der Kommode, zwischen den Büchern. Man konnte keinen Schritt machen, ohne auf ein Kaninchen zu treten.
'Halten Sie ein!' rief ich dem Zauberer zu. 'Sie können mir die Wohnung doch nicht in einen Kaninchenstall verwandeln.'
Der Zauberer war offensichtlich betrübt, daß ich nicht zufrieden war. Er zauberte das ganze Kaninchengewusel wieder in seinen Zylinder zurück und fragte mich: 'Mit was könnte ich Ihnen denn dienen?'
'Es kommt mir vor allem darauf an', sagte ich, 'meiner Tochter Julia glaubwürdig zu beweisen, daß heute nacht ein echter Zauberer bei mir war. Diese Tricks mit Seidentüchern und Kaninchen kennt sie schon von den Jahrmarktsbuden. Das wird sie nicht überzeugen.'
Der Zauberer verschränkte die Arme, und ich merkte, daß er gekränkt war. 'Ich kann es nicht auf mir sitzen lassen', sagte er, 'daß man mich für einen Trickzauberer hält. – Was also erwarten Sie?'
'Meine Tochter Julia', sagte ich, 'wünscht sich Rollschuhe und Boxhandschuhe. Ich selbst kann ihr nicht jeden Wunsch erfüllen.'
'Wenn ich Sie richtig verstehe', sagte der Zauberer, 'wollen Sie, daß ich Ihnen das soeben Genannte herzaubere.' Ich nickte.
'Rollschuhe', sagte der Zauberer', mögen noch angehen, aber Boxhandschuhe? Ich begreife Sie nicht. Warum reden Sie Ihrer Tochter so etwas nicht aus? Ich bin grundsätzlich gegen Boxhandschuhe für Mädchen.'
'Verzeihung', sagte ich, 'aber daran erkennt man, daß Sie nichts von moderner Erziehung verstehen. Mädchen nämlich ...' Er unterbrach mich. 'Wie immer Sie den Gebrauch von Boxhandschuhen für Mädchen begründen wollen – mir mißfällt das. Bleiben wir also bei den Rollschuhen.'
Er strich in der üblichen Weise über den Rand seines Zylinders, faßte hinein und brachte ein paar Rollschuhe zum Vorschein.
Zuerst waren sie winzigklein, kaum aber standen sie auf dem Boden, bekamen sie genau deine Größe."
„Rollschuhe?" rief Julia, „wirklich? Und die hat er nicht wieder fortgezaubert?"
„Nein", sagte der Vater und legte Julia die Plastiktüte auf die Bettdecke. „Hier sind sie."
Julia sprang aus dem Bett und schaute in die Tüte. Die Rollschuhe glänzten metallisch und

hatten rote Ränder und rote Lederriemen.
„Genau richtig!" jubelte Julia.
Sie schlüpfte im Nachthemd in ihre Stiefel, schnallte die Rollschuhe an und rollerte vorsichtig vom Bett zum Tisch hinüber.
„Klappt ja schon vorzüglich", lobte der Vater.
Julia hielt sich am Tisch fest, drehte sich zu ihrem Vater um und blickte ihn prüfend an. „Du Papi, mal ehrlich! Die Geschichte vom Zauberer hast du dir ausgedacht, gell?"
Der Vater senkte den Kopf. „Ich muß es zugeben", sagte er. „Bist du jetzt enttäuscht?"
Julia schaute ihn von unten herauf an und antwortete nicht gleich, deshalb beteuerte der Vater: „Ich verspreche, daß ich dir nie wieder eine erfundene Geschichte erzählen werde."
„Aber Papi", rief Julia, „deine ausgedachten Geschichten sind doch die allerschönsten."
„Auch die vom Zauberer?"
„Die vom Zauberer mag ich am liebsten, und dann noch die von Hexen und die ganz gruseligen Sachen vom Drachen, der alle Leute frißt."
„Ja dann", sagte der Vater, „wenn das so ist, dann lasse ich heute abend zur Abwechslung mal einen Drachen an der Tür klingeln."
„Huuch!" schrie Julia. „Bei dir weiß man nie genau, ob du was Wahres erzählst oder nicht."
„Das liegt nicht an mir", sagte der Vater. „Das liegt an deiner Fantasie, ob du willst, daß es wahr ist oder nicht."
Da rollerte Julia auf ihren Vater zu und schlang die Arme um seinen Bauch.
„Ein bißchen glaub ich's, und ein bißchen glaub ich's nicht", sagte sie. „Auf jeden Fall bist du der beste Geschichtenerzähler der Welt."

Tilde Michels
aus:
Ich wünsch mir einen Zauberhut
Verlag Herder, Freiburg 1984

Ihr Leben lang setzte sich Francoise Dolto, eine ungewöhnliche Kindertherapeutin, für Kinder ein. Sie wollte vor allem die Einstellung gegenüber Kindern verändern, weil Kinder zwar kleiner als Erwachsene, aber von gleichrangiger Bedeutung sind. So schildert sie an Beispielen aus der Praxis, wie in dem „Maison Verte" in Paris bereits kleine Kinder ernst genommen werden, indem man nicht über, sondern mit ihnen spricht. Im ersten Teil ihres Buches „Die Revolution der kleinen Schritte – Konzept einer frühzeitigen Prävention ..." findet sich folgender wichtige Abschnitt zum Thema „Wünsche":

Das „Selbstsein" lernen

Sich für das eigene Begehren einzusetzen und das Begehren des anderen nicht für das eigene zu nehmen, ist eine Grundvoraussetzung für die Entwicklung der eigenen Persönlichkeit. Nun hat aber der Mensch im Zustand der Kindheit die Neigung zur Umkehrung der Werte. Ihn daran zu erinnern, ist eine weitere Aufgabe der Prävention, sitzen wir doch im „Maison Verte" ständig an der Quelle und sollten es schließlich wissen.

Verschmäht ein Kind ein Spielzeug, an dem es kein Interesse hat, und beobachtet es dann, wie sich ein anderes Kind dafür interessiert, so will es dieses Spielzeug auf einmal haben. Bei uns ist dies dahingehend geregelt, daß von jedem Spielzeug zwei oder drei Exemplare vorhanden sind. Und was erleben wir? Michael will den Lastwagen von Marcel haben. Neben ihm steht ein anderes Spielzeugauto, genau das gleiche. Er könnte einfach dieses nehmen, das will er jedoch nicht. Er will unbedingt den Lastwagen von Marcel. Wir sprechen mit ihm darüber, ohne ihm Vorwürfe zu machen: „Verstehst du, du möchtest diesen Lastwagen dort, weil Marcel auf ihm sitzt und mit ihm hin- und herfährt ... obwohl doch genau so ein Lastwagen hier danebensteht und nicht benutzt wird ... Du kannst ihn dir nehmen, wenn du diesen Lastwagen möchtest ... Möchtest du vielleicht Marcel sein oder möchtest du mit dem Lastwagen spielen? Falls du mit dem Lastwagen spielen möchtest – dort steht er; falls du Marcel sein möchtest – das wird dir nie gelingen, weil du du selbst bist." Das Kind hört in solchen Fällen aufmerksam zu, es denkt nach, ein erstaunlicher Vorgang. Man kann ihm in dieser Situation aber auch sagen: „Wenn Marcel dich kennt und wenn du ihn kennst, dann wird er dir vielleicht seinen Lastwagen borgen."

Marcel bekommt unsere Worte mit: „Marcel sitzt dort auf seinem Lastwagen. Aber vielleicht hätte Marcel an dem anderen Lastwagen genausoviel Spaß. Marcel, ob nun dieser oder jener Lastwagen, sie machen dir doch beide gleich viel Spaß ..." Marcel guckt den anderen Lastwagen an, und weil es ihm sprachlich vermittelt worden ist, steigt er von seinem Lastwagen herunter und geht zum anderen. Michael will jedoch unbedingt jenen Lastwagen, den Marcel bestiegen hat ... In diesem Augenblick wird nun deutlich, daß er im Grunde Marcel sein möchte ... Er möchte dessen großer Bruder sein, falls er selbst schon einen großen Bruder hat, und es ist Sache der Erwachsenen, ihm zu sagen: „Weißt du, bei mir war das genauso, als ich klein war, bei deinem Papa auch, als er klein war ... wir täuschten uns, wir wußten nicht, ob wir wir selbst sein wollten oder ob wir ein anderer sein wollten ... Bei den Menschen ist es eben so kompliziert."

Nach zwei oder drei solchen Situationen haben sie begriffen, daß es besser ist, man selbst zu sein als so wie der andere zu handeln. Das fängt schon beim Frühstück an: Ein Kind verlangt sein Butterbrot von der Mutter, sofort will ein anderes Kind unbedingt das Butterbrot dieses Kindes haben; dann sagt sich dessen Mutter: „Ich werde ihm auch sein Frühstücksbrot geben." Wir fragen sie in solchen Fällen: „Warum wollen Sie denn Ihrem Kind sein Butterbrot geben, vor 30 Sekunden haben Sie doch noch gar nicht daran gedacht?" „Aber er will es doch haben." „Aber will er es denn haben, weil er ein Bedürfnis danach hat oder weil das andere Kind sein Bedürfnis danach geweckt hat?" Sie erwidert: „Ja, er sollte es eigentlich erst in einer Stunde bekommen, als richtige Mahlzeit." „Und warum wollen Sie es ihm dann jetzt schon geben?" Nun wenden wir uns an das Kind: „Möchtest du Paul sein, dem seine Mutter das Butterbrot gibt?" ... Er sieht uns erstaunt an ... „Möchtest du Paul sein? Möchtest du die Mama von Paul haben? Und den Papa von Paul? Und nicht deine Mama?" ... Bloß das nicht! Er klammert sich an seine Mutter. „Weißt du, jede Mama denkt an das Butterbrot ihres Kindes. Und wenn du keine andere Mama haben möchtest, nun, deine Mama weiß, daß dein Magen jetzt noch keinen Hunger hat ... Deine Augen hatten nämlich Hunger, aber nicht dein Körper ... Geh spielen." So erreichen wir, daß die Kinder zur gewohnten Stunde

essen ... und einander nicht nachahmen. Die Mütter haben hingegen begriffen, daß man nicht für jeden Wunsch, der materieller Notwendigkeit entbehrt, das Dienstmädchen zu spielen braucht.
Die Freude am gemeinsamen Essen, am Spiel mit der Puppenküche, stellt sich erst später ein. Man braucht zunächst die Sicherheit, man selbst zu sein, und dieses „Selbstsein" vollzieht sich in einer derartigen Geborgenheit, daß man unabhängig vom Ort weiß, was der Körper benötigt, und man läßt sich nicht durch Blicke oder Bemerkungen „in die Falle locken" ... Das Bedürfnis des Körpers kann durch eine Versuchung der Augen zutage treten, unter der Voraussetzung, daß dem Kind in bezug auf seine eigenen Wünschen und Bedürfnisse auf vernünftige Weise Kritikfähigkeit beigebracht wird.

Francoise Dolto
aus:
Mein Leben auf der Seite der Kinder, S.60ff
Verlag Kösel, München 1989

Das Wunschlied

Text und Melodie: Klaus Hoffmann

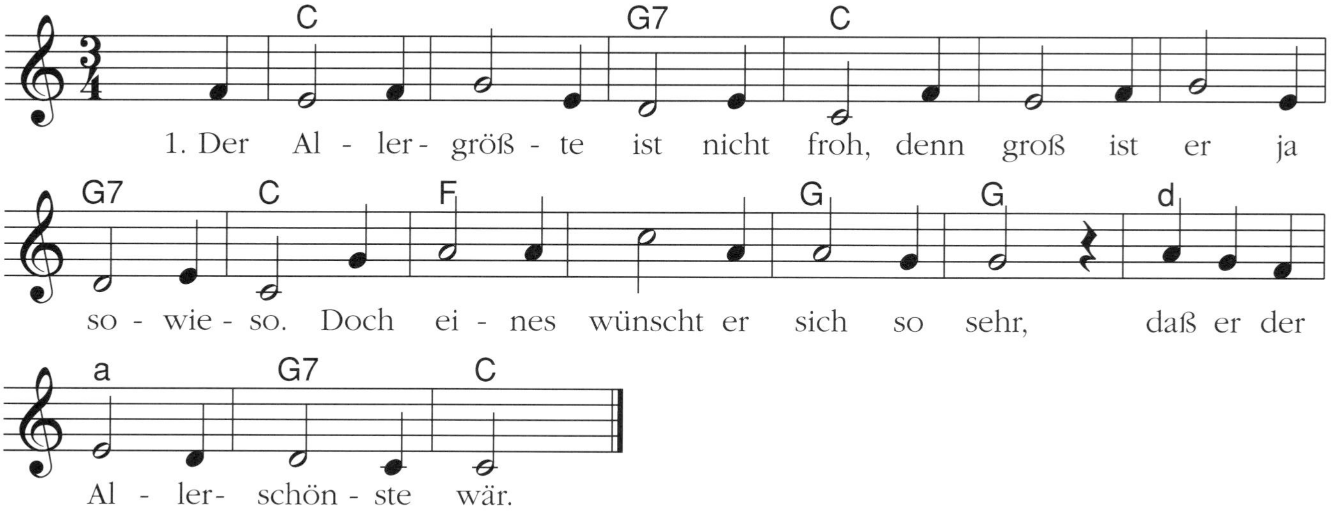

2. Der Allerschönste ist nicht froh,
denn schön ist er ja sowieso.
Doch eines wünscht er sich so sehr,
daß er der Allerstärkste wär.

3. Der Allerstärkste ist nicht froh,
denn stark ist er ja sowieso.
Doch eines wünscht er sich so sehr,
daß er der Allerklügste wär.

4. Der Allerklügste ist nicht froh,
denn klug ist er ja sowieso.
Doch eines wünscht er sich so sehr,
daß er der Allergrößte wär.

aus:
K. Hoffmann, Das Musik-Spielmobil
AKTIVE MUSIK Verlagsgesellschaft, Dortmund 1981

Verklanglichung: Vom Bäumlein, das andere Blätter hat gewollt

Die Geschichte sollte zunächst im ganzen den Kindern dargeboten werden, ehe man an die Verklanglichung herangeht.

Die vorliegende Verklanglichung eignet sich besonders gut als Bewegungsimprovisation, wobei das Bäumlein in vier verschiedenen Aufmachungen erscheint. Es ist angebracht, vier Kinder in den entsprechenden Dekorationen auftreten zu lassen, einmal als Tannenbäumchen (hält einen großen Tannenzweig vor sich), dann als Bäumlein mit goldenen Blättern (Das „Kostüm" ist hier ein großer kahler Zweig eines Laubbaumes mit goldenen Blättern, die in der Bastelstunde von den Kindern aus Goldfolie geschnitten und angebracht werden können). Die gläsernen Blätter kann man aus dicker Klarsichtfolie schneiden, die grünen Blätter entsprechend aus dickem grünen Papier.

Um das Geschehen auf der Bühne ausspielen zu können, besonders die Stellen, wenn der Räuber heranschleicht, die goldenen Blätter in den Sack steckt und wieder davonläuft oder die Szene mit der Ziege, müssen auch die Verklanglichungen entsprechend ausgespielt werden. Bei der Aufführung könnte einmal die Verklanglichung vorweg auf Tonband aufgenommen und zur Pantomime auf der Bühne abgespielt werden. Das Klangbeispiel auf der Kassette eignet sich u.a. besonders gut als Hörspiel.

Hier werden die Gläser mit einem Stab aus Holz, Glas oder Metall angeschlagen.

Verklanglichung:
Vom Bäumlein, das andere Blätter hat gewollt

nach einem Gedicht von Friedrich Rückert

Ein Bäumlein stand im Wald, das hatte von oben bis unten nur Nadeln statt Blätter. Und die Nadeln haben gestochen!

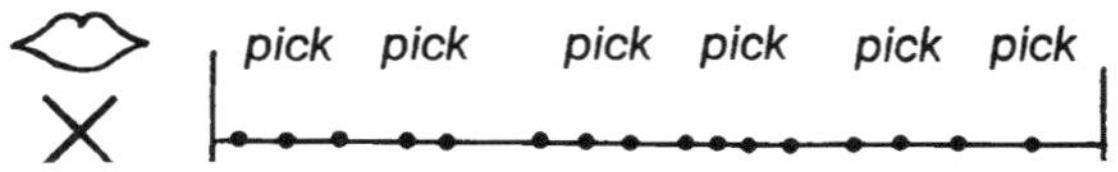

Traurig sprach das Bäumlein: „Alle meine Kameraden haben schöne Blätter. Nur ich habe Nadeln, und niemand rührt mich an.

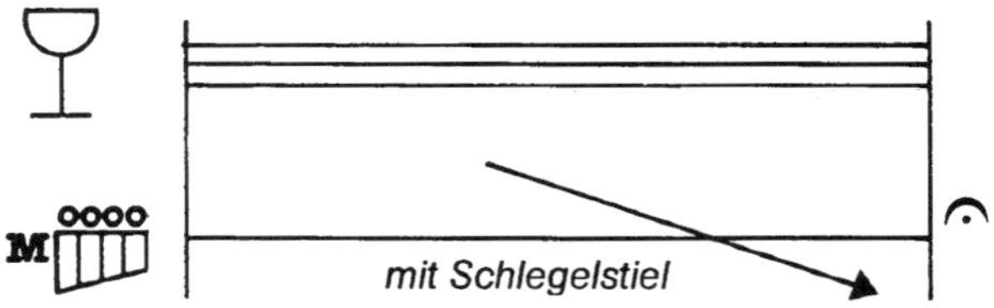

Ach, hätte ich doch Blätter aus Gold!“

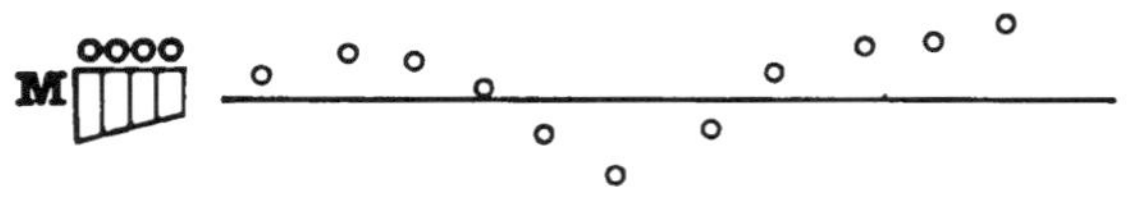

Als das Bäumlein am nächsten Morgen aufwachte, war es über und über bedeckt mit goldenen Blättern.

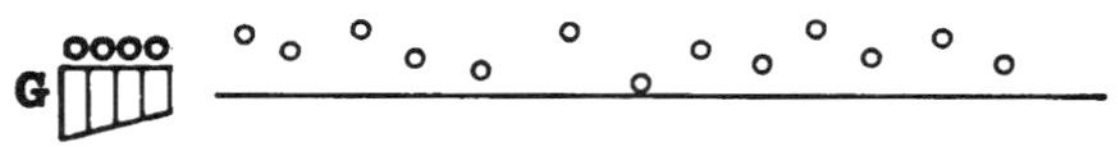

Das war eine Pracht! Stolz sagte es: „Kein anderer Baum im Wald hat so schöne goldene Blätter!“

Am Abend aber schlich der Räuber durch den Wald.

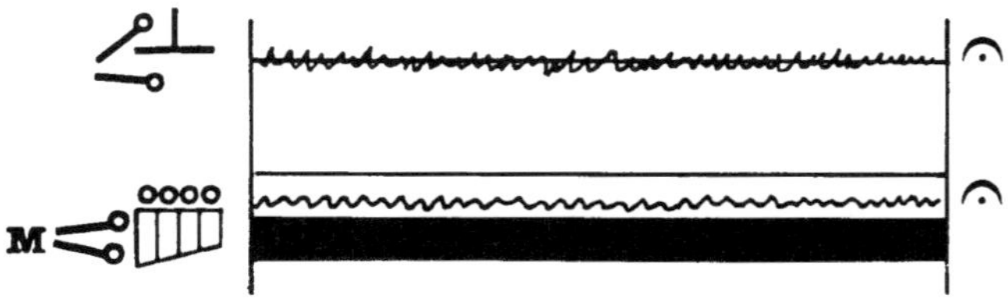

Er sah die glänzenden Blätter, steckte sie in einen großen Sack

und eilte davon.

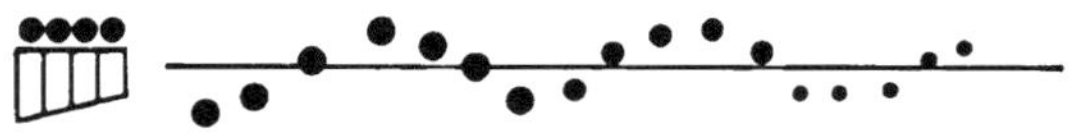

Kahl stand das Bäumlein da und schämte sich vor seinen Kameraden, die so schönes Laub trugen.
Es dachte: Wenn ich mir noch einmal etwas wünschen könnte, wünschte ich mir Blätter aus hellem Glas.

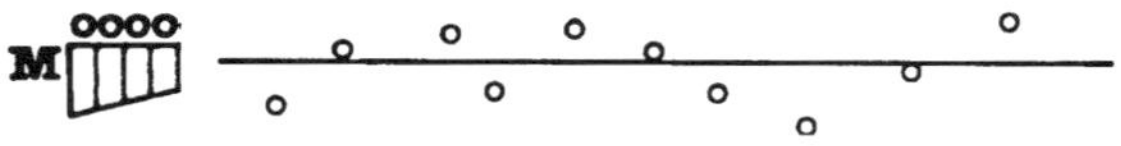

Am nächsten Morgen hatte es tatsächlich gläserne Blätter, die im Sonnenschein funkelten.

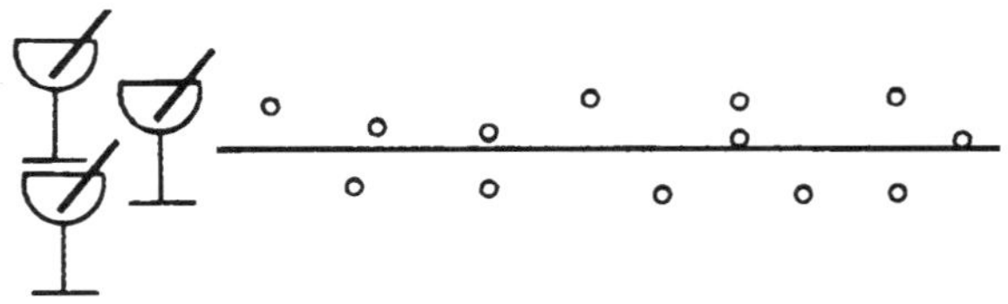

Voll Freude betrachtete es sein glitzerndes Laub: „Kein anderer Baum im Wald ist so schön!“

Doch da kam ein arger Wirbelsturm.

Er rüttelte an den Zweigen

und riß die gläserne Pracht ab.

Zerbrochen lagen die Blätter am Boden.

Wieder jammerte das Bäumchen und wünschte sich grüne Blätter, wie die anderen Bäume sie hatten.

Als es am nächsten Morgen aufwachte, stand es da, bedeckt mit feinen grünen Blättern, die leise rauschten. „Nun brauche ich mich nicht mehr zu schämen“, dachte es.

Aber da kam die Ziege dahergesprungen,

schnupperte an dem zarten Laub

und fraß es ab mit Stumpf und Stiel.

Da stand das Bäumlein wieder leer da und dachte: „Hätte ich doch meine Nadeln wieder, ich wollte mich nicht mehr über sie ärgern.“ Traurig schlief es ein, und traurig wachte es wieder auf.

Als es so an sich heruntersah, fing es plötzlich an zu lachen. Es lachte und lachte und war ganz glücklich.

Alle anderen Bäume aber lachten es aus.
Doch das machte ihm nichts.
Warum? Na, es hatte seine Nadeln wieder.

Sieh es dir an, wenn du in den Wald kommst, aber sei vorsichtig! Es sticht!

Jenny Neuhäuser

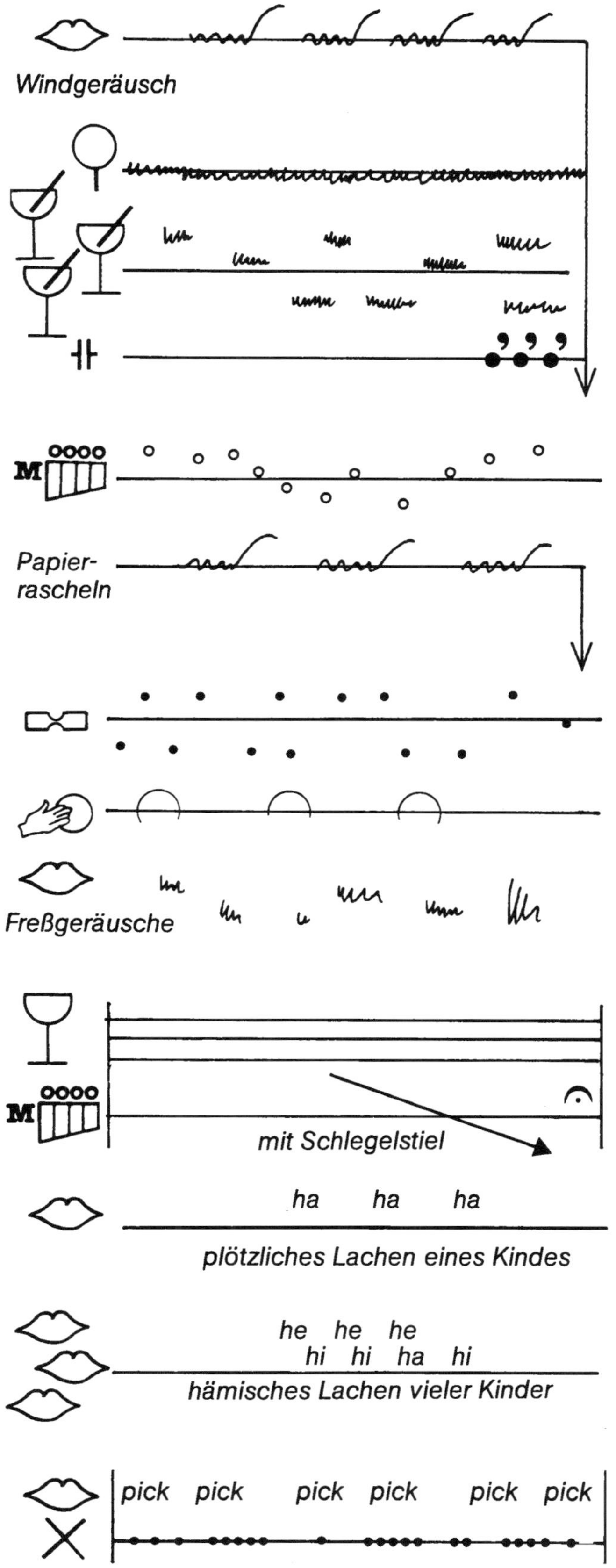

Anschauung: Tannenzweig

Durch die nachfolgende mehr meditative Übung können die Kinder erfahren, daß das Bäumlein, das andere Blätter hat gewollt, doch eigentlich zufrieden sein könnte damit, wie es ist.
In der bevorstehenden Advents- und Weihnachtszeit soll der grüne Tannenzweig den Kindern als Hoffnungszeichen und Lebenssymbol erfahrbar werden. Das gemeinsame Binden eines Adventskranzes aus Tannengrün kann sich als praktische Übung anschließen.

- Die Kinder dürfen ihre Augen zufallen lassen. — *Weckung von Erwartung, Konzentration und Sammlung.*
  Die Erzieherin legt einen Tannenzweig in die Mitte des Kreises.
  Beim Anschlag von Cymbeln oder bei einem Ton auf dem Glockenspiel öffnen die Kinder ihre Augen wieder. — *Der Anschauungsgegenstand wird in die Mitte des Blickfeldes, des Interesses gestellt.*
- Jeweils ein Kind kann mit seiner Hand über den Zweig streichen. — *Eine fühlbare Beziehung mit dem Zweig wird hergestellt. Die Gruppe erlebt das einzelne Kind in dieser Beziehungsaufnahme.*
- Ein vom großen Zweig abgebrochener kleiner Zwerg wird im Kreis weitergegeben. Das einzelne Kind darf ihn halten, riechen, fühlen, sachte mit dem Zweig seinen Nachbarn berühren und ihn schließlich weiterreichen. — *Der Prozeß der Beziehungsaufnahme wird fortgesetzt und intensiviert. In-Empfang-Nehmen und Weiterreichen werden eingeübt.*
- Die Kinder werden angeregt, mit dem Tannenzweig zu sprechen. Die Erzieherin unterstützt dieses Tun, indem sie auf einem Instrument (Holzblocktrommel) einige Töne anspielt und daraufhin z.B. spricht: „Tannenzweig, du kommst aus dem Wald." Sie reicht das Instrument an ein Kind weiter und gibt ihm dann den Impuls, die Rede fortzusetzen, z.B. „Tannenzweig, du bist schön." „Tannenzweig, du duftest fein." „Tannenzweig, ich hab dich gern." — *Mit dieser Form der Anrede wird die Beziehungsfähigkeit des Kindes zu einem Stück Natur verstärkt. Es lernt, sich mit dem Zweig „verschwistert" zu fühlen. Der Zweig wird in seinem Bedeutungsgehalt, in seiner Werthaftigkeit erfahrbar und ausgesagt.*
- Die Erzieherin spielt auf dem Glockenspiel einige Töne und läßt den Tannenzweig sprechen. So kann er sagen: „Ich werde bald geschmückt." „Ich kann Kerzen tragen." „Bald kommt ein schönes Fest." usw.
  Die Kinder spielen in ähnlicher Weise auf dem Glockenspiel und lassen den Tannenzweig sprechen. — *Über die sprachliche Identifikation mit dem Zweig drücken Kinder die Beziehung des Zweiges zu einer Zeit, zu einem Fest aus. Kinder veräußern dabei ihre Wünsche, Vorstellungen, Erfahrungen bezüglich dieses kommenden Festes. Die Erlebnistiefe und Erlebnisfähigkeit des einzelnen Kindes wird offenkundig.*

- Kinder spielen mit ihren Händen, wie Tannennadeln abstehen. Sie spielen Tannenzweige, die sich ineinander verzweigen. Immer neue Formen der Darstellung werden erfunden, einzeln und als Gruppe, im Sitzen, im Stehen. — *Über dieses Identifikationsspiel wird Körpersprache geübt. Es wird in immer neuen Formen Körperkontakt mit anderen aufgenommen.*
- Die Kinder erfinden und spielen leibhaft verschiedene Formen des Zusammengebundenwerdens der Zweige zum Kranz. — *Die körperhafte Gestaltung weckt im einzelnen Kind neue Bilder. Sie hinterläßt einen tieferen Eindruck, eine vielschichtige Erfahrung dessen, womit Beziehung aufgenommen wurde.*
- Die Erzieherin kann zum Abschluß mit den Kindern einen Adventskranz binden. Dieses Tun kann eingeleitet werden, indem Kinder zunächst gehalten werden, kleine Zweige in einen Kreis abzulegen. — *Die Vorstellung vom Adventskranz, seiner Form wird geweckt und die Gestaltung dieser Form vorgeübt.*

Lied vom Tannenzweig

Text: H.Neubauer Melodie: I.Kindl

2. Tannenzweige, ihr wollt bringen, auch zur Winterzeit,
Tannenzweige, ihr wollt bringen Hoffnung uns und Freud.

aus:
Franz Kett (Hrsg.), Religionspädagogische Praxis, Heft 4/79, S.11ff
Verlag RPA, Landshut

November

Es kommt eine Zeit,
da lassen die Bäume
ihre Blätter fallen.
Die Häuser rücken
enger zusammen.
Aus dem Schornstein
kommt ein Rauch.

Es kommt eine Zeit,
da werden die Tage klein
und die Nächte groß,
und jeder Abend
hat einen schönen Namen.

Einer heißt Hänsel und Gretel.
Einer heißt Schneewittchen.
Einer heißt Rumpelstilzchen.
Einer heißt Katherlischen.
Einer heißt Hans im Glück.
Einer heißt Sterntaler.

„Bei allen Völkern findet sich im Märchen – verschlüsselt oder ganz offen – die Aufforderung an den Zuhörer, sich mit der gebotenen Welt nicht zufriedenzugeben. Die Kritik wird wachgerufen: Was ist gut an der Welt rund um uns? Was wünschen wir uns anders? Was ist veränderbar, so daß unser Wunsch Wirklichkeit wird?
Dies ist eine der wichtigsten Funktionen des Märchens: es spricht Sehnsüchte und Ängste aus, die bisher unartikuliert waren, und macht sie so 'verarbeitbar'. Es zeigt Möglichkeiten der Erfüllung auf." 1)

Märchen sprechen davon, in welche Richtung Wünsche gehen können. Sie lenken ab von materiellem Wunschdenken, nicht alles ist gegen Geld zu haben. Ein Beispiel aus dem Märchen Schneewittchen: „Da sprach er (der Prinz) zu den Zwergen: 'Laßt mir den Sarg, ich will euch geben, was ihr dafür haben wollt.' Aber die Zwerge antworteten: 'Wir geben ihn nicht um alles Gold in der Welt.' Da sprach er: 'So schenkt mir ihn, denn ich kann nicht leben, ohne Schneewittchen zu sehen, ich will sie ehren und hochachten wie mein Liebstes.' Wie er so sprach, empfanden die guten Zwerglein Mitleid mit ihm und gaben ihm den Sarg."
Durch ein solches Bild formt sich Orientierung: Es gibt Dinge, die lassen sich nicht erkaufen, nicht planen noch verdienen, sie können uns aber zum Geschenk werden, wenn wir sie uns innig wünschen.

In allen Märchen werden Wünsche verschlüsselt oder ganz offen ausgesprochen. Die Brüder Grimm beginnen ihre Sammlung „Kinder- und Hausmärchen" mit dem Satz: „In den alten Zeiten, wo das Wünschen noch geholfen hat." Die Märchen helfen auch uns heute genauso, wenn wir sie uns erzählen und durch sie unser Wünschen, Denken und Hoffen in die richtige Richtung lenken lassen. So können auch die Kinder voll Vertrauen in die Zukunft schauen und von den Märchen her Vorentwürfe für ihr eigenes Handeln entwickeln.
Im Hören von Märchen finden die Kinder Bilder eigener Erfahrungen und entdecken hoffnungsvolle Perspektiven: daß Befreiung geschieht, Wünsche sich erfüllen, daß in scheinbar ausweglosen Situationen Hilfe kommt, daß gerade „Kleine" und Schwache Hilfe erfahren. Und andererseits erfahren sie in Märchen, daß manche Wünsche auch versäumen lassen können, ein eigenes Ich zu werden und zu sich selbst zu finden und daß solche Wünsche unfrei machen und vertuschen wollen.

Das Gedicht „November" von Elisabeth Borchers soll an dieser Stelle Anstoß sein, das eine oder andere Märchen in dieser Zeit im Kindergarten bewußt einzuplanen.

1) vgl.: Österr. Bundesministerium für Unterricht und Kunst (Hrsg.), Buch, Partner des Kindes, S.95, Verlag O.Maier, Ravensburg 1979

Auf der Fensterbank
im Dunkeln,
daß ihn keiner sieht,
sitzt ein kleiner Stern
und hört zu.

Elisabeth Borchers
aus:
E.Borchers/D.Blech, Und oben schwimmt die Sonne davon
Verlag Ellermann, München 1965

Das Gedicht nimmt uns hinein in die Stimmung der dunklen, langen Abende, in die Zeit, in der „Die Häuser enger zusammenrücken", in die Zeit, in der – hoffentlich – Eltern ihren kleinen Kindern am Abend vorlesen und vielleicht auch Märchen erzählen, einander nahe sind. Für manche Kinder wird das Märchenerzählen und Nahe-beieinander-Sein nur im Kindergarten erfahrbar.

Märchenquartett

Material:
Märchenquartett

EPG gG

Spielanregung:
(Die Quartettkarten sollten den Kindern aus dem Freispiel bereits vertraut sein.) Die Kinder sitzen im Kreis. Die Quartettkarten werden gemischt. Der Reihe nach dürfen die Kinder eine Karte ziehen. Jedes sucht nun leise seine drei Partner. Haben die Quartettspieler sich gefunden, vergleichen sie die Szenenbilder und setzen sich dann in der richtigen Reihenfolge nebeneinander. Im Kreis – reihum – erzählen alle Kinder zu ihrem Bild.

Märchen erraten

Material: –

gG

Spielanregung:
Die Erzieherin sitzt mit den Kindern im Kreis. Ein Kind verläßt den Raum. Die Kinder im Raum einigen sich auf ein Märchen, das erraten werden soll. Das Kind wird wieder hereingerufen. Es tritt reihum im Kreis vor die Kinder, bis es das Märchen errät. Das erste Kind sagt z.B.: „In unserem Märchen sitzt eine Königin am Fenster." Das zweite Kind sagt: „In unserem Märchen kommt ein Spiegel vor." Das dritte Kind sagt: „In unserem Märchen kommen Zwerge vor." Die Kinder können Elemente des Märchens beliebig aneinanderreihen.

Märchenrätsel mit Wunschmotiven

- In welchem Märchen wünschen zwölf Feen einer kleinen Königstochter Gutes, eine aber Böses? *(Dornröschen)*
- In welchem Märchen wünscht sich eine Königin ein Kind, so weiß wie Schnee, so rot wie Blut, so schwarz wie Ebenholz? *(Schneewittchen)*
- In welchem Märchen bittet ein Königssohn Zwerge um einen gläsernen Sarg mit einem wunderschönen Mädchen darin? *(Schneewittchen)*
- In welchem Märchen wünscht sich ein Mädchen von ihrem Vater einen Haselbuschzweig, ihre Stiefschwestern aber wünschen sich kostbare Kleider? *(Aschenputtel)*
- In welchem Märchen ruft ein Mädchen: „Bäumchen, rüttel dich und schüttel dich, wirf Gold und Silber über mich."? *(Aschenputtel)*
- In welchem Märchen kommt ein armes Mädchen in eine andere Welt, geht dort in den Dienst einer alten Frau und schüttelt ihr die Betten? Obwohl es ihm dort gut geht, wünscht es sich doch, wieder nach Hause zu kommen. *(Frau Holle)*
- In welchem Märchen möchte eine Mutter, daß ihre sieben Kinder niemandem die Tür öffnen? *(Der Wolf und die sieben jungen Geißlein)*
- In welchem Märchen wünscht sich ein „Wasserpatscher", mit einer Königstochter am Tisch zu sitzen und in ihrem Bett zu schlafen? *(Der Froschkönig)*
- In welchem Märchen wünscht sich ein junger Mann sein Mädchen zurück, welches in eine Nachtigall verwandelt ist? *(Jorinde und Joringel)*
- In welchem Märchen sagt ein Fuchs zu einem Königssohn: „Du hast nun alles, was du dir wünschen kannst; aber mit meinem Unglück will es kein Ende nehmen, und es steht doch in deiner Macht, mich zu erlösen."? *(Der goldene Vogel)*
- In welchem Märchen läuft ein Mann immer wieder zum Butt und teilt ihm die Wünsche seiner Frau mit? Der Butt erfüllt die Wünsche, aber die Frau ist niemals zufrieden. *(Der Fischer und seine Frau)*
- In welchem Märchen gibt sich eine arme Frau erst immer zufrieden mit dem, was das Töpflein ihr bringt; als aber das Töpflein Geld bringt, kann sie plötzlich nicht genug davon bekommen? Das Töpflein lief fort und kam nie mehr zu der Frau zurück. *(Das Töpflein mit dem Hulle-Bulle-Bäuchlein)*
- In welchem Märchen tauscht ein Junge nacheinander ein: einen Goldklumpen gegen ein Pferd, das Pferd gegen eine Kuh, die Kuh gegen ein Schwein, das Schwein gegen eine Gans, die Gans gegen Wetzsteine, die tief in einen Brunnen fallen? Mit leichtem Herzen kehrt er heim, befreit von aller Last. Er sagt: „Alles, was ich mir wünsche, trifft ein." *(Hans im Glück)*
- In welchem Märchen machen sich vier Tiere, die alt sind und sich bedroht fühlen, gemeinsam auf den Weg? Sie möchten noch eine Weile in Frieden leben. *(Die Bremer Stadtmusikanten)*

Geschichte: Tico und die goldenen Flügel

Der kleine Vogel Tico erzählt seine Geschichte und seine Träume: Als junger Vogel kann er singen und herumhüpfen, aber er hat keine Flügel wie die anderen Vögel. Die aber sind seine Freunde und versorgen ihn. Er träumt von goldenen Flügeln, die ihn weit forttragen. Sie werden ihm vom Wunschvogel geschenkt. Seine Freunde aber machen ihm die goldenen Flügel zum Vorwurf, anders zu sein. Verlassen und sehr allein schenkt er seine goldenen Federn denen, die in Not sind. Für jede verschenkte Feder erscheint eine richtige schwarze Feder. Seine Freunde nehmen Tico wieder freudig an.

„Meine Geschichten sollen einen Anfang, eine Entwicklung und ein Ende haben. Ganz gleich, wie bescheiden sie sind – sie müssen die Merkmale des klassischen Dramas aufweisen: Spannung und Lösung. Ebenso sollen sie eine Moral haben. In einigen meiner Geschichten ist die Moral ganz einfach und offenkundig; bei anderen mag es schwieriger sein, sie zu formulieren. Ihr Anliegen ist nicht immer eine Warnung, die sich in ein paar Worte zusammenfassen ließe. Häufiger sind meine Geschichten dazu bestimmt, den Geist anzuregen, eine Erkenntnis zu bewirken, ein Vorurteil zu zerstören. So gesehen, haben sie vielleicht keine Moral, die man in einem Satz ausdrücken könnte, aber mindestens ihrer Absicht nach sind sie moralisch." (Leo Lionni)

In der Geschichte von Tico ist die Moral nicht so leicht auszumachen. Aber gerade darum gibt sie viel zum Nachdenken auf, besonders in Bezug auf unser Thema „Ich habe Wünsche." Mit aller Kraft wünschen bringt Erfüllung. Goldene Flügel aber erheben über andere. Die Freunde empfinden Ticos Anderssein als Unrecht. Auf eine Zeit, in der ihm Hilfe zuteil wurde, folgt später eine Zeit, in der er anderen Hilfe bringt, den anderen immer mehr gleich wird und von ihnen wieder angenommen wird. Es bleiben ihm „seine eigenen unsichtbaren goldenen Träume". Der Schlußsatz will Kindern nicht ausgedeutet werden, geht er doch beim Hören ein und wird so in seiner Bedeutung erspürt.

EPG

- Im Freispiel „Bilder" der Geschichte vorbereiten:
  „schwarz wie chinesische Tusche" – mit schwarzer Tusche zeichnen, Klecksbilder machen und dabei die Tusche fließen lassen ...
  „eine richtige Feder, schwarz und weich wie Seide" – Federn anschauen, anfühlen ... (vgl. Bausteine Kindergarten Sammelband 1, S. 47ff)
  „goldene Flügel" – Gold ist wertvoll, es hat eine strahlende Farbe ...
  Marionetten, Spinnrad, Kompaß, Körbe – die Gegenstände selbst oder Abbildungen zeigen und mit den Kindern darüber sprechen, wie hilfreich uns diese Dinge sind ...

gGg

- Mit den Kindern überlegen, wie es einem jungen Vogel ergeht, der keine Flügel hat. Was er sich wünscht, wovon er träumt.
- Die Erzieherin trägt die Geschichte wie ein Märchen vor, – zunächst ohne Illustrationen.
- Auf die Äußerungen der Kinder eingehen. Durch Impulse die Kinder mit dem Inhalt der Geschichte vertrauter machen:
  - Stellt euch vor, ein kleiner Vogel wie Tico säße oft auf deiner Schulter; er könnte dir vieles erzählen ...
  - In unserer Geschichte erzählt Tico, daß er als junger Vogel wie andere Vögel singen und hüpfen konnte, aber eines konnte er nicht ...
  - Obwohl Tico keine Flügel hatte, mußte er nicht verhungern ...
  - Immer wieder träumt Tico einen großen Wunsch, der eines Tages erfüllt wird...
  - Mit seinen goldenen Flügeln fliegt Tico auch zu seinen Freunden. Die aber verhalten sich ganz anders, als er erwartet hat. Tico versteht das alles nicht...
  - Ohne die Freunde fühlt Tico sich allein. Er entdeckt Menschen, denen er helfen kann ...
  - Tico verschenkt seine goldenen Federn, aber fliegen kann er doch ...

– Dann kehrt Tico mit richtigen schwarzen Federn zu seinen Freunden zurück...

- Vielleicht liest die Erzieherin die Geschichte ein zweites Mal vor mit der Aufforderung, mit geschlossenen Augen zuzuhören. Nach jedem Abschnitt dürfen die Kinder erzählen, was sie „gesehen" haben.

EP
- Die Kinder anregen und ihnen freistellen, zur Tico-Geschichte Bilder zu malen.

gG
- Mit den Kindern die vier Bilder von den Seiten 216ff anschauen:
  1. Bild: Tico sitzt auf einem Ast, ein Freund bringt ihm Futter
  2. Bild: Tico kann fliegen, er hat goldene Flügel
  3. Bild: Tico verschenkt seine goldenen Federn
  4. Bild: Tico hat wieder Gemeinschaft

  Die schlichte Art der bildnerischen Darstellung läßt die Kinder die Gleichnishaftigkeit der Geschichte leichter erfassen.

G
- Durch die Drucktechnik der vier Bilder angeregt, eigene große Bilder zur Tico-Geschichte erstellen. Es genügen zwei handgeschnittene Schablonen, auf die Farbe aufgetragen wird und die in verschiedenen Positionen und mal mit der Vorderseite und mal mit der Rückseite abgedruckt werden.

gG
- Mit den Kindern das Bilderbuch von Leo Lionni anschauen. Die Kinder erzählen zu den Bildern.
  Das Bilderbuch im Freispiel auslegen.

Tico und die goldenen Flügel

Vor vielen Jahren kannte ich einen kleinen Vogel, der hieß Tico. Er saß oft auf meiner Schulter und erzählte von Blumen und Farnen und von hohen Bäumen. Eines Tages erzählte mir Tico seine eigene Geschichte.

„Ich weiß nicht, wie es kam“, sagte er, „aber als ich jung war, hatte ich keine Flügel. Ich sang wie die anderen Vögel, ich hüpfte herum wie sie, aber ich konnte nicht fliegen. Zum Glück hatte ich Freunde, die mich liebten. Sie flogen von Baum zu Baum und brachten mir abends Beeren und zarte Früchte von den höchsten Ästen. 'Warum kann ich nicht fliegen wie die anderen Vögel?' fragte ich mich oft. 'Warum kann ich nicht wie sie in den weiten Himmel aufsteigen über Dörfer und Baumwipfel?' Und ich träumte von goldenen Flügeln, die stark genug waren, um mich fortzutragen bis über die schneebedeckten Berge.

Eines Nachts, im Sommer, weckte mich ein Geräusch in meiner Nähe. Ein seltsamer Vogel, so licht wie Perlen, stand hinter mir. 'Ich bin der Wunschvogel' sagte er. 'Hab einen Wunsch, er wird erfüllt.' Ich dachte an meine Träume, und ich wünschte mir mit aller Kraft goldene Flügel. Da sah ich plötzlich ein Leuchten, und auf meinem Rücken waren Flügel, goldene Flügel, und sie schimmerten im Mondlicht. Der Wunschvogel war nicht mehr da. Vorsichtig bewegte ich meine Flügel, und dann flog ich. Ich flog höher als der höchste Baum. Die Blumenbeete unter mir sahen aus wie Briefmarken, die bunt über das Land gestreut waren, und in den Wiesen lag der Fluß wie ein silbernes Band. Ich war glücklich und flog weit in den Tag hinein.

Aber als ich wieder von der Höhe herabstieß, sahen mich meine Freunde finster an und sagten: 'Du bildest dir wohl ein, besser zu sein mit diesen goldenen Flügeln! Du willst anders sein als wir!' Und weg waren sie, ohne weiter mit mir zu sprechen. Warum sind sie weggeflogen? Warum ärgerten sie sich über mich? Ist es unrecht, anders zu sein? Ich konnte fliegen so hoch wie der Adler, ich hatte die herrlichsten Flügel der Welt. Aber meine Freunde hatten mich verlassen, und nun war ich sehr allein. Eines Tages sah ich einen Korbmacher. Er saß zwischen seinen Körben vor seiner Hütte. Tränen waren in seinen Augen. Ich flog auf einen Zweig, um mit ihm zu sprechen. 'Warum bist du traurig?' fragte ich ihn. 'Ach, du kleiner Vogel, mein Kind ist krank, und ich bin arm. Ich kann die Medizin nicht kaufen, um es gesund zu machen.' Ich dachte nach, wie ich ihm helfen könnte. Und plötzlich wußte ich es: Ich will ihm eine Feder schenken. 'Wie kann ich dir danken', sagte der arme Mann voll Freude. 'Du hast meinem Kind das Leben gerettet. Aber schau, dein Flügel!' Da war statt der goldenen Feder jetzt eine richtige Feder, schwarz und weich wie Seide.

Von diesem Tag an verschenkte ich, Stück für Stück, meine goldenen Federn, und schwarze Federn erschienen an ihrer Stelle. Ich machte viele Geschenke: Drei Marionetten für einen Puppenspieler, ein Spinnrad für eine alte Frau, um Garn zu spinnen für einen Schal, einen Kompaß für einen Fischer, der sich auf dem Meer verirrt hatte. Und als ich meine letzten goldenen Federn einer sehr schönen Braut gebracht hatte, waren meine Flügel so schwarz wie chinesische Tusche.

Ich flog zu dem großen Baum, wo meine Freunde sich zur Nacht niederließen. Würden sie mich begrüßen? Sie zwitscherten vor Freude. 'Jetzt bist du wie wir' sagten sie. Wir drängten uns eng aneinander. Aber ich war so glücklich und aufgeregt, ich konnte nicht schlafen. Meine Gedanken waren beim Sohn des Korbmachers, bei der alten Frau, bei dem Puppenspieler und allen, denen ich mit meinen Federn geholfen hatte. Nun sind meine Flügel schwarz, dachte ich, und doch bin ich anders als meine Freunde. Wir unterscheiden uns alle voneinander. Jeder hat seine eigenen Erinnerungen und seine eigenen unsichtbaren goldenen Träume.“

Leo Lionni
Verlag G. Middelhauve, Köln 1968

Das Wundervogellied

Ich bin aus Holz geschnitzt
und bin auch aus Traum gemacht.

Ich bin ein Vogel, habe Flügel,
aber fliegen kann ich nicht.
Bunt sind meine Federn,
aber Federn sind es nicht.

Ich breite meine Flügel aus
und fliege in die Welt
und lasse mich dort nieder,
wo es mir gut gefällt.

Jurij Brězan
Einleitungstext zum Bilderbuch:
J. Brezan/B. Oberdieck, Der Wundervogelmann
Verlag O.Maier, Ravensburg 1989

Bericht aus einem Kindergarten: Adventskalender als Wunschkalender

Immer wieder äußern Kinder, was sie gerne tun oder wieder einmal tun möchten. Einige Tage hindurch wurden Wünsche der Kinder gesammelt und aufgeschrieben.

z.B.: Ich möchte/Wir könnten
... die Gruppentür öffnen und sagen, wer abgeholt wird
... mit Salzteig formen
... den Nikolaus spielen
... Verkleiden spielen
... Plätzchen backen
... ein bestimmtes Bilderbuch anschauen
... ein bestimmtes Märchen hören
... uns im Keller umschauen
... den Weihnachtsmarkt besuchen
... zu einer schönen Musik tanzen
... mal Erzieherin sein
... Kerzen anzünden
... etwas Bestimmtes basteln
... eine Geburtstagsfeier vorbereiten helfen
... daß meine Mama einmal einen ganzen Morgen im Kindergarten bleiben kann
... beim Märchenspiel die Königin sein
... es in unserem Gruppenraum „schneien" lassen, bis alles voller Papierschnitzel liegt

- Die Wünsche wurden geordnet und numeriert, um sie in Freispielangebote oder geführte Tätigkeiten einbauen zu können, sie wurden umformuliert, z.B.: Du darfst heute ... Wir wollen heute ...
- Jedes Kind faltete ein Haus und gestaltete es bunt. Die Häuschen wurden zu einer Winterstadt (mit „Schnee") ans Gruppenfenster geklebt. In jedes Haus wurde ein Wunsch eingeklebt und das Haus mit einer Nummer versehen.

  In einer Liste hielten wir jeden Wunsch fest, so daß wir einen Überblick über den Wunschkalender behielten.
- An jedem Tag durfte nun ein Kind sein Haus vom Kalender abnehmen, sein Wunsch wurde vorgelesen und am selben oder nachfolgenden Tag erfüllt. Dabei machten wir Fotos für eine spätere Dokumentation.

  An die Stelle des Hauses klebte jedes Kind einen ausgeprickelten Tannenbaum. Aus der „Winterstadt" wurde mehr und mehr ein „ Winterwald".

Das Projekt Wunschkalender blieb für die Kinder bis zum letzten Tag reizvoll. Wünsche, Fotos, kleine Texte und Kinderzeichnungen wurden zu einer Mappe zusammengefaßt, die von den Kindern noch gerne angeschaut wird, wobei sie ihre Erinnerungen erzählen. Auch bei den Eltern fand die Dokumentation großes Interesse, für sie wurde die Arbeit im Kindergarten ein Stückchen transparenter.

Sibille Kurth und Hedwig Lenarduzzi

Dezember

Der Dezember hat einen langen Zettel in der Hand,
damit er ja nichts vergißt
vor Weihnachten

Dem Förster sagt er:
Zeig die schönsten Tannenbäume her!
Die Mutter muß er erinnern, daß sie rechtzeitig
das süße Knusperhäuschen bäckt.
Dem Nikolaus hilft er die Säcke verschnüren
und schmiert die Kufen an dem großen Schlitten.
Für den Esel legt er noch ein Bündel frisches Heu darauf.

Dem Vater muß er sagen,
daß er die Krippe vom Boden holt,
daß er die Schafe und Kamele
und die goldenen Königskronen neu bemalt.

Den Kindern ruft er zu:
Habt ihr das Weihnachtsspiel auch gelernt
und die Faltsterne für die Fenster ausgeschnitten?

Leuchtende goldene Träume schickt er den Kindern.
Aber den schönsten Traum hebt der Dezember auf
für die Nacht vor dem Heiligen Abend.

Barbara Cratzius
aus:
Das Jahr beginnt im Januar
mit Bildern von Hilde Heyduck-Huth
Verlag O. Maier, Ravensburg 1987

Wenn es draußen dämmrig und kalt ist, kommt ein Bratapfelnachmittag dem Wunsch und Bedürfnis der Kinder nach Behaglichkeit entgegen. Bei der Zubereitung können die Kinder fast alle Tätigkeiten selbständig durchführen.

Rezept für Bratäpfel

Zutaten und Zubereitung:

Die Äpfel waschen, nicht schälen, das Kerngehäuse ausstechen. Die Äpfel schichtweise füllen, z.B. mit Rosinen, gehackten Nüssen, Marmelade oder geriebenem Marzipan und mit einem Butterflöckchen. Ein Backblech mit Backpapier auslegen und die gefüllten Äpfel darauf verteilen. Im Backofen bei 200 Grad etwa 20-35 Minuten backen.

Kinder, kommt und ratet,
was im Ofen bratet!
Hört, wie's knallt und zischt,
bald wird er aufgetischt,
der Zipfel, der Zapfel,
der Kipfel, der Kapfel,
der gelbrote Apfel.

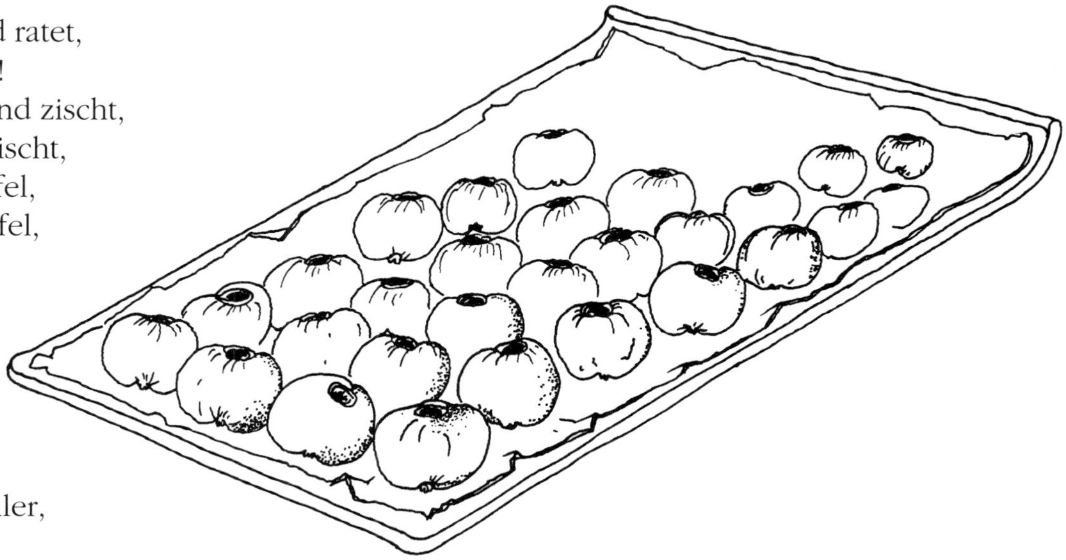

Kinder, lauft schneller,
holt einen Teller,
holt eine Gabel!
Sperrt auf den Schnabel,
für den Zipfel, den Zapfel,
den Kipfel, den Kapfel,
den goldbraunen Apfel!

Emilie und Fritz Kögel

Bald können die Kinder sehen, hören und riechen, wie aus den gelben und roten Äpfeln goldbraune Äpfel werden. Der feine Duft zieht durchs Haus und versetzt die Kinder in Vorfreude. Tische werden zusammengerückt und geschmückt. Im Schein von Kerzen werden die Bratäpfel sicher allen köstlich schmecken.

Auch beim Backen von Weihnachtswecken und beim Zubereiten von duftendem Tee helfen die Kinder gerne mit. Selbstgebackene Wecken und selbstkomponierter Tee duften besonders fein und schmecken im vertrauten Kreis beim Kerzenschein besonders gut.

Rezept für Weihnachtswecken

Zutaten und Zubereitung:

100g Margarine
200g Zucker
eine Prise Salz
zusammen schaumig rühren

500g Quark
1000g Weizenmehl
4 Päckchen Backpulver
14 Eßl. Milch
dazugeben und vermischen;
alles verkneten

6 oder 8 Wecken formen
und bei 200 Grad etwa 15 Minuten backen.

Die Wecken sind schnell zubereitet und gelingen problemlos.

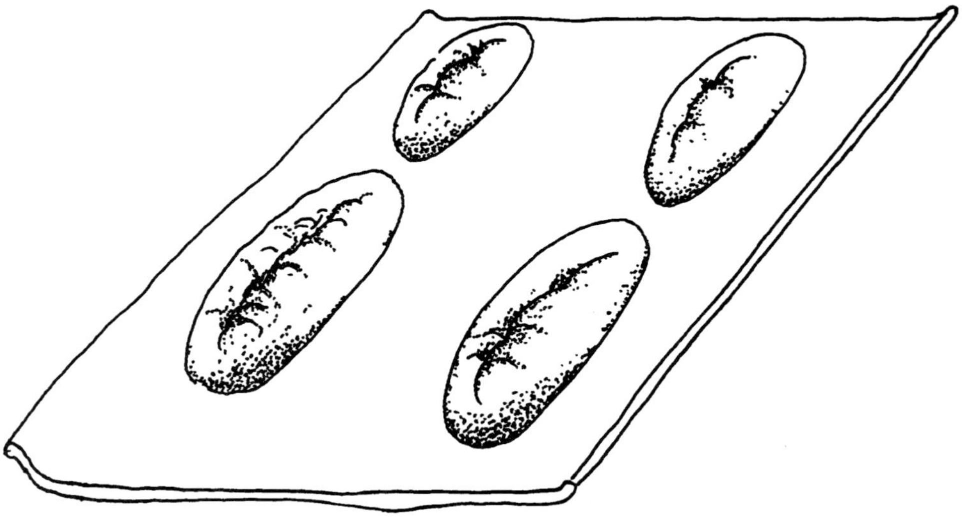

Rezept für Gewürztee

Zutaten und Zubereitung:

Die Zutaten für den Gewürztee in einer Schale zusammenstellen und ihren Duft wahrnehmen:

drei Eßl. Apfeltee
eine in kleine Stücke geschnittene Zimtstange
ein Eßl. Gewürznelken
ein Eßl. Kardamom

Zwei Liter Teewasser (nach Anzahl der Kinder) in einem Topf aufsetzen und zum Kochen bringen. Die Zutaten in das kochende Wasser geben und etwa 15 Minuten auf der noch heißen Platte ziehen lassen. Wird der Topf nicht fest verschlossen, genießen die Kinder schon im voraus den geheimnisvollen Gewürzduft. Den Tee durch ein großes Teesieb abgießen, mit etwas Honig süßen und evtl. mit Apfelsaft auffüllen.

Besonders gut schmeckt den Kindern der Tee, wenn sie ihn aus Porzellantassen oder Teeschalen trinken dürfen!

„Danke“, sag ich leise dann

Text: Elke Bräunling Melodie: Paul G. Walter

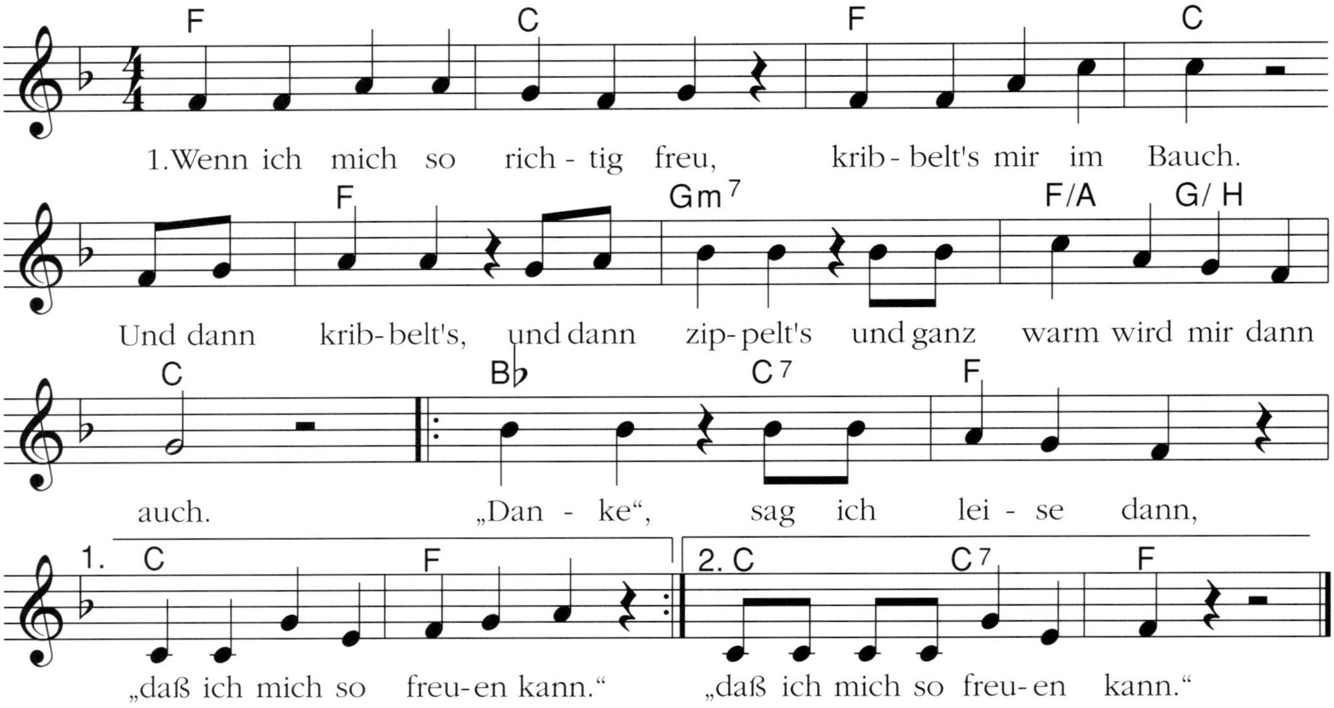

2. Wenn am Kranz die Kerze brennt,
klopft mein Herz ganz laut,
und dann klopft es,
und dann pocht es,
und ich krieg 'ne Gänsehaut.
„Danke“, sag ich leise dann,
„daß ich mich so freuen kann.“

3. Weil bald wieder Weihnachten ist,
fühl ich mich so froh,
und dann krabbelt 's,
und dann zappelt's,
und es brodelt lichterloh.
„Danke“, sag ich leise dann,
„daß ich mich so freuen kann.“

4. Und wenn wir zusammen sind
unterm Weihnachtsbaum,
spür ich's klingen,
hör ich's singen
wie im allerschönsten Traum.
„Danke“, sag ich leise dann,
„daß ich mich so freuen kann.“

aus:
Nun zünden wir die Kerzen an
Musikbär Verlag, Schriesheim 1990
(MC und Liedheft siehe Bezugsquelle)

Anregung: Wir malen Wunschzettel

gGg

- Durch ein Lied, eine Geschichte oder auch nur durch einen Tannenzweig und eine brennende Kerze auf jedem Tisch eine vorweihnachtliche Atmosphäre schaffen.
- Die Kinder auf ihre Weihnachtswünsche ansprechen: Vieles läßt sich in ein Päckchen verschnüren, manches aber auch nicht ...
- Sicherlich haben die Kinder einen Wunsch, der in ein Weihnachtspäckchen paßt. Sie holen sich Malstifte und ein Blatt Papier und malen ihren Wunsch. Sie verzieren und schmücken ihren Wunschzettel, z.B. durch kleine Sterne, die sie über das Blatt verteilt festkleben.
  Wenn die Kinder möchten, dürfen sie auch einander von ihren Wünschen und ihrem Wunschzettel erzählen.
- Mit den Kindern überlegen, wie sie durch ein kleines Geschenk ihren Eltern zu Weihnachten eine Freude bereiten könnten. (Siehe Seite 230f.)

Was ich mir wünsche, kann man nicht malen

Es gibt Wünsche, die kann man nicht malen, sie können auch nicht in Erfüllung gehen, – und doch sind sie da und sehr stark. Wir geraten damit an die Grenzen unserer eigenen Wirklichkeit und stoßen uns hilflos traurig. Das Gutsein anderer kann dann wundersam helfen.

Die Geschichte von Hannelore Dierks ist von der Autorin dem wirklichen Leben einer Kindergartengruppe abgelauscht: Im Gruppenraum ist weihnachtliche Stimmung. Es ist „so still wie selten", denn alle malen ihre Wunschzettel für Weihnachten, bis Weinen zu hören ist. Katrin weint. In den Armen der Erzieherin und der liebevollen Anteilnahme der Kinder in der Gruppe kann Katrin sagen, was sie so traurig macht.
Ihren Weihnachtswunsch kann sie nicht malen, und er kann sich auch nicht erfüllen. Oma kann nicht wiederkommen, Oma ist tot. Diese Erfahrung verbindet Katrin auch mit anderen Kindern, selbst mit der Erzieherin. Voneinander erfahren alle Hilfe, Trost und Geborgenheit.

Diese Geschichte kann Kindergartenkindern vermittelt werden. Sie sagt den Kindern etwas zwischen den Zeilen:
Wir dürfen weinen, wenn wir traurig sind
Wir dürfen schweigen oder sprechen, wenn wir können oder möchten
Wir schauen hin und hören hin und dürfen ratlos sein und spontan helfen wollen
Wir können einander nahe sein, einander in die Arme nehmen
Wir sollten aufrichtig miteinander sprechen
Wir teilen Gefühle miteinander, wenn wir vom eigenen Erleben sprechen
Wir können ein Stückchen von dem, was wir haben, abgeben
Wir können einander fest an der Hand halten

Ein Stückchen Oma

Am Fenster im Gruppenraum kleben die ersten Sterne aus Transparentpapier und Tonpappe. Sie leuchten nach draußen. Auf dem Frühstückstisch steht eine dicke, rote, brennende Kerze. Michael durfte sie heute anzünden. Die Kinder haben beschlossen, sich dabei abzuwechseln, damit jeder einmal drankommt.
Die Kerze riecht gut, sie riecht schon ein bißchen nach Weihnachten.
Alle Kinder sitzen an den Tischen und malen mit Wachsmalstiften. Sie malen ihre Wunschzettel für Weihnachten.
Es ist still im Gruppenraum. So still wie selten.
Ganz besonders schön wollen alle malen.
Frau Wiese geht leise herum, schaut zu, und manchmal hilft sie ein wenig.
Und plötzlich hören es alle.
Jemand weint.
Die Kinder sehen sich verwundert um. Beim Wunschzettelmalen weinen? Nana, wer ist das denn?
Katrin ist es, Katrin weint.
Schnell geht Frau Wiese zu ihr: „Aber Katrin, was ist los?"
Doch Katrin kann nicht sprechen; mit den Tränen kullern auch die Wörter fort. Sie kuschelt sich in Frau Wieses Arm. Ziemlich lange dauert es, bis sie sich beruhigt. Die Kinder stehen ratlos um sie herum.
Keiner lacht.
Keiner sagt „Heulsuse".
Denn Katrin heult nicht, sie weint, und das ist viel schlimmer.
Gesa streichelt ihr über den Arm. Nach einer Weile sagt Katrin: „Was ich mir wünsche, das kann man nicht malen."
„Was ist es denn? Ich helf' dir", sagt Christian bereitwillig.
„Ich kann Autos malen und – Puppen."
„Ist es ein Bügeleisen oder ein Staubsauger, oder sind es Legos? Dann helf' ich dir", sagt Tim, denn das wünscht er sich.
„Vielleicht Ohrringe?" fragt Stefanie. „Die gehen schwer, weil sie so klein sind."

Katrin schüttelt immer nur den Kopf. Aber – sie hat aufgehört zu weinen.
„Ich wünsche mir, daß meine Oma wiederkommt", sagt Katrin leise.
„Mensch, dann ruf sie doch an! Oder hat sie kein Telefon?" fragt Christian.
„Das geht nicht. Meine Oma ist tot", flüstert Katrin.
Einen Moment lang ist es still, und dann sagt Stefanie: „Dann kann sie nicht wiederkommen."
Die anderen nicken.
„Voriges Jahr Weihnachten war sie noch da. Da bin ich ganz alleine mit ihr zum Weihnachtsmarkt gegangen."
„Meine Oma ist auch tot", sagt Christian. „Sie war sehr krank. Als sie gestorben ist, waren wir alle sehr traurig. Ich habe geweint. – Meine Mama und mein Papa auch."
„So war es bei uns auch", sagt Nadine.
„Mein einer Opa ist auch tot", erzählt Tim. „Schon ganz lange, da war ich noch nicht auf der Welt. Nun lebt er im Himmel. Ich habe aber noch einen Opa."
„Ich habe sechs oder sieben Omas", prahlt Marc. Das stimmte natürlich nicht. Aber Marc wollte immer mehr haben als die anderen, deshalb gab es oft Streit mit ihm.
„Mein Opa hatte gerade Geburtstag, er ist 88 Jahre alt geworden", erzählt Gesa. „Vielleicht ist es mein letzter Geburtstag, hat er gesagt."
Alle sehen Gesa an.
Nach einer Weile sagt Stefanie: „Meine Oma ist im Krankenhaus. Sie hat Krebs. Ich habe Angst, daß sie stirbt."
Frau Wiese nimmt Stefanie neben Katrin auf den Schoß und beginnt: „Meine Mutter ist auch tot. Sie hatte Krebs. Sie hatte ganz große Schmerzen, alles tat ihr weh. Ich glaube, daß sie jetzt bei Gott ist und daß es ihr viel besser geht als hier auf der Erde. – Ich freue mich darüber, daß ihr nichts mehr weh tut.
Manchmal bin ich sehr traurig, weil ich nicht mehr mit ihr sprechen kann. Mir fällt oft etwas ein, was wir zusammen gemacht haben. Dann denke ich an sie. Das ist sehr schön."
Es entsteht eine Pause, und dann sagt Gesa: „Ich wünsche mir, daß ich zu Gott komme, wenn ich einmal sterbe."
Mucksmäuschenstill ist es im Gruppenraum.
Die Kinder hören, wie draußen der Müllwagen vorbeifährt.
„Katrin, willst du uns vom Weihnachtsmarkt erzählen?" fragt Frau Wiese.
„Ja", sagt Katrin und erzählt, wie sie einen roten, klebrigen Apfel gegessen hat, wie er in den Haaren kleben blieb und wie Oma die Haare wieder abgemacht hat, ohne zu schimpfen. Und wie Oma Glühwein getrunken hat und dann ganz lustig war.
„Alle Sachen auf dem Weihnachtsmarkt haben wir uns lange angesehen. Oma hatte genauso viel Zeit wie ich, nicht mehr und nicht weniger."
„Meine Oma hat nie Zeit. Sie sagt immer: Komm, beeil dich", berichtet Tim.
„Bevor wir nach Hause gingen, hat Oma mir einen silbernen Herzluftballon gekauft. Halte ihn gut fest, sonst fliegt er bis zum Himmel, hat sie gesagt. Und nun ist sie selbst im Himmel."
„Stimmt das?" fragt Christian.
„Ich glaube schon", sagt Frau Wiese.
„Wünschst du dir sonst nichts?" fragt Christian.
„Nein", antwortet Katrin.
Gesa legt ihren Arm um Katrin und sagt leise, damit es die anderen Kinder nicht hören können:
„Ich gebe dir ein Stückchen von meiner Oma ab."
Überrascht schaut sie Katrin an.
„Na, ich meine eine Hand. – Ich frage meine Oma, ob sie mit uns auf den Weihnachtsmarkt geht."
„Au ja!" Katrin freut sich.
„Dann fragen wir sie, ob sie uns silbrige Herzluftballons kauft", überlegt Gesa.
„Aber diesmal lasse ich den Luftballon los, damit er in den Himmel fliegt", sagt Katrin.
„Häng einen Zettel dran und schreibe drauf: VON KATRIN."
Zum Wunschzettelmalen haben die Kinder jetzt keine Lust mehr. Sie ziehen ihre Anoraks an und gehen mit Frau Wiese auf den Spielplatz.
Gesa und Katrin halten sich fest an der Hand.

Hannelore Dierks
aus:
Meinst du denn, ich kann das nicht? – Geschichten um den Kindergarten
Schwann im Patmos Verlag, Düsseldorf 1990

Geschenkanregungen: Verzierte Streichholzschachteln

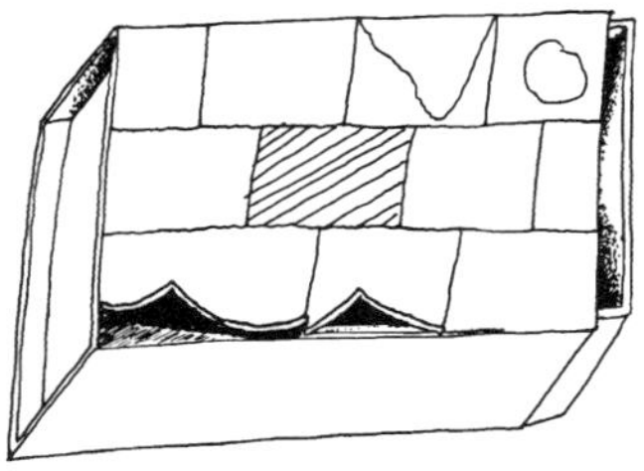

Material:
Streichholzschachteln (voll und unbenutzt), in kleine Stücke geschnittene Gold-Grün-Folie (mit der Papierschneidemaschine), Klebstoff

Durchführung:
Die Oberseite einer Streichholzschachtel mit Klebstoff einstreichen, goldene und grüne Folienstücke als Mosaik dicht aneinanderfügen und andrücken.

Weihnachtskassette

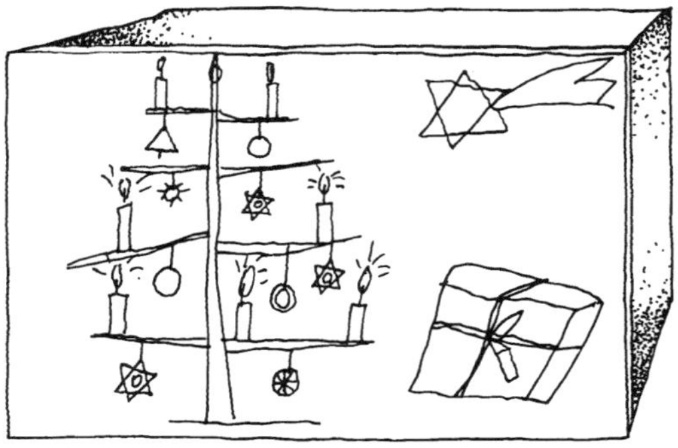

Material:
Recorder, Kassetten, Zeichenpapier, Filz- oder Buntstifte

Durchführung:
Lieder, Gedichte, eine Erzählung oder ein Gespräch in der Gruppe aufnehmen und jedem Kind auf eine Kassette überspielen; evtl. durch einen persönlichen Beitrag des einzelnen Kindes auf seine Kassette ergänzen. Von den Kindern in Kassettengröße eine kleine Zeichnung anfertigen lassen und in die Kassettenhülle einschieben.

Krippe zum Aufstellen

Material:
Weihnachtspostkarten oder kleinere Weihnachtsbilder, Böden oder Deckel von Schachteln (z.B. von Zigarren), Gold-Plakafarbe, Pinsel, Stroh oder Binsen, gebastelte Sterne

Durchführung:
Die Schachtelhälfte mit Plakafarbe leicht vergolden; ein Weihnachtsbild in die Schachtel einkleben; die „Dachseite" links und rechts einschneiden, vorn nach unten schrägen, seitlich festkleben und mit Stroh oder Binsen bekleben; einen Stern an ein Stöckchen kleben und an der Rückseite der „Krippe" befestigen.

Miniaturcollage

Material:
transparente Deckel von Quarkdosen, Gold- und Silberpapierreste, Tortenspitze, Gold- und Silberborten, -litzen, -bänder, Schere, Klebstoff, Aufhängerfaden

Durchführung:
Eine kleine Phantasielandschaft mit Papierschnitten und anderen Materialien gestalten und auf eine Deckeloberfläche einpassen; die Collagenstücke Teil für Teil ankleben; auf das fertige Bild einen weiteren Deckel aufdrücken und einen Aufhängerfaden anbringen.

Gesticktes Bild

Material:
Stoff (z.B. Rupfen), Leim (aus Glutofix), Pinsel, glattes festes Papier, dicke Nadel mit breitem Öhr, farbige Fäden (auch Goldfäden), Schere

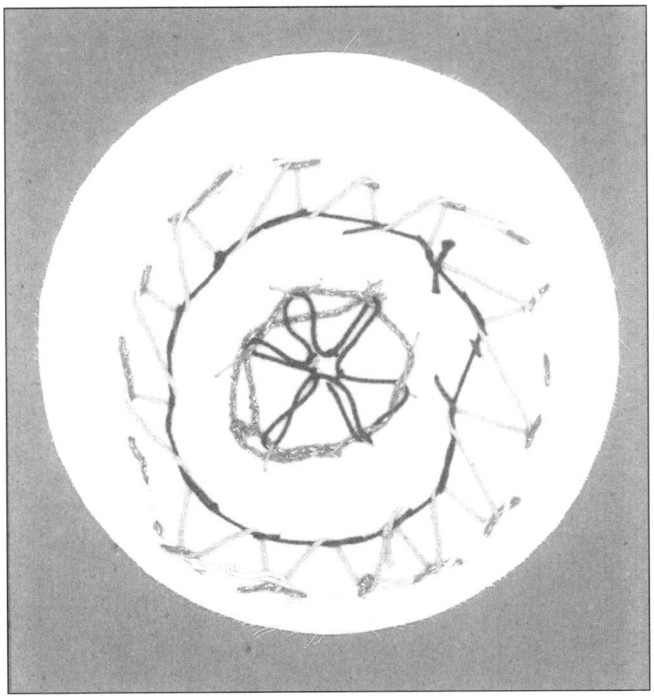

Durchführung:
Kinder können leicht – ohne Vorübung – auf sehr festem Stoff oder kaschiertem Stoff sticken.
Kaschieren von Stoff: Papier dünn mit Leim einstreichen und auf ein Stück Stoff kleben, zwischen Brettern oder aufeinandergestellten Tischen trocknen lassen – es wird steif wie dünne Pappe, läßt sich mit der Schere schneiden, und der Rand braucht nicht gesäumt zu werden.
Man muß nicht Stiche erlernen, um mit dem Sticken beginnen zu können. Es ist nicht verlangt, daß die Kinder „sauber" sticken und dabei bestimmte Stiche wie Kreuzstich oder Stilsstich verwenden. Sie dürfen sich eine Form vorzeichnen oder einfach drauflosarbeiten und dabei Form und Technik erfinden. Die Rückseite der fertigen Stickerei wird ebenfalls mit Leim bestrichen; am nächsten Tag sind alle Fäden auf der Rückseite verklebt, sie können nicht mehr durch den Stoff hindurchrutschen. 1)

1) vgl.: Hilda Sandtner, Kinder sticken, Brunnen-Reihe 173 – Kinder-Programm, Christophorus-Verlag, Freiburg 1980

Fresco aus dem Dom zu Gurk/Kärnten, Foto: C. Vorbolt

Das Kind, das die Maria hält,
ist Gottes Sohn, der Herr der Welt,
geborn so arm auf Erden.

Es kommt zu uns das heilge Kind,
die wir gar sehr verstöret sind
in Not und viel Beschwerden.

Der Heiland ist es und der Held,
der wider alle Feind sich stellt
auf dieser dunklen Erden.

Und wer es mit dem Kinde wagt,
am Ende muß ganz unverzagt,
sehr stark und fröhlich werden.

(Unbekannter Verfasser)

In Jesus von Nazareth hat Gott die Welt beschenkt. Weihnachten ist für Christen Grund zu Freude. Diese Freude will sich mitteilen, denen, die uns nahe sind und denen, die uns brauchen, um diese Botschaft im Heute Wirklichkeit sein zu lassen. Der Friede, wie er am Heiligen Abend in den meisten Familien erfahren wird, wo man gut zueinander ist, bedeutet ein Stück der Wirklichkeit und Hoffnung, von Jesus verkündigt, in ihm angebrochen und gleichzeitig noch ausstehend.

Durch die Weihnachtsgeschichte allein können Kinder nicht erfahren, wen und was wir an Weihnachten feiern. Die Kinder sollten darum auch von Jesus hören, der unter uns lebte und lebt. Damals kamen die Menschen in großen Scharen zu ihm, um in seiner Nähe zu sein. Jesus ging auch auf die zu, die man wenig beachtete oder sogar verachtete, auf die Hirten und Zöllner, die Frauen und Kinder, die Kranken und Behinderten, die Armen und Verlassenen. – Und noch immer spüren wir, daß Gott in Jesus uns nahe ist.
Um in der Adventszeit den Kindern ein oder zwei Geschichten von Jesus zu erzählen, eignen sich vielleicht folgende Bibelstellen; Bartimäus (Mk 10,46-52); Levi (Lk 5,27-32); Zachäus (Lk 19,1-10); Jesus in Jerusalem (Mt 21,1-11 und 26,17-38); oder auch das Gleichnis vom barmherzigen Samariter (Lk 10,28-37).
Die Grundaussagen dieser Bibelstellen in unser Leben hineingenommen, läßt Kinder ahnen: Jesus nimmt sich unser an, seine Botschaft kommt von Gott. Durch wenige Geschichten wird eine Neugier auf Jesus wachgehalten, dessen Geburtstag Grund gibt zu solch schönem Fest, zu solcher Freude. Da bekommt die Geburtsgeschichte für Kinder neue Bedeutung und ihr Wünschen und Schenken zum Weihnachtsfest eine neue Dimension.

Brennende Kerzen und Tannengrün verhelfen dazu, den Boden zu bereiten für Geschichten, Lieder und Gespräche.

Anregung: Collage

Im November

- Die Kinder malen ein Selbstporträt (DIN A 5) und schneiden es aus.
- Ein großes Wandbild wird vorbereitet, in der Mitte wird ein Platz freigehalten für ein Krippenbild.
- Jeder darf sein Bild aufkleben.

Im Dezember

- Wunschzettel werden gezeichnet – wer möchte, darf seinen besonderen Wunsch vorstellen;

  die Wunschzettel werden dem „Selbstporträt" auf der Collage zugeordnet.
- Durch die Spiele der Seite 194 angeregt, können aktuelle Bilder aus Zeitungen und Zeitschriften an noch freien Stellen aufgeklebt werden, Bilder von Menschen in verschiedenen Situationen – auch Notsituationen; die Kinder können mögliche Wünsche dieser Menschen zeichnen und hinzukleben.
- In das freie Feld in der Mitte der Collage wird eines Tages ein Krippenbild geklebt. Die Kinder werden fragen: Wer ist das Christkind, daß wir uns an seinem Geburtstag etwas wünschen dürfen und selbst anderen etwas schenken?
  (Ein Krippenbild wählen, weil es alle Kinder ohne Ausnahme als ein Bild von Jesus erkennen; notwendig bleibt aber, dieses Bild zu ergänzen durch ein oder zwei Geschichten vom erwachsenen Jesus.)

Durch das allmähliche Wachsen der Collage werden die Kinder aufmerksam. Die Inhalte der Collage zwingen in dieser Komposition die Kinder zum Schauen und zur Auseinandersetzung.

Die Collage will sichtbar machen:
Wünschen und Schenken an Weihnachten hat eine Mitte.

Ich möchte eine Puppe, die spricht.
Ich wünsche mir ein Fahrrad mit Licht.
Ich möchte das Buch mit der Micky-Maus.
Weihnachten kommt in unser Haus!

Für den Vater will ich ein Bilderbuch kleben.
Für die Mutter die kleine Tasche weben.
Für Großmutter schneid ich die Sterne aus.
Weihnachten kommt in unser Haus!

Ich will wünschen, ich will schenken.
Ich will ans Kind in der Krippe denken.

Jesus!
Heute ist dein Geburtstag.
Wir zünden Kerzen an.
Wir sind froh.
Die Lichter machen das Dunkel schön.

Jesus!
Du bist in die Welt gekommen.
Du machst die Welt hell.
Du machst uns froh.
Wir danken dir!

Regine Schindler
aus:
Alles ist neu – Fibel für den Religionsunterricht im ersten Schuljahr
Verlage Kaufmann und Diesterweg, Lahr und Frankfurt 1977

Wir schenken Jesus ein Geburtstagslied

Text: Marina Palmen Melodie: Hubertus Vorholt

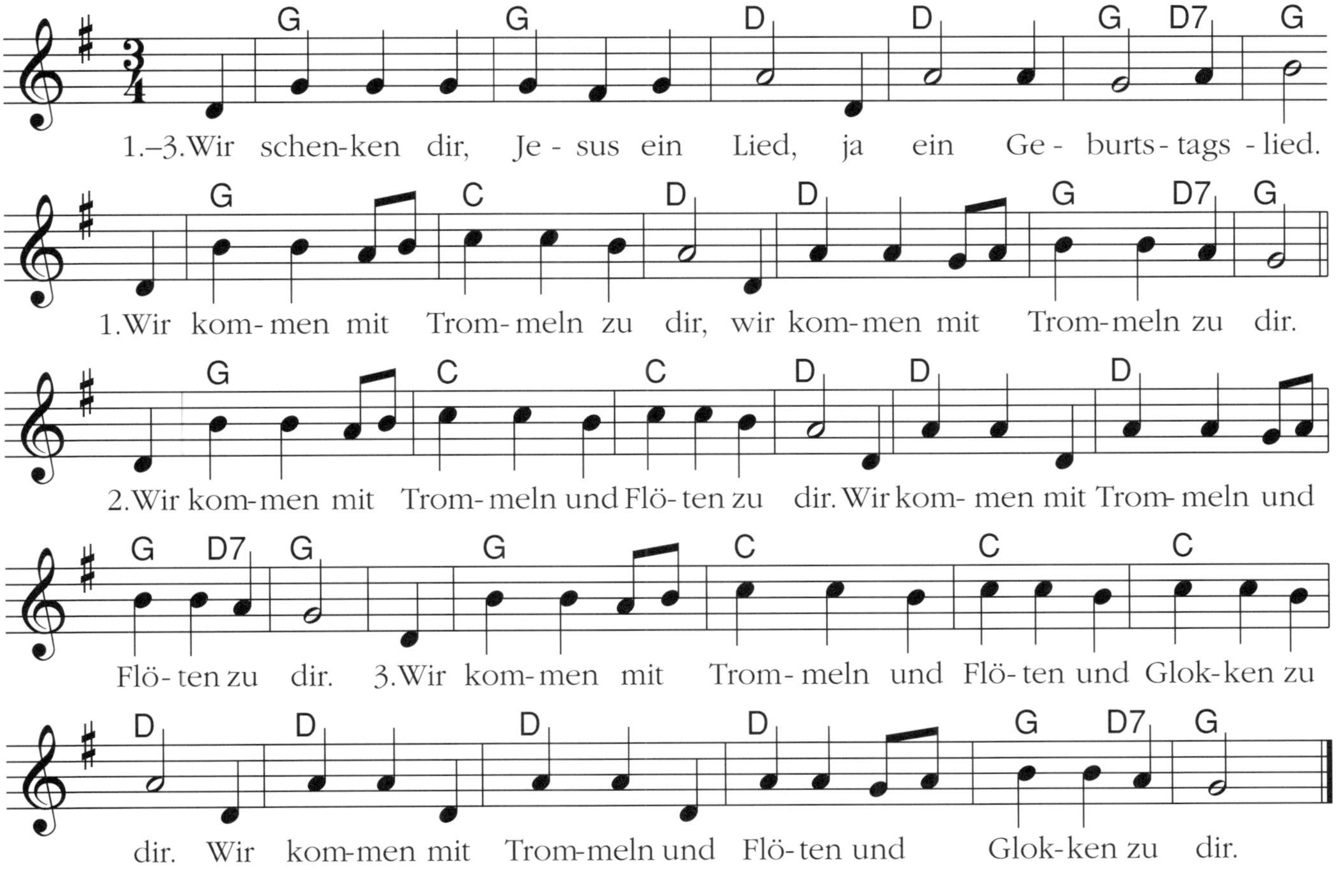

Bilderbuch: Der Wundervogelmann

Eine Geschichte um einen wunderschönen alten Weihnachtsbrauch auf einem Bauernhof: Weihnachten als ein Fest, in das alle einbezogen werden: die Familie, das Pferd, die Kühe, Hühner und Hahn, Hund und Katze und der „liebe" Apfelbaum – auch der Wundervogelmann wird zum Weihnachtsessen eingeladen, er hat die Nacht in der Scheune im warmen Stroh verbracht. Seine Gabe ist der geschnitzte Wundervogel und das Wundervogellied für das kleine Mädchen der Familie. Es ist darüber voller Freude.
Das Kind in dieser Bilderbuchgeschichte ist weitab von jedem Weihnachtstrubel. Es lebt in familiärer Geborgenheit, es darf dem Vater helfen beim „lieben Vieh", es ist glücklich und fühlt sich durch den Besuch des Wundervogelmanns und den geschnitzten Wundervogel reich beschenkt. In diesem Buch wird Seite für Seite spürbar, wie Menschen einander und auch der Kreatur zugetan sind – Wirklichkeit der Botschaft von Weihnachten, der Autor Jurij Brezan spricht sie zwischen den Zeilen aus. Die Bilder von Bernhard Oberdieck sind sehr erzählerisch und einfühlsam und führen den Text noch weiter.

Geschichte: Was Tim sich zu Weihnachten wünscht

Tim hat auf seinen Wunschzettel für Weihnachten alles geschrieben, was ihm eingefallen ist, mehr als er sich erwartet. Die Christmette am Heiligen Abend findet er noch schön. Zu Hause denkt er nur noch an die Bescherung. Er muß warten, bis Großeltern, Onkel und Tante kommen, und die möchten erst Weihnachtslieder singen. Endlich darf er Päckchen öffnen. Alles hat er bekommen. Nun möchte er ausprobieren und spielen. Aber die Erwachsenen haben nur Zeit füreinander: „Du hast so viele schöne Spielsachen gekriegt. Jetzt spiel allein ..." Tim fühlt sich allein gelassen. Einen Weihnachtswunsch für das nächste Jahr hat er schon jetzt: „... daß einer von euch mit mir spielt." Erst jetzt spüren die Eltern, wie sehr sie ihr Kind allein gelassen haben. Alle käuflichen Geschenke können den eigentlichen Wunsch des Kindes nicht erfüllen.

In der Gegenüberstellung der beiden Geschichten wird deutlich, was Albrecht Goes mit seinen Zeilen treffend ausdrückt.

Wir schenken, weil wir uns brauchen.
Wir wissen wohl, was eigentlich wir
schenken sollten: uns selbst nämlich.
Und wir schenken etwas von uns, weil
wir uns selbst nicht schenken können.

Albrecht Goes

Mit den Kindern läßt sich leicht das Bilderbuch „Der Wundervogelmann" „lesen". Vielen Kindern schulden wir auch die Geschichte „Was Tim sich zu Weihnachten wünscht". Bestimmt lassen sich Gedanken des Schenkens auch an die Eltern herantragen.

Was Tim sich zu Weihnachten wünscht

Als Tim vor ein paar Wochen den Wunschzettel geschrieben hat, schön fein säuberlich, so gut er es eben in der ersten Klasse zusammenbrachte, da kam es ihm selbst ein wenig viel vor, was er sich so wünschte: Das große Feuerwehrauto und den Bahnhof für die Eisenbahn, möglichst viele Legos (eine riesige Schachtel voll) und so ein elektronisches Spiel, das Achim hat. Dann wollte er gerne noch eine Carrerabahn – ja und eigentlich wünschte er sich ja noch einen großen Bob zum Schlittenfahren. Aber den würde er bestimmt nicht kriegen, es war schon ohne den Bob viel zu viel.
Aber draufgeschrieben hat Tim doch alles, was ihm einfiel, man konnte ja nie wissen ...

Am Weihnachtsabend ist Tim ganz aufgeregt. Was wird wohl unter dem Tannenbaum liegen?
Zuerst gehen er und seine Eltern noch in die Christmette. Die dauert ja ziemlich lange, aber wenn die Orgel braust und alle Leute singen „Stille Nacht“, findet Tim, daß es doch schön ist in der Kirche.
Daheim geht es immer noch nicht los. Tim kann es fast nicht mehr erwarten.
„Tim, nun sei doch nicht so ungeduldig“, sagt Mama, „wir müssen mit der Bescherung schon warten, bis Omi und Opa da sind und Tante Grete. Onkel Wieland ist schon unterwegs – er hat vor der Mette angerufen.“
Tim sitzt in seinem Zimmer und blättert in einem der Comics. Mama hat noch in der Küche zu tun, weil es nach der Bescherung natürlich wie immer das große Weihnachtsessen gibt.
Papa liest in seinem Arbeitszimmer. Endlich läutet die Haustürglocke. Es sind Omi und Opa und hinterher gleich Tante Grete und Onkel Wieland. Na, jetzt kann es losgehen. Nö, doch noch nicht! Mama ruft Tim zu, er soll nochmal in seinem Zimmer bleiben.
Tim wartet. Dann klingelt das leise Weihnachtsglöckchen, und Tim darf ins Weihnachtszimmer.
Zuerst sieht er den großen roten Bob hinter dem Weihnachtsbaum. Dann ein Riesenpaket – so etwa in der Größe, wie er sich vorstellt, daß es die Carrera-Bahn ist.
Alle zusammen singen jetzt erst noch ein Lied. Und dann noch eins. Tim sieht auf die vielen brennenden Kerzen und hört die etwas zitternde hohe Stimmme von Tante Grete. Ob sie jetzt fertig sind?
„So“, sagt Papa, „und zuerst darf natürlich unser Tim seine Geschenke ansehen, er ist noch am kleinsten und sicher am ungeduldigsten!“
Tim macht zuerst das kleinere Päckchen zu seinen Füßen auf: Aha, eine Schachtel voller Legosteine. Dann das größere: Das Feuerwehrauto und dann das elektronische Spiel. Die riesige Schachtel ist tatsächlich die Carrera-Bahn und in drei kleineren sind die Bauteile für den Bahnhof der Eisenbahn. Tim reißt die Folie auf und sieht sich die Bauteile genau an. „Papa“, fragt er, „kannst du das mit mir bauen?“
„Sicher“, antwortet Papa, „aber bitte nicht jetzt und gleich.“ Er ist gerade mit Onkel Wieland beschäftigt, in einem großen Bildband zu blättern. Die beiden reden viel und schnell. Tim zieht den großen Bob unter dem Weihnachtsbaum hervor und setzt sich probeweise mal hinein.
„Mama, guck mal!“ ruft er, aber Mama ist ganz ins Gespräch versunken mit Omi und Tante Grete. Sie hört nichts.
Tim packt das Feuerwehrauto aus und sucht die Kurbel, um die Leiter hinauf- und hinunterzulassen. Ganz nach oben stellt er eine Spielfigur. Dann weiß er nicht weiter. Er bräuchte jemanden, der mitspielt.
Er probiert es bei Onkel Wieland.
„Du!“ Tim stellt sich neben Papa und Onkel Wieland auf. „Tätest du mal mit mir spielen, oder vielleicht die Carrera-Bahn aufbauen?“
Papa und der Onkel sehen hoch:
„Nee, Tim, bitte jetzt nicht. Sieh mal, du hast so viele schöne Spielsachen gekriegt. Jetzt spiel alleine, Wieland muß morgen wieder weg, da haben wir so wenig Zeit. Und das Buch hier ist sehr interessant, das guck' ich auch mal mit dir an!“
Papa wendet sich wieder dem neuen Buch zu. Tim steht mitten im Raum. Die Erwachsenen sind alle beschäftigt.
Also, da ist nichts zu machen. Tim packt die Carrerabahn aus ihrer Schachtel und versucht, sie aufzubauen.
Später gibt es Abendessen, und danach darf Tim so lange aufbleiben, wie er will, und mit den neuen Spielsachen spielen.
Tim sieht sich vor dem Zubettgehen nochmal alles genau an. Er hat wirklich nicht gedacht, daß er alles, aber auch alles, was er auf den Wunschzettel geschrieben hat, bekommen würde.
Irgendwie ist er trotzdem nicht so ganz froh.
„Na?“ Die Mama legt ihm die Hand auf die Schulter. „War es ein schönes Weihnachten für dich?“ fragt sie ihn. Tim nickt. Dann kommt ihm eine Idee. „Aber ich weiß schon, was ich mir fürs nächste Jahr wünsche!“
Mama lacht. „Na, du bist gut – heute schon wieder einen neuen Wunsch.“
Tim nickt: „Da wünsch' ich mir, daß einer von euch dann auch mit mir spielt am Weihnachtsabend!“
Jetzt ist die Mama ganz still, und auch Papa sieht erstaunt auf. „Naja“, sagt Mama langsam, „an diesem Wunsch ist schon was dran. Du, weißt du was, Papa und ich versprechen dir, daß wir morgen ganz viel und ganz lang mit dir spielen – ja?“
Tim nickt! Und er hüpft ganz glücklich in sein Bett!

Christine Merz
aus:
Was Kinder bewegt
Verlag Herder, Freiburg

Lauter Wünsche

Lieber Weihnachtsmann,
nimm bitte meinen Bruder, verpacke ihn ganz schön und verschenke ihn an andere. Mir könntest Du dann dafür ein Meerschweinchen schenken. Am liebsten wäre mir ein Angorameerschweinchen. Das ist viel besser als ein Bruder. Kannst Du glauben. Erstens futtert es einem nicht alles weg, wie das mein verfressener (Entschuldigung, aber es stimmt!) Bruder tut. Zweitens will es nicht immer recht haben wie mein Bruder. Drittens wird es garantiert nicht dauernd auf das zweite Programm umstellen, wenn ich das erste sehen möchte. Viertens haut und zankt es nicht. Fünftens und überhaupt ist es bestimmt insgesamt viel netter als mein Bruder. Es gibt sicher noch zehn andere Gründe, ihn gegen ein Meerschweinchen zu tauschen. Aber die ersten fünf reichen schon. Falls Du keinen kennst, der meinen Bruder geschenkt will, rufe mich bitte an, lieber Weihnachtsmann. In meiner Klasse gibt es nämlich eine, die einen Bruder möchte. Das liegt daran, daß sie noch nie einen gehabt hat. Wenn Du nicht genug Geschenkpapier für dieses große und etwas dickliche Geschenk auftreiben kannst, besorge ich es. Hauptsache, alles klappt.

Deine Miriam

Lieber Weihnachtsmann,
mein Papa hat so eine laute Brüllstimme. Schenke ihm bitte eine leisere, damit er Mama und mich nicht immer erschreckt. Oder montier ihm irgendwohin einen unauffälligen Knopf, mit dem wir ihn leiser stellen können. Das war mein erster Wunsch. Ich habe auch noch einen zweiten, der ist einfacher. Meine Mama kocht immer das gleiche. Oder vielleicht schmeckt es auch immer nur gleich. Schenk ihr bitte ein Kochbuch mit ganz vielen verschiedenen Essen. Und jedes soll einen eigenen Geschmack haben. Wahrscheinlich glaubst du mir das mit dem gleichen Geschmack nicht, lieber Weihnachtsmann, dann komm zu uns. Du darfst eine Woche die Hälfte von meinem Mittagessen haben. Danach glaubst Du es mir garantiert. Es kann natürlich sein, daß Du alle Kochbücher verschenkt hast. Dann wünsche ich mir ein Faß Spaghetti mit Fleischsauce. So viel muß im Faß sein, daß ich ein Jahr lang jeden Tag spaghettisatt werde. Wenn es schon immer gleich schmeckt, soll es wenigstens mein Lieblingsessen sein.

Dein Jochen

Lieber Weihnachtsmann,
schenke mir bitte irgendwas, damit ich abends keine Angst mehr vor dem Einschlafen habe. Sehr gut wären dafür Eltern, die sich ans Bett setzen und vorlesen. Meine tun das leider nie. Das finde ich ziemlich doof. Aber wenn Dir ein anderes Geschenk gegen Angst einfällt, ist mir das auch recht. Außerdem wünsche ich mir, daß sich meine Eltern weniger zanken. Das ist eigentlich sogar mein Hauptwunsch. Schaffst Du das?

Deine Julia

Lieber Weihnachtsmann,
ich habe einen Doppelwunsch. Hoffentlich ist das nicht zuviel. Ändere bitte meine Mama, damit sie nicht immer nörgelt, wenn es bei mir im Zimmer unaufgeräumt aussieht. Also nicht vergessen: Mama entnörgeln. Dann wünsche ich mir einen Lehrer, der als Schüler selber öfter mal was falsch gemacht hat. So ein Lehrer weiß genau, wie man sich dabei fühlt. Und der hilft einem bestimmt. Solltest Du meine Wünsche nicht erfüllen können, schenke mir bitte eine Tarnkappe. Die setze ich dann immer auf, wenn in der Schule oder zu Hause was nicht klappt.

Dein Thomas

Achim Bröger

Manche Wünsche können nicht in Erfüllung gehen

Sehnsucht

Eines Tages war der Vater des kleinen Hannes und seiner Schwester Annika fortgegangen und kam nie wieder. Die Kinder riefen nach ihm und bettelten bei der Mutter, aber die konnte den Vater ja auch nicht zurückzaubern. Und die Kinder fragten, ob der Vater tot sei.
„Was ist tot?" fragte der kleine Hannes.
Die Mutter sagte: „Wenn einer tot ist, ist er weg und kommt nie wieder."
Da weinten die Kinder und dachten noch oft an den Vater. Aber der Vater kam nie wieder ...
Eines Tages im November mußte die Mutter nach Amerika fliegen in einem riesigen Flugzeug über das große Meer. „Wir fahren nach Amerika und wer kommt mit? Die Katze hat 'nen langen Schwanz, und die kommt mit." So sangen sie. Aber die Mutter war dann weggeflogen, und der kleine Hannes konnte nicht mit, und die kleine Annika konnte auch nicht mit. Der kleine Hannes und seine Schwester wohnten bei der Großmutter. Manchmal rief die Mutter aus Amerika an. Sie erzählte, daß sie gerade ins Bett gehe. Aber der kleine Hannes und seine Schwester aßen dann gerade Frühstück. Die Stimme der Mutter war sehr weit fort.
Der kleine Hannes sagte ins Telefon: „Mama, du sollst jetzt hier sein."
Die Mutter sagte: „Ich kann jetzt nicht bei dir sein, ich muß noch drei Wochen hierbleiben."
Der kleine Hannes sagte: „Was machst du denn in Amerika?"
Die Mutter sagte: „Ich muß doch arbeiten."
Der kleine Hannes sagte: „Warum mußt du denn arbeiten?"
Die Mutter sagte: „Ich muß euch doch Essen geben und euch Pullover und Schuhe kaufen und die Wohnung bezahlen, in der wir wohnen, dazu muß ich immer Geld verdienen."
Der kleine Hannes sagte: „Aber du sollst jetzt hier sein."
Die Mutter sagte: „Ich kann jetzt nicht bei dir sein, ich komme ja bald nach Hause."
Der kleine Hannes sagte: „Jetzt, jetzt!" Und er wurde immer böser und störrischer und wollte, daß die Mama sofort bei ihm sein sollte.
Die Mutter sagte: „Das große Meer ist zwischen uns, ich muß erst ganz lange mit dem Flugzeug zu dir fliegen."
Aber der kleine Hannes sagte immer nur: „Jetzt!, jetzt!, jetzt sollst du hier sein."
Die Mutter wurde ganz traurig und verzweifelt. Wie sollte sie dem kleinen Hannes alles erklären? Das Telefonieren dauerte schon zu lange, es kostete ganz viel Geld. Und die Mutter konnte dem kleinen Hannes nichts erklären. Da legte sie den Telefonhörer auf und legte sich ins Bett und war sehr traurig, daß sie dem kleinen Hannes überhaupt nichts erklären konnte und daß sie noch drei Wochen in dem fremden Amerika arbeiten mußte. Die Arbeit war schwer, und sie hatte solche Sehnsucht nach dem kleinen Hannes und nach seiner Schwester Annika.

Karin Struck

Geschichte: Kinder, Kinder!

Kinder, und nicht nur sie, brauchen immer wieder Raum und Zeit für Spaß, Humor und Spiele. Der Wunsch danach kann überall gegenwärtig werden, auch in der sogenannten „stillen Zeit". Heiterkeit ist für die Erziehung wie für das Leben wichtig. Kinder haben an problemlosem Frohsinn ihre helle Freude, besonders im Spiel mit den Eltern.

Viele Kinder haben schon „Vater-Mutter-Kind" gespielt, ein Rollentausch mit den Eltern aber schenkt besondere Freude. Herr und Frau Wackermeier und Paul und Paulinchen spielen ihn einen ganzen Tag miteinander. Bei diesem Spiel versucht jeder, den anderen in seinem Denken, Fühlen und Wollen, mit seinen Aufgaben und Wünschen zu verstehen.

Spannung und Spaß in dieser Geschichte leben ganz vom Rollentausch Eltern / Kinder. Das zugrunde liegende traditionelle geschlechtsspezifische Rollenverständnis sollte im Gespräch mit den Kindern und im freien Rollenspiel nicht manifestiert werden.

Die Geschichte ist sprachlich für die jüngeren Kinder der Gruppe nicht ganz leicht zu verstehen, sie muß auch für die älteren gut vorgetragen werden.

gGg

- Die Kinder von ihrem Kindergeburtstag erzählen lassen.
- Eine Geschichte ankündigen von den Zwillingen Paul und Paulinchen, die mit ihren Eltern einen lustigen Geburtstag erleben. Eventuell klären, was Zwillinge sind.
- Die Geschichte mit deutlich voneinander abgesetzten wörtlichen Reden vortragen.
- Die Kinder erzählen von eigenen lustigen Erlebnissen mit den Eltern oder äußern – durch den Schluß der Geschichte angeregt – eigene phantastische Wünsche.
- Auf das gemeinsame Erleben und den Rollentausch in der Familie Wackermeier eingehen:
  Die Eltern tauschen mit den Kindern die Betten. Früh am Morgen brüllt Vater W. wie ein Indianer, Mutter W. kreischt. Alle beginnen eine wilde Kissenschlacht, toben, balgen sich, kuscheln zusammen. Paul „rasiert" sich, Paulinchen verbrennt den Toast. Paul hämmert. Vater W. rutscht das Treppengeländer hinunter und geht Fußball spielen. Mutter W. spielt mit Puppen. Paulinchen tröstet die „Puppenmutter" und kocht zu Mittag. Beim Essen ermahnt Paul den Vater, Paulinchen die Mutter, beide antworten gehorsam. Alle faulenzen. Alle gehen in den Park. Paul und Paulinchen kaufen Eis und Schokolade, und alle naschen. Paul und Paulinchen gehen spazieren, Vater und Mutter W. spielen fangen. Alle kehren müde heim. Vater und Mutter W. essen, putzen Schuhe und Zähne, wünschen einen schönen Fernsehabend und krabbeln in die Kinderbetten. Paul und Paulinchen sind müde und schlafen in ihren Sesseln ein und träumen ...
- Die Geschichte zielt ganz auf den Rollentausch Eltern – Kinder hin. Wenn aber Kinder auf das Rollenverständnis innerhalb der Familie ansprechen, indem sie z.B. sagen: „Bei uns kocht sonntags der Vater", dann kann die Erzieherin mit den Kindern über ein flexibles Rollenverständnis sprechen.

G

- Mit den Kindern überlegen, wie ein Rollentausch in der Gruppe aussehen könnte, wenn ein Kind mal die Erzieherin wäre und die Erzieherin mal ein Kind. Einen solchen Rollentausch in der Gruppe vielleicht einmal „spielen".

Kinder, Kinder!

Paul und Paulinchen waren Zwillinge, und deshalb hatten sie auch am selben Tag Geburtstag.

„Was wünscht ihr euch?“ fragten Vater und Mutter Wackermeier, während sie ihr Frühstücksei aufklopften. „Nächsten Sonntag ist es soweit!“

„Wir möchten ihr sein“, riefen Paul und Paulinchen wie aus einem Munde, „und ihr sollt Paul und Paulinchen sein, einen ganzen Tag, von morgens bis abends.“

„Seltsam“, staunten Vater und Mutter Wackermeier, „wir werden sehen.“

Am Abend vor dem Geburtstag, als sie gegessen und die Schuhe und die Zähne geputzt hatten, krabbelten Paul und Paulinchen kichernd und aufgeregt in ihre Betten. Es dauerte lange, bis sie einschlafen konnten.

In der Nacht geschahen seltsame, geheimnisvolle Dinge: Zwei kleine Gestalten wurden aus zwei kleinen Betten von zwei großen Gestalten in zwei große Betten getragen.

Lautes Indianergeheul schreckte Paul und Paulinchen am nächsten Morgen aus dem Schlaf. Die Tür flog auf.

„Hier kommt Häuptling Paul“, brüllte Vater Wackermeier, und Mutter Wackermeier kreischte: „Ich bin das liebe Paulinchen!“

Sie stürzten sich aufs Bett, und eine wilde Kissenschlacht begann. Sie tobten und balgten sich, bis Paulinchen, die nun Mutter Wackermeier war, keine Puste mehr hatte und bat: „Friede! Friede!“

Da kuschelten sich alle zusammen unter das große Federbett.

„Ich habe Hunger!“ fiel Vater Wackermeier plötzlich ein. Paul und Paulinchen machten Katzenwäsche. Paul schnitt sich mit Vater Wackermeiers Rasierapparat das Kinn, während Paulinchen aus Versehen in der Küche den Toast verbrannte. Aber es machte viel Spaß.

Nach dem Frühstück hämmerte Paul mit Vater Wackermeiers Hammer in der Garage, und Vater Wackermeier verkündete laut: „Ich gehe Fußball spielen!“ In der grünweißen Turnhose und mit Pauls Fußball unter dem Arm rutschte er das Treppengeländer hinunter.

Paulinchen lehnte aus dem Fenster und rief: „Komm aber pünktlich zum Mittagessen zurück!“

Mutter Wackermeier spielte mit Puppen. Sie verschüttete das Badewasser auf dem Teppich und zerriß das neue Kleid von der Babypuppe. Weinend lief sie zu Paulinchen, die sie tröstete: „Nicht traurig sein. Morgen ist alles wieder gut.“

Paulinchen kochte. Es gab Bratkartoffeln mit Spiegeleiern und Tomatensoße.

„Iß nicht so hastig!“ ermahnte Paul Vater Wackermeier und schimpfte zugleich: „Zieh nicht die Nase hoch. Wo ist dein Taschentuch?“

Paulinchen schalt Mutter Wackermeier: „Hampel nicht auf dem Stuhl herum! Träum nicht! Iß!“

Vater und Mutter Wackermeier antworteten gehorsam mit Ja oder Nein. Dann lachten sie alle und meinten: „So gut hat es lange nicht geschmeckt!“

Danach faulenzten alle ein bißchen herum.

„Wer kommt mit in den Park zum Eisessen?“ fragten Paul und Paulinchen.

„Ich möchte zehn Eis mit Sahne“, bettelte Vater Wackermeier, aber Mutter Wackermeier wollte lieber zehn Tafeln Schokolade haben.

Paul und Paulinchen kauften zehn Eis und zehn Tafeln Schokolade, weil Geburtstag war, und sie naschten alles weg.

Dann spielten Vater und Mutter Wackermeier fangen, und Paul und Paulinchen gingen miteinander spazieren und plauderten. Plötzlich kam Vater Wackermeier hinter einem Baum hervorgerannt: „Ich muß mal, ganz schnell!“

Und Mutter Wackermeier quengelte: „Ich kann nicht mehr. Ich will nach Hause.“

So kehrten sie um.

Paul und Paulinchen waren müde.

„Wollt ihr noch was essen?" fragten sie und gähnten.

Mutter Wackermeier lächelte und schlug vor: „Wer Hunger hat, schmiert sich selbst ein Brot."

Als sie fertig gegessen und die Schuhe und die Zähne geputzt hatten, sagten Vater und Mutter Wackermeier Gute Nacht. Sie wünschten Paul und Paulinchen noch viel Vergnügen beim Fernsehen und krabbelten in die Kinderbetten.

Auf leisen Sohlen schlichen sie nach kurzer Zeit ins Wohnzimmer zurück. Paul und Paulinchen waren in ihren Sesseln fest eingeschlafen. Als Vater Wackermeier sie auf den Armen in ihre Betten trug, öffnete Paul noch einmal die Augen und murmelte: „Zu meinem nächsten Geburtstag möchte ich mit dem Roller in den Urwald fahren", und seine Schwester flüsterte: „... und mit den Affen um die Wette schaukeln!"

Gisela von Radowitz
(Rechte bei der Autorin)

Das Kind sagt

Ich will groß sein,
ich will mir ein Haus bauen aus Luft
und einen Garten machen aus Löwenzahn,
Lieder sollen darin wachsen,
die ich jeden Tag esse,
und ich will reich sein wie ein Kuckuck,
dem der ganze Wald gehört,
und ich will viele Kinder haben,
die schicke ich in die Schule,
damit sie den Krieg verlernen
und wissen, wie man ein Gewehr
aus Lachen macht und eine Kugel
aus Wind und einen Vater, der nie
fortgeht.

Rudolf Otto Wiemer
aus:
Ernstfall
Verlag J. F. Steinkopf, Stuttgart 1989/3

Eine Auswahl zu den Themen:
Zirkus
Von Käfern und anderen kleinen Tieren
Wir sind Freunde
Ich habe Wünsche
(Stand August 1990)

Zirkus

m 1 Ein Blick in die Zirkuswelt
B.H.Bull/E.M.Bachs, Kommt der Zirkus in die Stadt ..., Österreichischer Bundesverlag
I.u.W.Etschmann, Ein Tag im Zirkus, Schwann im Patmos
I.Hansen, Jens und Michael im Zirkus, Carsen
T.Klinger/H.A.Lusznat/W.Zacharias, Kinder vom Zirkus, O.Maier
S.Lemke/M.L.Pricken, Tiere, Clowns und Akrobaten, O.Maier
I.Mizsenko, Komm in den Zirkus, Schwann im Patmos
U.Scheffler, Leselöwen Zirkusgeschichten, Loewes
H.Hannover, Der Mond im Zirkuszelt und andere Vorlesegeschichten, Rowohlt TB

m 2 Dem Clown ins Gesicht schaun
m 5 Zirkusspiele mit lustigen und verträumten Clowns
M.Bolliger, August und die Trompete, bohem press
J.Burningham, Simp, der Hund, den niemand wollte, O.Maier
M.Damjan/J.Wilkon, Der Clown sagte nein, Nord-Süd
H.Moers/J.Wilkon, Tonio auf dem Hochseil, Nord-Süd
G.Mebs/Q.Buchholz, Die Sara, die zum Zirkus will, Sauerländer
O.Preussler/H.Lentz, Die dumme Augustine, Thienemann
S.Szesny, Zirkusclowns, Schwann im Patmos
C.de Weck, Fanny und der Zirkusclown, Parabel

m 3 Zirkusspiele mit geschickten Turnern und Tänzern
m 4 Zirkusspiele mit berühmten Zauberern
m 5 Zirkusspiele mit lustigen und verträumten Clowns
m 6 Zirkusspiele mit erfahrenen Dresseuren
E.u.E.Binder, Zirkus Salami, Herder
S.Lemke, Benjamin Bärchen im Circus, Thienemann
V.Monkewitz, Yoyo und seine Freunde, O.Maier TB
M.Rettich, Jan und Julia gehen in den Zirkus, Oetinger
A.Röckner, Was wäre die Welt ohne Zirkus Zabione? Beltz & Gelberg
E.Scherbarth, Zirkus, O.Maier
B.Wildsmith, Der Zirkus, Atlantis

m 9 Anregungen für ein Zirkusfest (Werkbücher)
Brunnen-Reihe (Kinder-Programm 223), Verzauberte Gesichter, Christophorus
E.Spangenberg/H.Poppel, So einfach ist Theater, Ellermann
W.Waldmann/M.Zerbst, Theater spielen, Orell Füssli
W.Waldmann, Zaubern kann ich, Orell Füssli
C.Ray, Zi Za Zauberbuch, Carlsen
E.Müller, Manegenzauber, Don Bosco
M.Hasenbeck, Wir sind die Clowns, Burckhardthaus-Laetare
K.-P.Wolf, Meine Freunde, die Clowns, Lentz

Reihe: Spiel und Spaß (4-6 Jahre) R.Triltsch, Mein erstes Zirkusheft, O. Maier

Von Käfern und anderen kleinen Tieren

m 1 Ich nähere mich ganz leise
T.Michels/T.Müller, Was für ein schöner Tag! Ellermann

m 2 Kleine Tiere der Erde
Käfer:
H.Heyduck-Huth, Ein Käfer in der Wiese, O.Maier
H.u.A.Fischer-Nagel, Marienkäfer, Reich
B.Watts, Der Marienkäfer, Reihe: Wir erleben die Natur, Peters

Ameisen:
H.u.A.Fischer-Nagel, Der Ameisenstaat, Reich
G.Oberländer, Die Welt der Ameisen, Ellermann
C.Portal, Das Leben einer Königin, Sellier
Schnecken:
T.Buholzer, Schneckenleben, Reich

m 3 *Kleine Tiere des Wassers*
Frösche:
T.Michels/R.Michl, Am Froschweiher, dtv junior und Gerstenberg
M.Reidel, Vom Laich zum Frosch, Sellier
C.Schnieper/M.Meier, Frösche – Sänger und Jäger am Wasser, Reich

m 4 *Kleine Tiere der Luft*
Bienen:
H.u.A.Fischer-Nagel, Im Bienenstock, Reich
A.Mitgutsch, Von der Blüte zum Honig, Sellier
B.Watts, Die Honigbiene, Reihe: Wir erleben die Natur, Peters
P.Martinez, U.Wensell, Das Honigdorf, Peters
Hummeln:
J.Olesen/B.Jarner, Die Hummel, Reihe: Wir erleben die Natur, Peters
Raupen/Schmetterlinge:
E.Carle, Die kleine Raupe Nimmersatt (Der kleine Käfer Immerfrech) (Die kleine Grille singt ihr Lied), Gerstenberg
B.Cratzius/P.Kunstreich, Die Geschichte von der dicken grünen Raupe, Herder
H.u.A. Fischer-Nagel, Bunte Welt der Schmetterlinge, Reich
U.Jacobs, Die Schmetterlings-Uhr, Ellermann
J.u.E.Mari, Der Apfel und der Schmetterling, Ellermann
M.Reidel, Von der Raupe zum Schmetterling, Sellier
E.Zink-Pingel, Eine dicke Raupe, Patmos
Insekten:
Bildsachbuch: Insekten, Reihe: Sehen. Staunen. Wissen, Gerstenberg
(Lebensweise, Formenvielfalt, Sinnesleistungen von Kerbtieren aus aller Welt)

m 5 *Lebensraum für viele*
A.Bergmann Sucksdorff, Das Vergrößerungsglas, Oetinger
D.Blech, In der Wiese, O.Maier
W.Harranth/W.Opgenoorth, Das ist eine wunderschöne Wiese, Jungbrunnen und O.Maier
I.Lucht, Die Wiesen-Uhr, Ellermann
V.Luff, Das Kornfeld, Ellermann
G.Lundgren/L.u.M.Jacobsen, Malkolm erlebt den Sommer, Carlsen
M.Reidel, Waldsommer, Sellier
M.Reidel, Kleine-Welt-Leporello-Mappe: Unter der Erde/Im Gras/Am
Wasser/Im Moos/Im Geäst/In den Bäumen, Sellier
J.T.White, Die Hecke, Gerstenberg

m 9 *Ein Fest bei den Fröschen am See*
E.Zink-Pingel, Ein kleines Froschkonzert, Gerstenberg

m10 *Es gab einmal viele Maikäfer*
W.Busch, Max und Moritz, u.a. Diogenes

Wir sind Freunde

m 1 *Neue Kinder in der Gruppe*
A.Becker/E.Niggemeyer, Ich bin jetzt im Kindergarten, O.Maier
I.Ibach/J.Bauer, Gülan mit der roten Mütze, O.Maier TB

m 2 *Ich bin ich und du bist du*
A.Bröger, Kati Mütze, Thienemann
H.Heine, Der Hase mit der roten Nase, Middelhauve
L.Lionni, Seine eigene Farbe, Middelhauve
M.Lobe/S.Weigel, Das kleine Ich bin ich, Jungbrunnen
L.Palecek/J.Palecek, Stupsi (Die Geschichte vom kleinen Flußpferd, das auf der Suche nach sich selbst ist), Jungbrunnen
G.Ruck-Pauquet, Murmelbär, Annette Betz im C.Ueberreuter

m 3 *Wir spielen und tanzen zusammen*
m 4 *Wir haben denselben Weg*
m 5 *Kommst du mich besuchen?*

m 6 Wenn es Streit gibt

m 7 Von Freundschaften

G.Bergström, Willi Wiberg spielt doch nicht mit Mädchen, Oetinger
M.Bors, Rosa hat einen Freund, Nord-Süd
G.Degler-Rummel, Anna und die anderen – Von Einsamsein und Freundschaft, O.Maier
H.Heine, Freunde, Middelhauve
H.Heine, Drei kleine Freunde: Der Rennwagen, Der Wecker, Der Besuch, Middelhauve
H.Heine, Johnny Mausers Tagebuch, Middelhauve
K.Holabird/H.Craig, Angelina Purzelina, Parabel
E.Holmelund Minarik/M.Sendak, Der kleine Bär und seine Freundin, Sauerländer
Y.Imoto, Benjamin findet einen Freund, Peters
U.Kirchberg, Selim und Susanne, Ellermann und O.Maier TB
D.McKee, Du hast angefangen! Nein du! Sauerländer
C.Nöstlinger, Jokel, Jula und Jericho, Beltz & Gelberg
O.Pfeiffer/P.Osvatic, Machen wir mal einen Sandsturm, Gerstenberg
M.Price/E.Daniel, Jan und Daniel – Gute Freunde, Thienemann
R.Schami/E.Rapp, Bobo und Susu, Jungbrunnen
B.Schenk de Regniers/A.Fuchshuber, Ich habe einen Freund ..., O.Maier
G.Schulze/B.Smith, Simon findet einen Freund, Bernward
H.Türk, Wahre Freundschaft, Neugebauer Press
K.F.Waechter, Wir können noch viel zusammen machen, Parabel
J.Wagner/R.Brooks, Oskar und die Mitternachtskatze, Artemis & Winkler

Vorlesebücher:

A.Kutsch, Hauptsache, wir sind Freunde, Oetinger
A.Lindgren, Wir Kinder aus Bullerbü, Oetinger
R.Schricker, Ein Sommer mit Lisa, dtv junior, darin: Lisas Freund
M.Sperr, Leselöwen-Freundschaftsgeschichten, Loewes
V.Sundvall, Mimis allerbester Freund, Oetinger
R.Krenzer (Hrsg.), Wir könnten Freunde sein, Reihe: Edition Kemper, E.Kaufmann

Auf der Suche nach einem Freund

M.Asare, Die Katze sucht einen Freund, Jungbrunnen
E.Carle, Die kleine Maus sucht einen Freund, Gerstenberg
I.Korth-Sander, Lutz sucht einen Freund, Nord-Süd
R.Siekkinen/H.Taina, Der Herr König, bohem press
J.Spohn, Ali Gator auf der Suche, Thienemann
F.Vahle/H.Heine, Der Katzentatzentanz, Middelhauve

Ich habe Wünsche

m 1 Jeder hat andere Wünsche

I.Kanstein, Ich wünsch mir einen Zirkus, Rowohlt TB
E.Stiemert, Wunschgeschichten, Gerstenberg

m 2 Von Wünschen träumen

A.Fuchshuber, Korbinian mit dem Wunschhut, Thienemann
H.Heine, Fantadu, Middelhauve
V.Pavoni, Nicolo und sein großer Wunsch, Atlantis
M.Reesink/A.Hospes, Die Wunschballons, Peters
J.Wilkon, Ich, der Kater, Patmos

m 3 Immer das andere haben wollen

Andersen/Bernadette, Der Tannenbaum, Nord-Süd
Grimm/M.Laimgruber, Vom Fischer und seiner Frau, Artemis
Grimm, A.v.Marks, Vom Fischer und seiner Frau, Neugebauer Press
Grimm/S.Stein, Von dem Fischer und seiner Frau, Urachhaus
F.Rückert/E.Schenk-Anger, Vom Bäumlein, das andere Blätter hat gewollt, ESA

m 5 Das Gleichnis von den goldenen Flügeln

L.Lionni, Tico und die goldenen Flügel, Middelhauve
L.Lionni, Das größte Haus der Welt, Middelhauve
A.Lobato, Die Zauberkugel, bohem press

m 6 Die schöne Zeit der heimlichen Wunschzettel

C.van Allsburg (A.u.M.Walser), Polarexpreß, O.Maier
B.Cratzius, H.Heyduck Huth, Das Jahr beginnt im Januar, O.Maier, darin: November/Dezember
M.Mai/J.Sauer, Das kleine Buch zur Weihnacht, ars edition
M.Sendak, Herr Hase und das schöne Geschenk, Diogenes

m 7 ***Weihnachten hat einen Grund***

J.Brezan/B.Oberdieck, Der Wundervogelmann, O.Maier
J.Peterseil/U.Stadlbauer, Freut euch mit mir – Jesusgeschichten und Gebete, Veritas
E.Maier F./M.Spiegel, Jesus ist geboren, Kath.Bibelwerk
E.Schmid, Die Weihnachtsgeschichte, Nord-Süd
(Siehe auch unter den Literaturangaben in Bausteine Kindergarten – Sammelband I „Das Leise – wenn die Weihnachtszeit kommt", S.252)

m 8 ***Kinderwünsche an Eltern***

M.Auer, Bimbo und sein Vogel, Beltz & Gelberg
E.Borchers, W.Schlote, Briefe an Sarah, Insel
T.Ross, Ich will eine Katze, Thienemann

Bezugsquellen

(Stand August 1990)

„eibe-Springpferd"

aus stabiler Wellpappe zum Falten, Verkleben, Bemalen, 80 x 30 x 65 cm (L x B x H)
Best.Nr. 690 1290, 1 Stück DM 6.90 + Mwst = DM 7.87
zu beziehen bei: eibe Produktions und Vertriebs-GmbH, Industriestr.1, 8701 Röttingen, Telefon 09338/89-0

Zirkuszenen

Schallplatte „Tier-Zirkus" FudulaFon 1212
Schallplatte „Zirkus Picco bello" FidulaFon 1234
Begleitheft „Zirkus Picco bello", Verlag Fidula, Boppard/Rhein
Winfried Funda „Zirkusluft", ein Lied mit 12 Zirkuszenen
in: Gib acht, wenn du Spaghetti ißt – 33 neue Kinderlieder, Verlag Bergmoser + Höller, Aachen

Bienenwaben, Kauwachs, Pollen, Propolis, Honig

in Reformhäusern und Imkerei-Fachgeschäften
per Nachnahme zu beziehen bei: Imkerei Geugelin, Kellenbergstr.2, 7830 Emmendingen, Telefon 07641/8358

Bund für Umwelt- und Naturschutz

BUND-Jugend, im Rheingarten 7, 5300 Bonn 3
„Tips zur Saison – Umwelt mit Kindern erleben"
JahresAbo (vier Ausgaben) DM 5,–

MC

Singspiel: E.Carle/L.Edelkötter „Die kleine Raupe Nimmersatt"
MC DM 9,80; Liedheft mit Spielanleitung DM 5,–
zu beziehen bei: Impulse-Musikverlag Ludger Edelkötter, Natorp 21, 4406 Drensteinfurt, Telefon 02508/673

Lied: B.Cratzius/P.G.Walter „Zum Sommerfest im grünen Klee", auf der MC „Herbei zum großen Sommerfest"
Lied: E.Bräunling/P.G.Walter „Danke, sag ich leise dann", auf der MC „Nun zünden wir die Kerzen an"
zu beziehen bei: Musikbär Verlag Paul G.Walter, Eichenweg 15, 6905 Schriesheim, Telefon 06203/63775

Marionette (Gänserich)

Holzteile und Kordel zum Basteln einer ca. 20 x 20 cm großen Marionette, die bemalt werden kann
Best.Nr. 512620, 1 Stück DM 3,25 + Mwst = DM 3,71
zu beziehen bei: Dusyma Kindergartenbedarf GmbH, Postfach 1260, 7060 Schorndorf, Telefon 07181-60030

Volksmärchen

Geschichten

Verse

Lieder

Rhythmik und Bewegung

Singspiele

Tisch- und Kreisspiele

Elternarbeit

Originalbeiträge von Hedwig Lenarduzzi und Sibille Kurth, Christel Neuhäuser, Jenny Neuhäuser, Marina Palmen und Hubertus Vorholt, Maria Theresia Ruf.

Alle Texte ohne Verfasserangabe sind von Christine Vorholt unter Mitarbeit von Hubertus Vorholt.

Marienkäfer
Amsel
Storch
Igel
Spinne
Frosch
Blattlaus
Regenwurm
Frosch
Schnecke
Fliege
Mücke

Marienkäfer
Amsel
Storch
Igel
Spinne
Frosch
Blattlaus
Regenwurm
Frosch
Schnecke
Fliege
Mücke

Einrichtungsgegenstände für das Kinderzimmer
Kinderstühle (zwei; ideal ist eine Sitzhöhe zwischen 34cm und 38cm)
Tisch (einfacher Küchentisch mit Resopalplatte, die Beine gekürzt; ideal ist eine Tischhöhe von 60cm)
offenes Regal
Materialkästen und andere Behälter zum Ordnen und Aufbewahren
Sammelmappe für Kinderzeichnungen
Kasten zum Sammeln und Aufbewahren von „Schätzen"
großes Spielhaus aus Pappe
Meßleiste (auf der, an einem Türpfosten angebracht, immer wieder einmal die Körpergröße des Kindes mit Datum markiert wird)

au- und Konstruktionsmaterial
Bausteine aus Holz („Uhl-Bausteine")
kleine Holzfiguren: Häuser, Menschen, Tiere, Bäume, Fahrzeuge, Verkehrszeichen, Tankstelle ...
Holzeisenbahn mit Schienen und Wagen („Schwedenbahn")
Matador oder Baufix
Lego

Mal- und Werkmaterial
Malkittel (altes Herrenhemd, die Ärmel kürzen)
Deckfarbenkasten und Borstenpinsel, großes Wasserglas
Wachsmalstifte
Fasermalstifte
Buntstifte
Malunterlage
Malpapier
Buntpapier
Faltpapier
Flechtblätter und Flechtstreifen
Klebstoff
handliche Schere, gerundet
Stickzubehör, dazu Stramin, Garn, Nadeln
Webrahmen, rund oder eckig, mit Kamm, Schiffchen und Webnadel, dazu Bast oder Wolle
Märchenwolle, dazu eine Filz- oder Juteunterlage
Knetwachs oder eine andere Knetmasse, dazu Modelliermesser
einfacher Werkzeugkasten, dazu Holzabfälle

Rollenspiele
Arztkoffer
Büro-Utensilien: Telefon, alte Schreibmaschine, Hefter, Papier, Stifte ...
Kaufladenregal, dazu Kaufladenartikel, Waage, Gewichte, Kasse, Spielgeld, Geldbörse, kleiner Schreibblock mit Stift, Päckchen, Tüten, Einkaufskorb
Kinderpost
Babypuppe, dazu Babypflegeset
Ankleidepuppe, dazu Puppenkleider
Teddybär
Puppenwagen oder Puppenbett
Puppengeschirr (Porzellan)
Bügelbrett, Bügeleisen, Wäscheständer, Klammern, Wäschekorb
Puppenstube oder Puppenhaus, vorerst zwei Zimmer einrichten (möglichst „große" Möbel), dazu Miniaturzubehör

Spiele, allein zu spielen
Puzzle
Steckspiele
Perlen aus Holz oder Glas zum Fädeln, dazu Fädelschnüre
Legematerial aus Holz (Legetäfelchen/Legestäbchen ... „Holzmosaik")
Geräuschdosen (gleiche Dosen, paarweise gleich füllen)
Ornamenta
Tangram

Gesellschaftsspiele
1 – 4 Spieler	Lotto (Mein erstes Lotto/Natur-Lotto/Tier-Lotto/Tierbaby-Lotto u.a.)
	Memory (verschiedene Ausführungen)
	Domino (verschiedene Ausführungen)
	Erstes Quartett (verschiedene Ausführungen)
	Flohspiel
	Mikado
2 – 4 Spieler	Tempo, kleine Schnecke
	Quips
	Schwarzer Peter
	Mensch ärgere dich nicht
	Fang den Hut
	Das Malefizspiel
2 Spieler	Vier gewinnt

Bewegungsspiele
Gummiball
Softball
Fußball
Springseil
Reifen
Laufbüchsen
Rollschuhe
Schlitten

Instrumente
Xylophon oder Metallophon, dazu Schlegel
Tamburin oder Trommel, dazu Schlegel

Schöne Dinge, über die sich jedes Kind freut
Kreisel
Jojo
Geduldspiel
Lupe
Magnet
Taschenlampe mit Farbfilter
Kaleidoskop
Schneekugel
Matrioschka-Puppen
Tier- oder Blumenbilder
bunte kleine Perlen
bunte Edelsteine

Bei der Auswahl für das einzelne Kind werden die Erzieherinnen gerne behilflich sein

Bilderbücher (gebunden)

Allgemeine Themen:

Aliki, Gefühle sind wie Farben, Beltz & Gelberg
W.Blecher, Wo ist Wendelin? Beltz
B.Cratzius/H.Heyduck-Huth, Das Jahr beginnt im Januar, Ravensburger
E.Carle, Das Pfannkuchenbuch, Gerstenberg
M.Damjan/J.Wilkon, Der Clown sagte nein, Nord-Süd
W.de Haen, Die Uhr, Ravensburger
S.Heuck, Pony, Bär und Apfelbaum, Thienemann
R.Hoban/G.Williams, Fränzi geht schlafen, Sauerländer
E.Holmelund Minarik/M.Sendak, Der kleine Bär auf Besuch, Sauerländer
A.Mitgutsch, Rundherum in meiner Stadt, Ravensburger
E.Moser, Mein Baumhaus – Bildergeschichten, Beltz & Gelberg
O.Preußler/H.Lentz, Die dumme Augustine, Thienemann
S.Prokofjew/F.Haaken, Peter und der Wolf, Parabel
G.Ruck-Pauquet/E.Dietsch-Capelle, Murmelbär, A.Betz im Ueberreuter
G.Ruck-Pauquet/H.Heyduck-Huth, Kommt ein Mann mit Katz und Huhn, Neuer Finken

Biblische Themen:

B.Iguchi/Textübertragung R.Schindler, Der barmherzige Samariter, E.Kaufmann
B.Iguchi/Textübertragung G.Bäder, Und alle wurden satt, E.Kaufmann
E.Maier F/M.Spiegel, Jesus ist geboren, Kath.Bibelwerk
E.Schmid/Bibeltext nach Lukas, Die Weihnachtsgeschichte, Nord-Süd

Bilderbücher (preiswerte Ausgaben)

Heftausgaben Nord-Süd Verlag:

H.C.Andersen/J.Palecek, Das häßliche Entlein
H.Baumann/E.Schmid, Fenny – Eine Wüstenfuchsgeschichte
Grimm/Bernadette, Frau Holle
Grimm/Bernadette, Schneewittchen
B.Schroeder, Lupinchen

Heftausgaben „Ringelfant", Ravensburger Buchverlag:

J.Burningham, Borka – Die Erlebnisse einer Wildgans
E.Oppermann-Dimow/W.Harranth, Mein Opa ist alt und ich hab ihn sehr lieb
M.Rettich, Die Reise mit der Jolle
R.u.M.Rettich, Kennst du Robert? – Bildergeschichten
R.u.M.Rettich, Was ist hier los? – Bildergeschichten
G.Ruck-Pauquet/W.u.F.Schmidt, Gewittergeschichten für einen Hund
J.Schoenherr/J.Yolen, Eulen-Rufe

Taschenbücher dtv junior:

T.-Michels/R.Michl, Es klopft bei Wanja in der Nacht

Taschenbücher Middelhauve Verlag:

L.Lionni, Frederik
H.Heine, Freunde
(beide Taschenbücher auch in englischer, französischer, italienischer und türkischer Sprache und in Schwyzerdütsch)

Vorlesebücher (gebunden)

Märchen:

Kinder und Hausmärchen der Brüder Grimm, es gibt verschiedene Ausgaben
L.Tetzner, Das Töpflein mit dem Hulle-Bulle-Bäuchlein – Märchen, Sauerländer

Geschichtensammlungen:

G.Ruck-Pauquet erzählt Gute-Nacht-Geschichten, G.Bitter
K.Seehafer (Hrsg.), Gute-Nacht-Geschichten für ein ganzes Jahr, Patmos

Kindergebete:

D.Steinwede, Soweit der Himmel ist, Patmos

Kinderbücher:

A.Lindgren, Wir Kinder aus Bullerbü, Oetinger
O.Preußler, Die kleine Hexe/Der kleine Wassermann/Der Räuber Hotzenplotz, Thienemann

Vorlesebücher (Taschenbuchausgaben)

Geschichtensammlungen:

M.Berhard-von Luttitz, Bumfidel, rororo rotfuchs
H.Hanisch, Mein blauer Esel Pim, rororo rotfuchs
T.Michels, 3x Gustav Bär – Gutenachtgeschichten, dtv junior
G.Ruck-Pauquet, Ginas Zoo – Tiergeschichten, rororo rotfuchs
R.Schricker, Lisas Dorf, dtv junior
U.Wölfel, Noch ein Geschichten-Sammelsurium, dtv junior
U.Wölfel, 25 winzige Geschichten, dtv junior
Das rotfuchs-Vorlesebuch, rororo rotfuchs

Kinderbücher:

I.Korschunow, Kleiner Pelz will größer werden (Bilder R.Michl), dtv junior
I.Korschunow, Der Findefuchs (Bilder R.Michl), dtv junior
A.Lindgren, Polly hilft der Großmutter (Bilder I.Wikland), dtv junior

Sachbücher (gebunden)

Mein erster Brockhaus
Herders buntes Bilderlexikon
(Sachbücher wählen nach den Interessen des Kindes)

Mitmach-Büchlein (preiswerte Heftausgaben)

Thema „Weihnachten":

Reihe: Mitmach-Büchlein, E.Kaufmann
Nr.4 Alle Kinder gehen zur Krippe
Nr.6 Wer kommt mit nach Bethlehem
Nr.9 Engel kommen auch zu uns
Nr.14 Mein Adventsbüchlein
Nr.17 Wir freuen uns auf Weihnachten

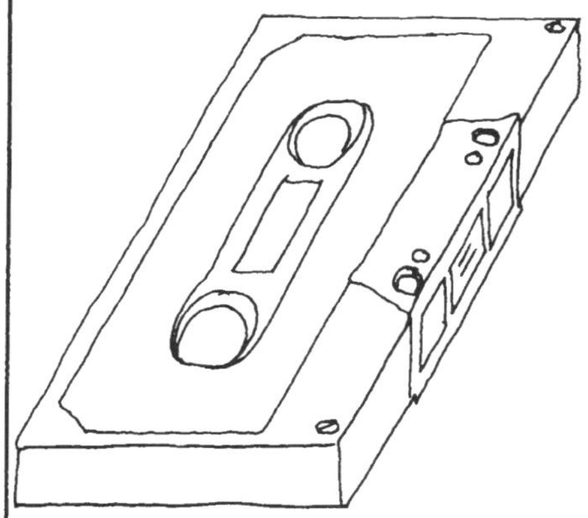
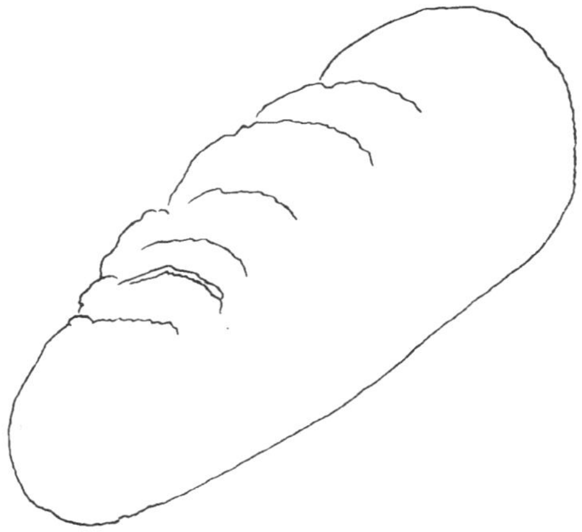

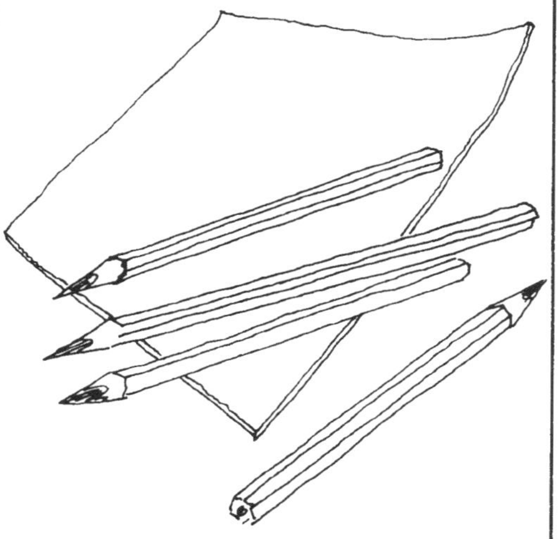

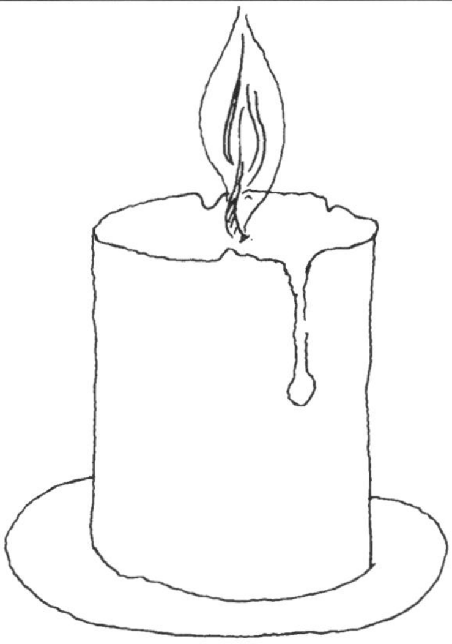
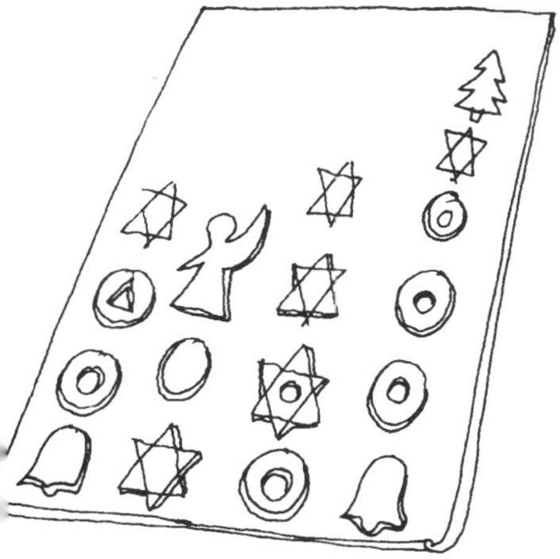
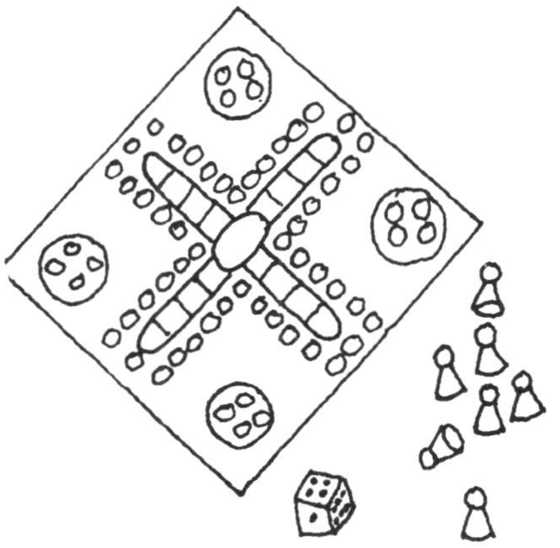
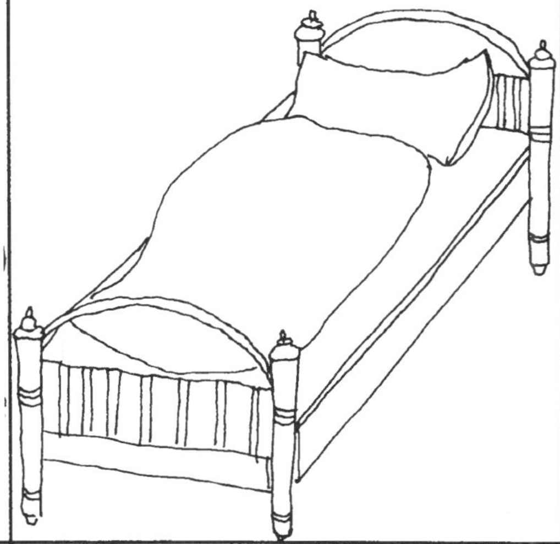

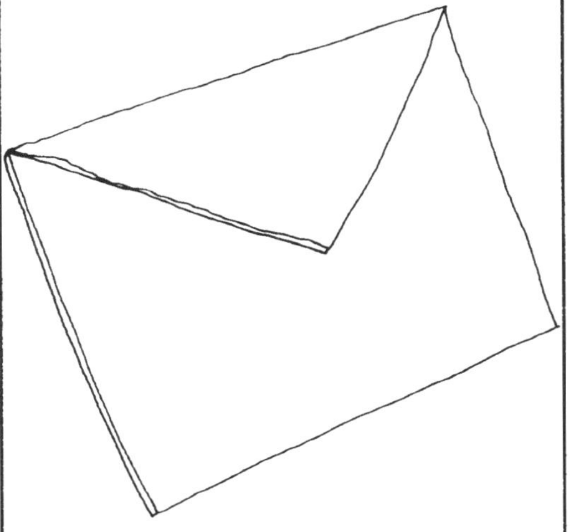
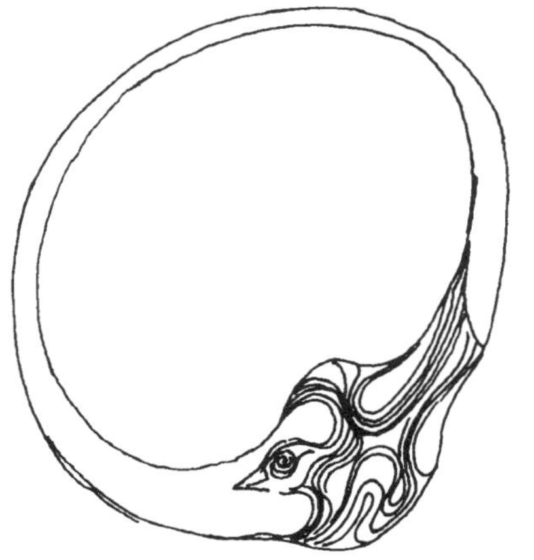
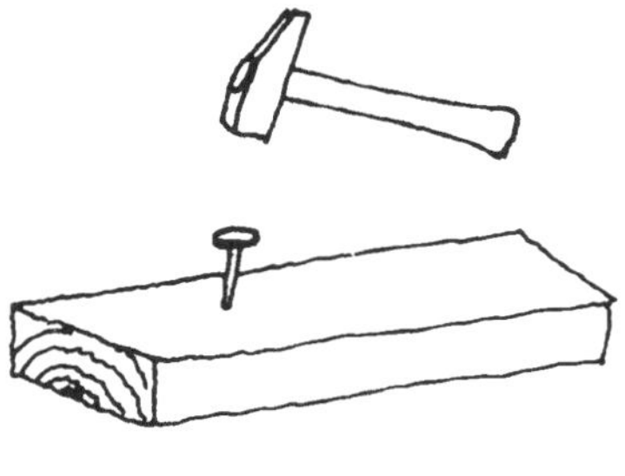

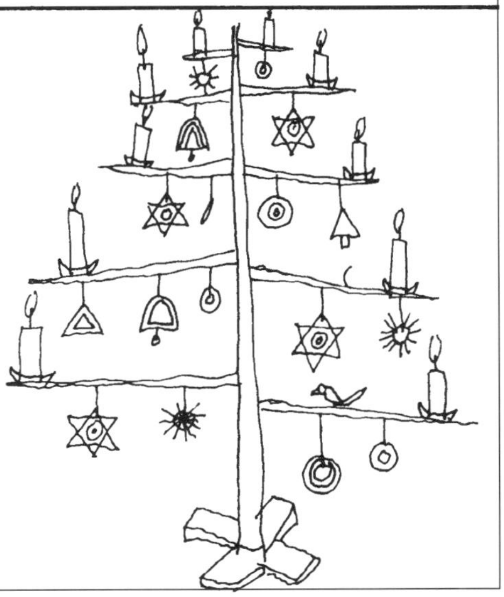